ESTAMOS BIEN
ESTAMOS BIEN

RODRIGO MOURA
SUSANNA V. TEMKIN
ELIA ALBA

ESTAMOS BIEN

LA TRIENAL 20/21

ESTAMOS BIEN–LA TRIENAL 20/21 was made possible by The Jacques & Natasha Gelman Foundation. Leadership support was provided by The Rockefeller Brothers Fund. Commissioned works were made possible by Tony Bechara. Major funding was provided by Morgan Stanley and The Lenore G. Tawney Foundation. Generous funding was provided by The Cowles Charitable Trust and La Trienal Council: Estrellita and Daniel Brodsky, Craig Robins and Jackie Soffer, and The Jorge M. Pérez Family Foundation at The Miami Foundation. Additional support was provided by The El Museo Fund.

ESTAMOS BIEN–LA TRIENAL 20/21 ha sido posible gracias a The Jacques & Natasha Gelman Foundation. The Rockefeller Brothers Fund ofreció apoyo al liderazgo institucional. Las comisiones de artista fueron posibles gracias a Tony Bechara. Morgan Stanley y The Lenore G. Tawney Foundation realizaron contribuciones importantes de financiamiento. Generosas donaciones fueron aportadas por The Cowles Charitable Trust y La Trienal Council (integrado por Estrellita y Daniel Brodsky, Craig Robins y Jackie Soffer, y The Jorge M. Pérez Family Foundation en The Miami Foundation). Nuestra más profunda gratitud a The El Museo Fund.

Foreword

PATRICK CHARPENEL, EXECUTIVE DIRECTOR

In 1999, El Museo del Barrio inaugurated an exhibition titled *The S-Files* featuring works by contemporary artists of the Puerto Rican and Latinx communities in the New York area. The purpose of this presentation, which at that time was under the curatorial direction of Carolina Ponce de León and Deborah Cullen, was to assess the state of production of Latinx artists in this dynamic area and thus generate dialogue around the visibility of this sector. From this first experience, El Museo defined a critical exhibition format to periodically showcase contemporary trends among Latinx artists. The series offered a biennial platform that provided young creators of Caribbean, Mexican, Central American, and South American descent living in New York the opportunity to display their work within a widely recognized forum.

Twenty-two years after starting this ambitious exhibition, El Museo del Barrio takes an important step in its institutional history, shifting to a triennial format and expanding to include artists from all over the United States. Accordingly, the event includes voices from various regions and diverse backgrounds and, as a result of changing demographics, reflects a strong Latinx presence. Furthermore, our current historical moment has been marked by a series of crises that have impacted us globally. Thus, a distinctive element of this first edition of *La Trienal* is that it takes place within the context of the COVID-19 pandemic and the Black Lives Matter movement. This reality has generated new responses and the desire to explore critical political and social issues. It is precisely within this expansive landscape that the curators of El Museo, Rodrigo Moura and Susanna V. Temkin, together with the artist Elia Alba, conceptualized an exhibition that reacts to this singular moment.

With the participation of forty-two artists and collectives, the exhibition features works displaying a diversity of techniques and visual languages. The title of the current presentation, *ESTAMOS BIEN*, is framed within a time of global pandemic and racial violence. However, the title does not refer to a specific topic, but rather operates as a platform to examine systemic relationships.

Therefore, the exhibition moves beyond questions of a purely formal nature, to also speak to broader issues of cultural identity.

I want to thank all the foundations, corporations, and patrons who have supported us in various ways and have made this exhibition possible: The Jacques & Natasha Gelman Foundation; The Rockefeller Brothers Fund; Tony Bechara; Morgan Stanley; The Lenore G. Tawney Foundation; The Cowles Charitable Trust; and La Trienal Council: Estrellita and Daniel Brodsky, Craig Robins and Jackie Soffer, and The Jorge M. Pérez Family Foundation at The Miami Foundation. I also acknowledge the support provided by The El Museo Fund. To our president, María Eugenia Maury, and to the entire board of El Museo, thank you for your ongoing commitment.

Prefacio

PATRICK CHARPENEL, DIRECTOR EXECUTIVO

En 1999 El Museo del Barrio inauguró una muestra titulada *The S-Files* con obras representativas de artistas contemporáneos de la comunidad puertorriqueña y latina en el área de Nueva York. El propósito de esta exposición, que en ese momento estuvo bajo la dirección curatorial de Carolina Ponce de León y Deborah Cullen, era revisar la producción de los artistas latinx en una zona tan dinámica, y así movilizar el debate en torno a la visibilidad de este sector. A partir de esta primera experiencia, El Museo le otorgó un formato de exposición crítica, para actualizar periódicamente la información sobre la actividad artística de los latinos en esta entidad. La serie *The S-Files* fue así una suerte de bienal que permitió, de forma muy general, que los creadores jóvenes de raíz caribeña, mexicana, centroamericana y sudamericana que radicaban en Nueva York, mostraran su trabajo dentro de un foro que les diera mucho mayor visibilidad.

A 22 años de haber arrancado con esta ambiciosa muestra, El Museo del Barrio da un importante paso de consolidación institucional, y ahora, en respuesta al crecimiento del evento, se transforma en una trienal y se expande para incluir a artistas de todo el país. Por tal motivo, el evento integra voces de diversas regiones que viven en condiciones variopintas pero, como resultados de los recientes movimientos demográficos, proyecta una fuerte presencia latina. Además, como todos sabemos, este momento histórico ha estado marcado por una serie de crisis que nos han impactado globalmente. Así, el elemento distintivo de esta edición de *La Trienal* es que se presenta en el contexto de la pandemia COVID-19 y del Black Lives Matter (Las Vidas Negras Importan). Esta doble realidad ha generado respuestas nuevas y el deseo de explorar rutas de naturaleza política y social. Es precisamente en este paisaje expansivo en que los curadores de El Museo, Rodrigo Moura y Susanna V. Temkin, junto con la artista Elia Alba, conceptualizaron una exposición que reacciona a este momento único y singular.

Con la participación de 42 artistas y colectivos, la exposición despliega obras realizadas en una gran diversidad de técnicas y

lenguajes visuales. El título de la actual presentación: *ESTAMOS BIEN*, se enmarca en el momento de pandemia global y la violencia racial. El título, sin embargo, no alude a un tema concreto sino que opera como una plataforma de relaciones sistémicas. Por ello, esta exposición avanza mas allá de cuestiones formales, para también dirigirse a temas mas amplios sobre la identidad cultural.

Quiero agradecer a todas las fundaciones, corporaciones y mecenas que nos han sostenido de diversas formas: The Jacques & Natasha Gelman Foundation; The Rockefeller Brothers Fund; Tony Bechara; Morgan Stanley; The Lenore G. Tawney Foundation; The Cowles Charitable Trust; y La Trienal Council: Estrellita y Daniel Brodsky, Craig Robins y Jackie Soffer, y The Jorge M. Pérez Family Foundation en The Miami Foundation. También deseo agradecer el apoyo que ha proporcionado The El Museo Fund. A nuestra presidenta, María Eugenia Maury, y a todo el patronato de El Museo, gracias por su solidario compromiso.

Acknowledgments

THE CURATORS

ESTAMOS BIEN–LA TRIENAL 20/21 is the result of many years of research and collective work. We are grateful for the collaboration of numerous friends and colleagues who generously shared their insights and recommendations throughout all stages of production.

We would like to thank the hundreds of artists who opened their studios to us, both online and in person, allowing us to appreciate and consider outstanding work for inclusion in the exhibition. We are grateful that you took the time to meet with us to share your practice and for the generosity you displayed in introducing us to other colleagues. We are excited by the state of the field of Latinx art—it is a vital, thriving landscape and the heart of El Museo's mission.

In preparation for the show, the curatorial team organized Think Tank gatherings with invited scholars, curators, and artists. Held at El Museo's Talleres, these closed-door sessions provided a space for brainstorming and idea exchange that influenced and informed the development of the exhibition. We would like to thank the participants from the two sessions for sharing their time and expertise. From Session 1, held on October 17, 2019, we extend our gratitude to David Antonio Cruz, artist; Marcela Guerrero, Assistant Curator, Whitney Museum of American Art; Carmen Hermo, Associate Curator, Elizabeth A. Sackler Center for Feminist Art, Brooklyn Museum; Juan Sánchez, artist; and Adriana Zavala, Associate Professor, Department of History of Art and Architecture, Tufts University. From Session 2, held on February 21, 2020, we thank Rocío Aranda-Alvarado, Program Officer, Creativity and Free Expression, Ford Foundation; Nicolás Dumit Estévez Raful Espejo, artist; Christine Licata, Executive Director, No Longer Empty; Miguel Luciano, artist; Ed Morales, author and journalist; Rachelle Mozman, artist; and Legacy Russell, Associate Curator of Exhibitions, The Studio Museum in Harlem.

Special acknowledgment is extended to Rocío Aranda-Alvarado, who initiated the project while serving as El Museo del Barrio's Curator and invited Elia Alba to be one of the curators.

Heartfelt thanks also go to the numerous art professionals throughout the country who shared their knowledge and artist recommendations, offering invaluable local insights and on-the-ground expertise. In Boston: David Antonio Cruz, artist; Abigail Satinsky, Curator of Exhibitions & Programs, SMFA/Tufts University Art Galleries; and Adriana Zavala, Associate Professor, Department of History of Art and Architecture, Tufts University. In Chicago: Javier Bosques, artist and Cofounder, Produce Model Gallery. In Las Vegas: Marcus Civin, Professor and Chair, Department of Art, University of Nevada, Las Vegas. In Los Angeles: Rita Gonzalez, Terri and Michael Smooke Curator and Department Head of Contemporary Art and Rachel Kaplan, Assistant Curator, Los Angeles County Museum of Art. In Miami: Cathy Leff, Acting Director, The Bake House; Gean Moreno, Director, Art + Research Center, Institute of Contemporary Art, Miami; Fredo Rivera, Assistant Professor of Art History, Grinnell College, Iowa; and Juana Valdes, artist. In San Juan: Natalia Viera, former Executive Assistant, El Museo del Barrio. In Texas: MacKenzie Stevens, Director of the Visual Arts Center, The University of Texas at Austin; Thomas Feulmer, Director of Educational Programming, The Warehouse, Dallas; Dean Daderko, Curator, Contemporary Arts Museum Houston; Mari Carmen Ramírez, Wortham Curator of Latin American Art at the Museum of Fine Arts, Houston, and Director of the International Center for the Arts of the Americas (ICAA).

Locally, we are grateful for suggestions offered by artists Karina Aguilera Skvirsky and Ronny Quevedo, and by Arden Sherman, Director and Curator, Hunter East Harlem Gallery.

Thanks also go to all participating artists in ESTAMOS BIEN— LA TRIENAL 20/21 for their enthusiasm and steadfast collaboration as the exhibition evolved over the course of a difficult year. We are grateful to Lizania Cruz, Poncili Creación, xime izquierdo ugaz, Collective Magpie, and Michael Menchaca, who took the plunge into the digital world to make the Online Projects series possible.

We extend our gratitude to the authors, poets, and scholars who allowed us to reproduce excerpts of their writing as part of the "Reader" printed in the final section of this catalogue. We also appreciate the open and candid conversation shared by select participating artists in the most recent of Elia Alba's ongoing *The Supper Club* series.

We acknowledge our institutional colleagues at El Museo del Barrio for their help and flexibility in expanding *La Trienal* into a year-long initiative in the wake of the global pandemic. We are grateful for your logistical and collegial support in making the many on- and off-site programs a reality.

Finally, we would like to echo El Museo's Executive Director, Patrick Charpenel, by again acknowledging the generous supporters whose contributions helped make ESTAMOS BIEN— LA TRIENAL 20/21 possible.

Agradecimientos

LOS CURADORES

ESTAMOS BIEN—LA TRIENAL 20/21 es el resultado de varios años de investigación y trabajo colectivo. Estamos agradecidos por la colaboración de numerosos amigos y colegas que generosamente compartieron sus ideas y recomendaciones a lo largo de todas las etapas de producción.

Nos gustaría agradecer a los cientos de artistas que nos abrieron la puerta de sus talleres, tanto virtualmente como en persona, permitiéndonos apreciar y tomar en consideración una producción excepcional para inclusión en la muestra. Agradecemos que se hayan tomado el tiempo de reunirse con nosotros para demostrarnos su práctica y también su generosidad al presentarnos con sus colegas artistas. Estamos muy emocionados con el estado actual del arte latinx — es un panorama crítico y floresciente, además de estar al corazón de la misión de El Museo.

En preparación para la muestra, el equipo curatorial organizó una serie de reuniones a modo de *Think Tank,* invitando a académicos, curadores y artistas. Estas sesiones a puerta cerrada, que se llevaron a cabo en los Talleres de El Museo, dieron lugar a una lluvia de ideas y a un intercambio que influyeron en muchos de los intereses que informaron la exposición. Nos gustaría agradecer a los participantes de las dos sesiones por compartir su tiempo y experiencia. De la Sesión 1, celebrada el 17 de octubre de 2019, agradecemos a David Antonio Cruz, artista; Marcela Guerrero, curadora asistente del Whitney Museum of American Art; Carmen Hermo, curadora asociada del Elizabeth A. Sackler Center for Feminist Art, Brooklyn Museum; Juan Sánchez, artista; y Adriana Zavala, profesora asociada del Departamento de Historia del Arte y Arquitectura, Tufts University. De la Sesión 2, celebrada el 21 de febrero de 2020, agradecemos Rocío Aranda-Alvarado, directiva del programa Creativity and Free Expression de la Ford Foundation; Nicolás Dumit Estévez Raful Espejo, artista; Christine Licata, directora ejecutiva de No Longer Empty; Miguel Luciano, artista; Ed Morales, autor y periodista; Rachelle Mozman, artista; y Legacy Russell, curadora asociada de exposiciones en The Studio Museum en Harlem.

Extendemos un agradecimiento especial a Rocío Aranda-Alvarado, quien inició el proyecto cuando aún era curadora de El Museo del Barrio, y quien invitó a Elia Alba a ser parte del equipo curatorial.

Nuestro más sincero agradecimiento a todos los profesionales del arte alrededor del país por compartir su conocimiento y recomendar a artistas en diferentes ciudades de Estados Unidos. Agradecemos su sabiduría local y su experiencia en el terreno. En Boston: a David Antonio Cruz, artista; Abigail Satinsky, curadora de exposiciones y programas del SMFA/Tufts University Art Galleries; y Adriana Zavala, profesora asociada del Departamento de Historia del Arte y Arquitectura, Tufts University. En Chicago: a Javier Bosques, artista y cofundador de Produce Model Gallery. En Las Vegas: a Marcus Civin, profesor y presidente del Departamento de Arte, University of Nevada. En Los Ángeles: Rita Gonzalez, curadora Terri and Michael Smooke y directora de arte contemporáneo y Rachel Kaplan, curadora asistente del Los Angeles County Museum of Art. En Miami: a Cathy Leff, directora de The Bake House; Gean Moreno, director del Art + Research Center, Institute of Contemporary Art; Fredo Rivera, profesor asistente de Historia del Arte, Grinnell College, Iowa; y Juana Valdes, artista. En San Juan: a Natalia Viera, previa asistente ejecutiva de El Museo del Barrio. En Texas: a MacKenzie Stevens, director del Visual Arts Center, The University of Texas, Austin; Thomas Feulmer, director de Programación Educativa en The Warehouse, Dallas; Dean Daderko, curador del Contemporary Arts Museum Houston; y Mari Carmen Ramírez, curadora Wortham de arte latinoamericano, Museum of Fine Arts Houston y directora del International Center for the Arts of the Americas (ICAA).

Localmente, en Nueva York agradecemos las sugerencias ofrecidas por los artistas Karina Aguilera Skvirsky y Ronny Quevedo; y Arden Sherman, directora y curadora de la Hunter East Harlem Gallery.

Gracias a todos los artistas participantes en ESTAMOS BIEN—LA TRIENAL 20/21 por su entusiasmo y determinada colaboración a medida en que evolucionó la exposición durante un año tan difícil. Agradecemos a Lizania Cruz, Poncili Creación, xime izquierdo ugaz, Collective Magpie y Michael Menchaca por lanzarse a lo digital para hacer posible la serie de Proyectos online.

Agradecemos a los autores, poetas y académicos que nos permitieron reproducir extractos de sus escritos como parte de las "Lecturas" que acompañan este catálogo. También apreciamos la conversación abierta y sincera que compartieron los artistas participantes en la edición más reciente del Supper Club de Elia Alba.

Agradecemos a nuestros colegas institucionales de El Museo del Barrio por su ayuda y flexibilidad para convertir *La Trienal* en una iniciativa que se extendió durante un año a causa de la pandemia mundial. Estamos agradecidos por su apoyo logístico y colaborativo para hacer realidad los muchos programas dentro y fuera del museo.

Finalmente, nos gustaría hacernos eco del director ejecutivo de El Museo, Patrick Charpenel, reconociendo nuevamente al generoso apoyo de nuestros patrocinadores, cuyas contribuciones ayudaron a hacer posible ESTAMOS BIEN—LA TRIENAL 20/21.

Estamos Bien

Rodrigo Moura
Susanna V. Temkin
Elia Alba

A NOTE ON THE TITLE

ESTAMOS BIEN is a declaration of resilience. It is a phrase that simultaneously deflects and provokes, conflating a sarcastic and positive tone. The words are connected with a post-Hurricane Maria framework, but also have broader resonance, particularly within the context of the contemporary moment. Drawing from these positions and others, it is thus the apt title, thesis, and guiding principle for El Museo del Barrio's first national, large-scale survey of Latinx contemporary art: ESTAMOS BIEN—LA TRIENAL 20/21.

The origins of the title date to early 2020, when we began to brainstorm names for the show. Following two years of research and studio visits with artists living across the United States and Puerto Rico, the question about what to name an exhibition whose goal was to embrace the capaciousness, heterogeneity, and diversity inherent to the term Latinx proved a challenge. Turning to the artists for inspiration, we recalled a visit from one of our first trips outside of New York to the Chicago studio of Candida Alvarez. Born and raised in Brooklyn, Alvarez had exhibited as an artist and worked as a curator at El Museo during the 1970s, but her active connection to the museum had since waned. Listening to her memories, we gathered around her studio table as she peeled the cover off one of her double-sided *Air Paintings*. There, amidst abstract fields of color, emerged the words "ESTOY BIEN," written in a blue-green chat bubble surrounded by flowers. Alvarez situated the phrase as her stoic, yet emotion-filled response to well-meaning inquirers who would ask how she was feeling following the ravages of Hurricane Maria in Puerto Rico and the death of her father. Borrowing from Alvarez, we pluralized the expression, whose contradictory implications could begin to express the many perspectives of the forty-two artists featured in the exhibition.

As we continued to reflect on the multivalent phrase, we were reminded that Bad Bunny, the Puerto Rican rapper and songwriter, had also invoked "Estamos Bien" in his post-Hurricane Maria anthem of the same name. Bridging the tragedy of Puerto Rico with youthful energy and defiance, the song echoed across U.S. airwaves in the original Spanish, symbolic of the growing Latinx presence throughout U.S. culture.

And then came March 2020.

It was only weeks after our research trip to Los Angeles (now an epicenter of COVID-19), but everything changed. El Museo, along with nearly all cultural institutions, closed on March 13, 2020, followed soon after by all businesses, restaurants, and any other industry deemed "non-essential." As ambulances whirred outside our windows in those early days of spring 2020, we began to ask ourselves—*¿Estamos bien?*

Without knowing what was to come or just how long it would last, we questioned whether we could—or should—move forward with this title for our project. Was it appropriate when BIPOC communities were working the front lines in grocery stores and hospitals, and subsequently being infected and dying at the highest rates? When jobs were being lost? When people were unable to afford rent?

Our uncertainty shifted again in the wake of George Floyd's murder at the hands of the police and following the deaths of Ahmaud Arbery, Breonna Taylor, and others killed both before and since. A horrific turning point, the protests taking place around the country helped us to reground ourselves and to think and believe in terms of possibility, change, and equity. We came to understand these events as part of the ethos of *ESTAMOS BIEN*, which is not to suggest a championing of the underdog or survival-despite-all-odds mentality, but rather promote a (re)claiming and (re)visioning of what the world could be. Thus, while we continued to debate the title's connotations and use—including as recently as the post-election riots on Capitol Hill—*ESTAMOS BIEN* serves as our rallying cry, whose shaky, though resolute spirit is embodied in the show's graphic design, created by Elaine Ramos of estúdio gráfica.

Returning to the origins of the title, we have asked the artists both *¿Cómo están?* as well as their thoughts on the future. From tired to angry to hopeful, their answers are featured as part of the artists' pages included in this catalogue. Providing a chronicle of voices, their responses further nuance the significance of the *ESTAMOS BIEN* exhibition at this moment in time.

AN EXHIBITION AND ITS PURPOSES

Although focused on the artistic and cultural contributions of Latinos in the United States, and thus without a rigid typology or strict periodization, the relationship between El Museo del Barrio and the art of the present has been one of the most consistent aspects of the institution's mission since it was conceived by artist Raphael Montañez Ortiz in 1969. In key exhibitions in the museum's early years, such as *Art as Survival* (1974), curated by painter Carlos Osorio, or the highly experimental *Confrontación: Ambiente y Espacio* (1977), artists had a central role not only as exhibitors, but also in creating programs as well as the museum's very identity.

It was thus a logical step when El Museo launched *The S-Files*, short for *The Selected Files*, in 1999. Originally conceived as a survey of Latin American and Latino artists based in the New York area during the tenure of director Susana Torruella Leval, the first edition of the show aimed to resume ties with "the instantaneous, elusive, and sometimes messy pulse of contemporary creation."[1] The selection process initially took place via unsolicited artist files submitted to the museum. Even then, the curators, Deborah Cullen and Carolina Ponce de León, already had to deal with the question of identity of the artists and the "different needs of representation," as reflected in the transcript from an email exchange between the two, republished in the "Reader" section of this volume (page 269). The series became one of the museum's most successful programs, with seven iterations between 1999 and 2013. During those fertile years, *The S-Files* became a focal point for the Latino art scene in the United States.

Periodic survey exhibitions face an ambitious task. They are not just an inventory of objects around ideas or themes proposed by the curators, but function as a summit, as conferences that bring together the voices of diverse artists, creating a platform that takes the pulse of contemporary production. In the case of an exhibition like *La Trienal*, this task should be less understood within the context of international biennials and more within that of a series of recurring exhibitions, whose original model can be found in the Whitney Biennial. In New York City, the manifestations of this model unfold in an exuberant and complex landscape that serves different communities, constituencies, and missions, ranging

from MoMA PS1's *Greater New York* to the *Uptown Triennial* of the Wallach Art Gallery at Columbia University, as well as the Asia Society and the New Museum triennials.

ESTAMOS BIEN—LA TRIENAL 20/21 is based on an intersectional approach to the concept of Latinx—the much-contested term that expands on binary understandings of U.S. Latino identity through the adoption of the gender-neutral suffix X. Having emerged in the mid-2000s from queer studies and communities, the term expands from previous usages such as Latino/a and Latin@, distancing itself from rigid definitions and shifting toward a broader, more inclusive understanding of the multifaceted aspects of identity. Conceived as a meeting point rather than based on a singular definition, the exhibition features artists who represent a diversity of generations, genders, and ethnic and racial backgrounds, foregrounding Indigeneity; African and non-European heritages and epistemologies; gender nonconformity; and other multiplicities.

One of the main contexts for understanding the relevance of revisiting and redefining a survey of contemporary art at El Museo del Barrio are the projections for the paradigmatic year 2045. Then, for the first time in the history of the United States, the white population is expected to be surpassed by the non-white population, and so-called minorities, including a large number of Latinos will become the majority. Thus, it is especially exciting to consider that these exhibitions will become increasingly important as we quickly approach this not-so-distant milestone.

CURATING IN CHANGING TIMES

When El Museo del Barrio closed in March 2020, like most of the world we believed that we would only be on pause for a few weeks. However, as the weeks shifted to months, we realized that *ESTAMOS BIEN* would require not merely a delay, but also a more incisive reconception. Certain plans and ambitions had to be revised to abide by social distancing guidelines, including our intention to feature performance as a central programming element. At the same time, the importance of community and communication during this moment of crisis prompted us to seek alternative means of connection. Collaborating with our colleagues at El Museo, we

EL MUSEO DEL BARRIO

MISSION
The mission of El Museo del Barrio is to present and preserve the art and culture of Puerto Ricans and all Latin Americans in the United States. Through its extensive collections, varied exhibitions and publications, bilingual public programs, educational activities, festivals and special events, El Museo educates its diverse public in the richness of Caribbean and Latin American arts and cultural history. By introducing young people to this cultural heritage, El Museo is creating the next generation of museum-goers, while satisfying the growing interest in Caribbean and Latin American art of a broad national and international audience.

MISIÓN
La misión de El Museo del Barrio es presentar y preservar el arte y la cultura de los puertorriqueños y de todos los latinoamericanos en Estados Unidos. A través de sus amplias colecciones, variadas exhibiciones y publicaciones, programas públicos bilingües, actividades educativas, festivales y eventos especiales, El Museo educa a su público diverso en la riqueza de la cultura e historia del arte del Caribe y de América Latina. Al poner en contacto a la juventud con este patrimonio cultural, El Museo está creando una nueva generación de visitantes de museo, y a la vez satisfaciendo el creciente interés por el arte caribeño y latinoamericano de una amplia audiencia nacional e internacional.

PUBLICATION
PUBLICACIÓN

Editors Editores
Rodrigo Moura
Susanna V. Temkin
Elia Alba

Editorial Coordination
Coordinación editorial
Susanna V. Temkin

Copy editors Revisores
Melina Kervandjian
(English)
Aída Cantú Artigas
(Español)

Proofreading Corrección
Michelle Dugan (English)
Sofia Cerda Campero
(Español)
Cynthia Selde (English and
Spanish inglés y español)

Translation Traducción
Natalie Espinosa
– In Conversation
En conversación
Abel González – Reader
Lecturas
Kristine Santos – Artists'
pages Páginas de artistas

Design Diseño
Elaine Ramos
Laura Haffner

Printing Impresión
Ipsis, São Paulo, Brazil

PHOTO CREDITS
CRÉDITOS DE IMÁGENES
Tom Van Eynde (88–89);
Ruben Diaz (92–93); Nick
Knight (96–97); KC Crow
Maddux (120–121); Mikayla
Whitmore (129); Oriol Tarridas
Photography (144–145);
Chi Birmingham (152–153);
Sean Horton (Presents)
(156–157); Gunter Lepkowski
(164–165); KeneK (168–169);
Walter Wlodarcyzk (176–177);
Makenzie Goodman
(180–181); Robert Jackson
Harrington (196–197); Fiama
Morales (205); Adam Reich
(208); Pablo Enriquez (209);
Micheal Underwood (216–217);
Wild Don Lewis (232–233);

re-envisioned the exhibition into a year-long initiative, launching ESTAMOS BIEN—LA TRIENAL 20/21 with a series of online artist's projects in summer 2020.

In adding a virtual format, our aim was not simply to simulate an in-person gallery experience online, but rather to approach the digital realm as a distinct public space in which artists and audiences could engage. We therefore commissioned a selection of five participating artists—Lizania Cruz, Poncili Creación, xime izquierdo ugaz, Collective Magpie, and Michael Menchaca—to conceive artworks specifically for the online environment.

Taking the form of a participatory platform, Cruz's *Obituaries of The American Dream* invited participants "locally and globally, non-im/migrants and im/migrants" to share testimonies as to when and how the American Dream died for them. Poncili Creación translated their highly improvisational practice into a video documenting their durational performance *Somxs Podemxs*, which took place on the streets of a quarantined San Juan. Expanding their ongoing portrait series, xime izquierdo ugaz's *se que fue así porque estuve allí* (i know it was so, i was there) is a digital archive of their chosen queer family that combines photographs and audio testimonies to give voice to their community.

Both Collective Magpie's and Menchaca's commissions reference the original context of *La Trienal* through works that addressed two major 2020 events: the U.S. Census and the presidential election. Encouraging participants to think about how they *feel* and perceive the experience of race and ethnicity, Collective Magpie's online *Poetic Exploration of Race Survey* offered a digital iteration of their ongoing *Who Designs Your Race?* project. Originally displayed as a three-channel video installation, Menchaca's video animation *The Wall* addresses one of the central campaign promises of former President "45," presented in a continuously streaming loop on a custom-built, arcade-inspired website.

In addition to the online projects, the changing circumstances of our times affected our approach to the works included in the exhibition. While many of the artists were already exploring some of the underlying issues underscored by the pandemic, a number of them began producing work that spoke specifically about the current moment. Patrick Martinez's large-scale urban landscape of Los Angeles includes direct references to the pandemic's

now ubiquitous masks and Lysol cans in its scrolling neon signs and graffiti traces. Unable to access her studio, Yvette Mayorga created *The Procession* from her home, its four panels a testament to the socially isolated quarantine, replete with cans of tuna and doomscrolling phones. With its references to U.S. Immigration and Customs Enforcement (ICE) raids and the labor abuses of the meat industry, Mayorga's piece further illustrates some of the ongoing parallel pandemics faced by BIPOC communities. Other artworks made during 2020 address concepts related to healing, such as Juan William Chávez's *Survival Blanket (Pandemic)*, which takes the form of an altar-like *mesa*, and bears a message related to the power of the collective as inspired by nature. Finally, conceived as a contemporary counterpart to Civil Rights–era photography, Ada Trillo's images of Black Lives Matter protests in Philadelphia provide a critical visual testament contextualizing the experience of 2020.

ON SOME OF THE EXHIBITED WORKS AND THEIR MOTIFS

The background for this exhibition is the relationship between the work produced by the Latinx diaspora[2] within the United States and its expansion beyond the Eurocentric canon. Succinctly put, "Latinx art is American art." This has been a phrase put forth by academic and institutional milieus to give an account of this debate.[3] This is a far more interesting position than the interpretative model that favors "ni de aquí ni de allá" (meaning, not of the United States nor of Latin America and the Caribbean) discourses, precisely because it advocates for a politics that values the cultural complexity of the art produced in what is today the United States.

It is not by chance that several works in this exhibition refer to the formalist history of art in the U.S., as we see in Lucia Hierro's *Racks* and in Dionis Ortiz's floor piece. They appropriate the primary (read white) structures of minimalism as forms not to be overcome, but, rather, to be subverted through other visual codes, inspired and inscribed by bodega visual culture and decorative elements of domestic urban architecture. These visual dialogues become richer in the encounter with other works in the show, such as the still lifes of Joey Terrill, that use a Pop Art–*rasquache* repertoire to unravel a complex chain of sources and meanings

relating to race, sexuality, and consumerism; the trompe l'oeils of Victoria Gitman, that challenge our perception of the limits between the artificial and the real by portraying luxury goods; and Yvette Mayorga's paintings, which astutely manipulate imagery of consumerism, juxtaposing French rococo references with painterly techniques inspired by Mexican *pastelería*.

The interrogation of identity and the self is a recurring interest in a group of works focusing on self-representation and doppelgängers, as seen in the life-size crochet figures by Luis Flores and the photographs of María Gaspar, José Antonio Gómez, and Dominique Duroseau, whose use of masks and other wearables articulate bodies and spaces loaded with significance. Identity also plays a major role in the family photos of xime izquierdo ugaz and Groana Melendez, bringing together private and public interests, as well as questions about who is included in this most intimate of relationships.

Cultural resistance is addressed by the multidisciplinary practices of Yanira Collado, who orchestrates a long list of vernacular knowledge, from civil construction to quilt making; Yelaine Rodriguez, who explores syncretic Yoruba deities through clothing, photography, and performance; and Vick Quezada, who incorporates Aztec philosophy to question colonial institutions. The question of Indigenous identity and one's relationship with it is also manifested in the paintings of Sandy Rodriguez, which argue for a non-European history of the painterly medium, and in Francis Almendárez's slide show and its evocation of traditional food as a form of resistance.

A myriad of openly political strategies can be found in the do-it-yourself institutional critique of the dozens of guerrilla exhibitions organized by the Museum of Pocket Art, as well as in the epic narrative from Chicanx/Latinx history conveyed in Vincent Valdez's paintings. The rendition of Puerto Rican impressionist painter Francisco Manuel Oller y Cestero's *Plátanos amarillos* (Yellow Plantains, 1892) by Justin Favela, who has transformed the painting in piñata style, putting Puerto Rico and Mexico in friction, alludes to a task that has yet to be fully realized: the purging of exoticism and the burden of being defined by the colonizer.

A single theory cannot elucidate this entire conversation and the perspectives featured in this exhibition, but rather we must think in terms of a celebration of a multiplicity of voices that should always

be accompanied by attention to the underlying colonial structures that inform them. After all, if there is anything we can say that unites the entire Americas, it is the trauma of the colonial experience, the genocide of Indigenous peoples, and the presence of the African diaspora.

THOUGHTS ON REPRESENTATION

Coloniality is a mechanism that has continued to uphold racism in Latinx communities. The *casta* system,[4] which was organized in terms of skin color and physical attributes, was designed to maintain (and withhold) political, social, and economic power. These experiments evolved in Latin America, erasing Black bodies; *mestizaje*[5] resulted in rendering most Latin Americans as "colorless," providing a false sense of "racial democracy," which in turn became a stand-in for "white." As the Latino population grew in the United States, the pan-ethnic label "Hispanic"[6] was formed, solely using a Spanish-language background as a unifying factor, despite the various racial and cultural compositions of the community. In response to this, the term was followed by the label "Latino" in the 1980s.[7]

The "colorblind" strategy, designed to promote Latin American and Caribbean countries as mixed, amounts to the refusal to recognize the consequences of racism and white supremacy on Black, Indigenous, dark-skinned and queer bodies. Yet, historically, the forging of a Latinx identity has been recognized as a necessity in the face of white supremacy in the United States, and it has been useful for raising awareness of such issues as migrant family separations, the militarization of borders in Mexico and Central America, law reforms, and mass shootings (e.g., in an El Paso[8] Walmart and the Pulse nightclub in Orlando[9]).

There is a great deal of debate regarding who is Latinx. How do you begin to draw attention to or delineate who is Latinx and who is Latin American? Must one be born and raised in the United States to be deemed Latinx? When we talk about the importance of "representation," we see it as inclusion and as a measure of empowerment for under-represented groups. In order for Latinxs to be acknowledged and not be left out of the conversation, there is a need to come to terms with and understand its racial identity

in all its glory. White supremacy and the ideology of whiteness not only rely on white people to perpetuate racism and power imbalances, but also use other marginalized communities to uphold the status quo. It is critical to focus on how colorism and racism are embedded in Latinx communities. By assessing identity and self-perception, we can start to bridge gaps and appreciate the fact that Latinxs are of all races. Further, there has been much debate surrounding the emergence of the term "Latinx," with many arguing against its usage, as if the terms "Latino" or "Hispanic" are any better. Some have welcomed it because it extends the boundaries of Latino to include gender identities that are essential to being Latinx in the United States.

Whether we use "Hispanic," "Latino," or "Latinx," or whether people define themselves by racial identity or see themselves through the lens of nationality, lived experiences are at the center of all of these questions of how we define ourselves and the groups with which we identify most. Moreover, it is important to tackle the various aspects of racism within the Latinx population to observe how they are expressed in art, media, beauty standards, income, and many other spheres. Embracing and centering Black, Indigenous, and queer epistemologies, as seen in many of the works in the exhibition, will lead to a richer understanding and broader representation of Latinx.

NOTES

1   *The Selected Files* (New York: El Museo del Barrio, 1999), 2. Exhibition catalogue.

2   The concept of diaspora has informed the mission of El Museo del Barrio since its foundation by the Puerto Rican community in New York in 1969. This also includes diasporas within diasporas, such as the African diaspora in the Americas and the displacement of Amerindian populations from their original land.

3   A key exhibition in this effort of interpretation is *Our America: The Latino Presence in American Art*, which was organized and presented by the Smithsonian American Art Museum and traveled to several institutions nationwide between 2014 and 2017. Two panel discussions are also interesting resources for this conversation, both with the same title: *Latinx Art is American Art*. The first was organized by El Museo at The New School on April 11, 2018 (www.youtube.com/watch?v=5lfTJE8_EJo&t=29s), and the second was organized by the Association of Art Museum Curators and took place online on May 4, 2020 (www.youtube.com/watch?v=oNXWvBBNyiw).

4   *Casta* is an Iberian word meaning "lineage," "breed," or "race." The casta system evolved from the medieval Spanish idea of *limpieza de sangre*, or blood purity. In seventeenth- and eighteenth-century Latin America, the system was used to describe mixed-race people in the post-Conquest period. The casta system dictated that the behavior, personality, and social status of Spain and Portugal's colonial subjects were inherently tied to race and carried forward from generation to generation. In other words, the perception was that the more European you were, the closer you were to the top of the social and racial hierarchy.

5   This term refers to a person of "mixed" ancestry.

6   Prior to the 1970s, the U.S. Census Bureau classified Latin American immigrants as white. Pinpointing this controversial policy as well as the lack of data to prove this group was under-resourced, Latino activists lobbied for a new identity category for this community. Thus, the term Hispanic was born. Hispanic refers to people from Spain or of Spanish-speaking origin. The term Hispanic would include people from Spain and not Brazil, where Portuguese is predominantly spoken.

7   The term Hispanic has been widely rejected due to its ties with Spain, which colonized much of Latin America. Thus, the term Latino emerged as an alternative to Hispanic. Latino refers to people of Latin American descent living in the United States. This term includes Brazilians and excludes people from Spain.

8   On August 3, 2019, a mass shooting occurred at a Walmart store in El Paso, Texas, killing twenty-three people and injuring twenty-three others. The shooter left a document filled with hatred of immigrants and Latinos, in which he said he wanted to stop the "Hispanic invasion" of Texas.

9   On June 12, 2016, a mass shooting occurred inside Pulse, a gay nightclub in Orlando, Florida, killing forty-nine people and wounding fifty-three. 90% were Latinx, mostly of Puerto Rican background. The shooting happened specifically on Latin night at the club and many felt the media ignored the fact that this was an attack on Latinxs and failed to fully address the impact on the community.

Estamos bien

Rodrigo Moura
Susanna V. Temkin
Elia Alba

UNA NOTA SOBRE EL TÍTULO

ESTAMOS BIEN es una declaración de resiliencia. Es una frase que simultáneamente desvía y provoca, uniendo un tono sarcástico con uno positivo. Las palabras se relacionan con un marco temporal poshuracán María, pero al mismo tiempo tienen una resonancia más amplia, particularmente en el contexto contemporáneo. Es a partir de éstas y otras posiciones que nace el acertado título, la tesis y el fundamento principal para el primer estudio nacional de arte contemporáneo latinx a gran escala: ESTAMOS BIEN—LA TRIENAL 20/21.

El origen de este título se remonta a inicios del 2020, cuando comenzamos a hacer una lluvia de ideas de nombres para esta muestra. Después de dos años de investigación y visitas a talleres de artistas viviendo en Estados Unidos y Puerto Rico, la cuestión sobre cómo titular una exposición cuya meta era enaltecer la capacidad, heterogeneidad y diversidad inherentes al término latinx demostró ser un reto. Al recurrir a los artistas para tomar inspiración, recordamos uno de nuestros primeros viajes fuera de Nueva York, al taller de Candida Alvarez en Chicago. Alvarez, quien nació y creció en Brooklyn, había exhibido como artista y trabajado en El Museo durante la década de los setenta, pero su participación activa en el museo había disminuido desde entonces. Nos reunimos alrededor de la mesa de su estudio, escuchando sus memorias, mientras develaba una de sus *Air Paintings* (Pinturas aéreas) de doble cara. Ahí, en medio de campos abstractos de color, aparecieron las palabras "ESTOY BIEN" escritas en una burbuja de chat azul verdosa rodeada de flores. Alvarez utilizó esta frase como una respuesta estoica, pero con carga emocional, a la gente que bien intencionadamente, le preguntaba cómo se sentía tras los destrozos del huracán María y la muerte de su padre. Tomando prestada esta frase de Alvarez, pluralizamos la expresión, cuyas contradictorias implicaciones podrían comenzar a expresar las muchas perspectivas de los cuarenta y dos artistas presentados en la muestra.

Mientras reflexionábamos sobre esta frase multivalente, fuimos recordados que el rapero puertorriqueño Bad Bunny también la invocó en su himno post huracán María que lleva el mismo nombre. Tendiendo puentes entre la tragedia de Puerto Rico y la energía y

el desafío juvenil, la canción en su español original resonó en estaciones de radio a lo largo de Estados Unidos, como símbolo de la creciente presencia latinx en la cultura estadounidense.

Y llegó marzo de 2020.

Fue sólo unas semanas después de nuestro viaje de investigación a Los Ángeles (hoy un epicentro de COVID-19), pero ya todo había cambiado. El Museo, al igual que casi todas las instituciones culturales, cerró el 13 de marzo del 2020, seguido rápidamente por todos los negocios, restaurantes y cualquier otra industria considerada "no esencial". Mientras las ambulancias deambulaban afuera de nuestras ventanas durante aquellos primeros días de primavera del 2020, comenzamos a preguntarnos, *¿estamos bien?*

Sin saber lo que nos esperaría ni cuánto duraría, cuestionamos si podíamos o debíamos continuar con este título para nuestro proyecto. ¿Era apropiado cuando comunidades BIPOC (personas negras, indígenas, y de color) eran los trabajadores de primera línea en supermercados y hospitales, y por lo tanto tenían las tasas más altas de infección y muertes? ¿Cuando se estaban perdiendo empleos? ¿Cuando la gente no podía pagar la renta?

Nuestra incertidumbre cambió nuevamente a raíz del asesinato de George Floyd en manos de la policía, y tras las muertes de Ahmaud Arbery, Breonna Taylor y tantos otros antes y desde entonces. Fue una coyuntura horrenda pero decisiva: las protestas alrededor del país nos permitieron rectificar y empezar a pensar y a creer en posibilidades, cambios y equidad. Comenzamos a entender estos eventos como parte del *ethos* de *ESTAMOS BIEN*, que no sugiere una mentalidad de supervivencia contra-todo-pronóstico o en defensa de los marginados. En vez, lo que se busca es promover una (re)apropiación y (re)visualización de lo que podría ser el mundo. Por lo tanto, mientras continuamos debatiendo las connotaciones y usos del título, incluyendo los recientes disturbios en el Capitolio después de la elección presidencial, *ESTAMOS BIEN* funciona como nuestro propio grito, cuyo espíritu, tembloroso pero resolutivo, se manifiesta en el diseño gráfico de esta muestra, creado por Elaine Ramos de estúdio gráfico.

Regresando al origen del título, le hemos preguntado a los artistas ¿cómo están? y ¿cuáles son sus pensamientos sobre el futuro?

Sus respuestas, que van desde el cansancio al enojo a la esperanza, forman parte de las páginas de artistas en este catálogo. Al presentar una crónica de voces, sus reacciones detallan las sutilezas del significado de la exposición *ESTAMOS BIEN* en este momento preciso.

UNA EXPOSICIÓN Y SUS PROPÓSITOS

A pesar de estar enfocada en las contribuciones artísticas y culturales de los latinos en Estados Unidos, y por lo tanto sin operar bajo una tipología rígida o una cronología estricta, la relación entre El Museo del Barrio y el arte del presente ha sido uno de los aspectos más consistentes de la misión institucional desde que fue concebida por el artista Raphael Montañez Ortiz en 1969. Durante los primeros años del museo, exposiciones claves, tales como *Art as Survival* (Arte como supervivencia) (1974) curada por el pintor Carlos Osorio, o la muestra experimental *Confrontación: Ambiente y Espacio* (1977), dieron a los artistas un rol central no sólo como expositores sino también en la creación de la programación e identidad misma del museo.

El lanzamiento de *The S-Files*, una abreviación de *The Selected Files* (Los archivos seleccionados) en 1999, era un paso lógico para El Museo. Concebida originalmente como un visión panorámica de los artistas latinoamericanos y latinos que vivían en Nueva York durante el periodo de la directora Susana Torruella Leval, la primera edición de la muestra buscaba retomar los lazos con "el pulso inmediato, elusivo y a veces caótico de la creación contemporánea."[1] Inicialmente el proceso de selección se llevó a cabo por medio de portafolios no solicitados que enviaron artistas al museo. Incluso en ese momento las curadoras Deborah Cullen y Carolina Ponce de León tenían ya que lidiar con cuestiones de identidad de los artistas y las "distintas necesidades de representación", tal como se observa en la transcripción del intercambio de correos entre las dos, publicado nuevamente en este volumen (p. 274). La serie se volvió uno de los programas más exitosos del museo, con siete iteraciones entre 1999 y 2013. Durante esos años prolíficos, *The S-Files* se convirtió en un punto central para la escena del arte latino en Estados Unidos.

La organización periódica de exposiciones colectivas panorámicas es una tarea realmente ambiciosa. No se trata solamente de presentar un inventario de objetos alrededor de una idea o de temas propuestos por los curadores, sino que funcionan también como una cumbre, como una serie de conferencias que unen voces de diversos artistas, creando así una plataforma que toma el pulso de la producción contemporánea. En el caso de una exposición como *La Trienal*, esta tarea debería de ser menos comprendida dentro del contexto de las bienales internacionales y más como una serie de exposiciones recurrentes, cuyo modelo original puede encontrarse en la bienal del Whitney. En Nueva York, las manifestaciones de este modelo se desdoblan en un panorama exuberante y complejo que sirve a distintas comunidades, audiencias y misiones que van desde la muestra *Greater New York* del MoMA PS1 hasta las trienales *Uptown* del Wallach Art Gallery en Columbia University, de la Asia Society y del New Museum.

ESTAMOS BIEN—LA TRIENAL 20/21 parte de la interseccionalidad del concepto latinx, el término controvertido que confronta el entendimiento binario de la identidad latina en Estados Unidos al adoptar el sufijo *X* de género neutro. Surgido a mediados de los dosmiles entre comunidades y estudios *queer*, el término extiende los usos anteriores de latino/a y latin@, distanciándose de definiciones rígidas e inclinándose hacia un entendimiento más amplio e inclusivo de aspectos multifacéticos de la identidad. Partiendo entonces desde un punto de encuentro en lugar de una definición singular, la exposición presenta artistas que representan una diversidad de generaciones, géneros, y orígenes étnicos y raciales, destacando la indigeneidad, las herencias africanas y no europeas; la inconformidad de género y otras multiplicidades.

Uno de los contextos principales para comprender la relevancia de revisitar y redefinir el estudio del arte contemporáneo en El Museo del Barrio son las proyecciones para el paradigmático año 2045, cuando por primera vez en la historia de Estados Unidos la población blanca será superada por las llamadas minorías, incluyendo un gran número de latinos. Por lo tanto, es particularmente emocionante considerar que estas exposiciones se volverán aún más importantes a medida que nos acercamos a este ya no tan distante hito.

CURADURÍA EN TIEMPOS CAMBIANTES

Al igual que la mayoría de la gente, cuando El Museo del Barrio cerró en marzo del 2020, pensábamos que sólo sería una pausa de unas cuantas semanas. Sin embargo, cuando esas semanas se convirtieron en meses, nos dimos cuenta que *ESTAMOS BIEN* no sólo tendría que posponerse sino que también requeriría de un replanteamiento conceptual. Ciertos planes y ambiciones tendrían que ser revisados para cumplir con las guías de distanciamiento social, incluyendo nuestra intención de presentar *performance* como elemento central de la programación. Al mismo tiempo, la importancia de la comunidad y comunicación durante este momento de crisis nos obligó a buscar nuevos métodos de conexión. En colaboración con nuestros colegas de El Museo, logramos re-imaginar la exhibición como una iniciativa de un año de duración, presentando ESTAMOS BIEN–LA TRIENAL 20/21 con una serie de proyectos artísticas online a lo largo del verano y otoño del 2020.

Al añadir el formato virtual, nuestra meta no era simplemente emular una experiencia presencial de una galería, sino poder acercarnos al mundo digital como un espacio público distinto, dentro del cual los artistas y las audiencias pudieran interactuar. Por lo tanto, comisionamos una selección de cinco artistas participantes—Lizania Cruz, Poncili Creación, xime izquierdo ugaz, Collective Magpie, y Michael Menchaca—para crear obra que específicamente se presentaría online.

Tomando forma de una plataforma participativa los *Obituaries of The American Dream* (Obituarios del sueño americano) de Cruz, invitaron a participantes "locales y globales, inmigrantes y no inmigrantes" a compartir testimonios de cuándo y cómo el sueño americano murió para ellos. Poncili Creación tradujo su práctica sumamente improvisional a un video que documenta su performance *Somxs Podemxs*, en las calles de un San Juan en cuarentena. Expandiendo su serie de retratos en curso, la obra se *que fue así porque estuve allí* de xime izquierdo ugaz es un archivo digital de su familia *queer* que combina fotografía con testimonios de audio que dan voz a su comunidad.

Tanto la comisión de Collective Magpie como la de Menchaca hacen referencia al contexto original de *La Trienal* a través de obra

que aborda dos eventos importantes del 2020: el censo en Estados Unidos y la elección presidencial. Con el objetivo de alentar a los participantes a pensar en cómo *sienten* y perciben la experiencia de identidad y raza, la *Exploración Poética de la Encuesta de la Raza* ofreció una iteración digital del proyecto en curso, *¿Quién diseña tu raza?* Originalmente presentado en una instalación de video de tres canales, *The Wall* (El muro), la animación de Menchaca, se dirige a una de las promesas centrales del ex-presidente "45", presentado como transmisión continua en una página web especialmente construida para simular un juego de maquinita *arcade*.

Además de los proyectos online, las circunstancias cambiantes de nuestros tiempos han afectado nuestro acercamiento a la obra incluida en la exposición. Mientras que muchos artistas ya estaban explorando algunos temas subyacentes que se resaltaron con la pandemia, una buena parte de ellos comenzaron a producir arte que hablaba específicamente del momento actual. El paisaje urbano de Los Ángeles a gran escala que hizo Patrick Martínez incluye referencias directas a la pandemia a través de sus letreros neón y trazas de grafiti con sus ahora ubicuos tapabocas y latas de Lysol. Sin poder entrar a su estudio, Yvette Mayorga creó *The Procession* (La procesión) desde su casa, haciendo un testimonio del aislamiento social de la cuarentena a través de cuatro paneles repletos de latas de atún y pantallas de celular *doom-scrolling*. Con referencias a las redadas del Servicio de Inmigración y Control de Aduanas (ICE) de EE. UU. y los abusos laborales en la industria de la carne, la pieza de Mayorga ilustra a profundidad las dinámicas actuales y pandemias paralelas a las que se enfrentan las comunidades BIPOC. Otras piezas creadas durante el 2020 hablan de procesos relacionados a la sanación, por ejemplo, la *Survival Blanket (Pandemic)* (Manta de supervivencia [Pandemia]) de Juan William Chávez, que toma forma de un altar *mesa* y contiene un mensaje relacionado al poder colectivo inspirado por la naturaleza. Finalmente —concebida como la contraparte contemporánea de la fotografía de la era de los Derechos Civiles— las imágenes de Ada Trillo de las protestas de Black Lives Matter (Las Vidas Negras Importan) en Filadelfia, ofrecen un crítico testimonio visual que contextualiza la experiencia del 2020.

SOBRE ALGUNAS DE LAS OBRAS EXHIBIDAS Y SUS MOTIVOS

El trasfondo de esta exposición es la relación entre el trabajo producido por la diáspora latinx[2] en Estados Unidos y su expansión más allá de los cánones eurocentristas. Para ponerlo concisamente, "El arte latinx es arte americano", una frase que ha sido promovida en medios académicos e institucionales que da cuenta de este debate.[3]

Esta es una posición mucho más interesante que el modelo interpretativo que favorece el discurso "ni de aquí ni de allá" (que quiere decir ni de Estados Unidos, ni de Latinoamérica o el Caribe), precisamente porque lucha por una política que valora la complejidad cultural del arte producido en lo que es hoy Estados Unidos.

No es casualidad que una serie de obras en esta exposición hagan referencia crítica a la historia del arte formalista de Estados Unidos, como lo podemos ver en los *Racks* (Estantes) de Lucia Hierro y en la pieza de Dionis Ortiz. Estas piezas se apropian de las estructuras primarias (es decir, blancas) del minimalismo como formas que no deben superarse sino más bien deben ser subvertidas a otros códigos visuales, inspirados e inscritos por la cultura visual de las bodegas y los elementos decorativos de la arquitectura urbana doméstica. Estos diálogos visuales se profundizan al encontrarse con otras obras, tales como la naturaleza muerta de Joey Terrill, que usa un repertorio de arte pop/*rasquache* para desenredar una compleja cadena de fuentes y significados relacionados a la raza, sexualidad y consumismo; los *trompe l'oeils* de Victoria Gitman, que retan nuestra percepción de los límites entre lo artificial y lo real al retratar artículos de lujo; y las pinturas de Yvette Mayorga que astutamente manipulan un imaginario comercial al yuxtaponer referencias francesas rococó con técnicas pictóricas inspiradas de la pastelería mexicana.

El cuestionamiento sobre la identidad y el ser es de interés recurrente en un grupo de piezas enfocadas en la representación de uno mismo y los *doppelgängers*, como es visto en las obras de crochet a tamaño real de Luis Flores y en las fotografías de María Gaspar, José Antonio Gómez y Dominique Duroseau, cuyo uso de máscaras y otras prendas articulan cuerpos y espacios cargados de significados. La identidad también juega un rol fundamental en las fotos familiares de xime izquierdo ugaz y de Groana Melendez,

uniendo intereses públicos y privados así como cuestionamientos sobre quién esta incluido en esta relación más íntima.

La resistencia cultural es abordada en las prácticas multidisciplinarias de Yanira Collado, quien orquesta una larga lista de saberes vernáculos, desde la construcción civil a la creación de colchas; Yelaine Rodriguez, quien explora el sincretismo de las deidades yorubas a través de la moda, fotografía, y *performance*; y Vick Quezada, quien incorpora la filosofía azteca para cuestionar a las instituciones coloniales. La cuestión de identidad indígena y nuestra relación con ella también se manifiesta en la obra de Sandy Rodriguez quien aboga por una historia no-europea de la pintura. Finalmente, está la presentación de Francis Almendárez y su evocación de la comida tradicional como una forma de resistencia.

Se pueden encontrar un sinnúmero de estrategias abiertamente políticas en la crítica institucional de estilo "hágalo usted mismo" de las docenas de exposiciones de guerrilla organizadas por el Museum of Pocket Art [Museo de Arte de Bolsillo], así como también en la épica narrativa de la historia chicanx/latinx transmitida en las pinturas de Vincent Valdez. La interpretación, hecha por Justín Favela, de *Plátanos amarillos* del pintor impresionista puertorriqueño Francisco Manuel Oller y Cestero, transforma la pintura en una suerte de piñata. Al hacerlo, el artista pone a México y a Puerto Rico en fricción y alude, a la vez a la tarea aún pendiente de depurar el exotismo y la carga de ser definido por el colonizador.

Es imposible que una sola teoría dilucide toda esta conversación y las perspectivas presentadas en esta exposición. Debemos, más bien, pensar en esto como una celebración de la multiplicidad de voces que siempre deben estar acompañadas de una atención a las estructuras coloniales subyacentes que las informan. Después de todo, si hay algo que une al continente americano es el trauma de la experiencia colonial, el genocidio de la gente indígena y la presencia de la diáspora africana.

PENSAMIENTOS SOBRE LA REPRESENTACIÓN

La colonialidad es un mecanismo que ha continuamente mantenido el racismo en las comunidades latinx. El sistema de castas[4], el cual estaba organizado de acuerdo al color de piel y los atributos

físicos, se diseñó para mantener (y negar) el poder político, social y económico. Estos experimentos evolucionaron en Latinoamérica, borrando cuerpos negros; el mestizaje[5] resultó en la definición homogénea de la raza latinoamericana, creando un sentido falso de la "democracia racial" que a su vez ha funcionado como un sustituto de "blanco". Conforme creció la población latina en Estados Unidos, se formó el término pan-étnico "hispanic"[6], que utilizaba el trasfondo del habla hispana como factor singular de unificación, a pesar de las variadas composiciones raciales y culturales de la comunidad. En respuesta a esto, el término fue seguido por "latino" en 1980.[7]

Esta estrategia "color blind", es decir, cegada al tema racial y diseñada para promover países latinoamericanos y caribeños como "países mestizos", muestra el rechazo de reconocimiento a las consecuencias del racismo y la supremacía blanca en cuerpos negros, indígenas, de piel oscura y *queer*. Sin embargo, históricamente, el forjamiento de la identidad latinx ha sido reconocido como necesario para enfrentar la supremacía blanca en Estados Unidos y ha sido utilizado para crear conciencia de ciertos temas, tales como la separación familiar, las fronteras militarizadas en México y Centro América, las reformas legales y los tiroteos masivos (por ejemplo, lo ocurrido en una tienda Walmart en El Paso[8] y en el club nocturno Pulse en Orlando[9]).

Cuando se trata de definir quién es latinx hay mucho por debatir. ¿Cómo podemos comenzar a prestar atención para definir quién es latinx y quién es latinoamericano? ¿Debe uno haber nacido y crecido en Estados Unidos para ser definido como latinx? Cuando hablamos de la importancia de la "representación", lo entendemos como inclusión y como una medida de empoderamiento para grupos poco representados. Para que los latinxs puedan ser reconocidos y no excluidos de la conversación, hay una necesidad de entender la identidad racial en todo su esplendor. La supremacía blanca y la ideología de blanquitud no sólo dependen de la gente blanca para perpetuar el racismo y desequilibrar el poder. Dependen también de las comunidades marginadas para mantener el status quo. Es fundamental enfocarse en la manera en que el colorismo y el racismo están incrustados en las comunidades latinxs. Al valorar la identidad y la percepción propia, podemos comenzar a tender puentes y apreciar el hecho de que los latinxs son de

todas las razas. Asimismo, ha habido mucho debate alrededor de la aparición del término "latinx", con mucha gente argumentando en contra de su uso como si los términos "latino" o "hispano" fueran mejores. Algunos le han dado la bienvenida, ya que extiende los límites de lo latino para incluir otras identidades de género que son esenciales para ser latinx en Estados Unidos.

Sin importar que usemos "hispano", "latino", o "latinx", o si la gente se define por su identidad racial o se ven a sí mismas a través del lente de la nacionalidad, las experiencias vivenciales están al centro de las preguntas sobre cómo nos definimos y con qué grupos nos identificamos más. Sobre todo, es importante abordar varios aspectos del racismo dentro de la población latinx para observar cómo se expresan en el arte, los medios, los estándares de belleza, los ingresos y otros ámbitos. Al acoger y centrar las epistemologías negras, indígenas y *queer*, como lo hace tanta obra en esta muestra, alcanzaremos un entendimiento más profundo y rico de la representación latinx.

NOTES

1   *The S-Files*, Nueva York, NY: El Museo del Barrio, 1999, p. 2.

2   El concepto de diáspora ha informado la misión de El Museo del Barrio desde su fundación por la comunidad puertorriqueña de Nueva York en 1969. Esto también incluye las diásporas dentro de las diásporas, como la diáspora africana en América y el desplazamiento de las poblaciones amerindias de su tierra original.

3   Una exposición clave en este esfuerzo de interpretación es *Our America: The Latino Presence in American Art* (Nuestro América: La presencia latina en el arte americano), que fue organizada y presentada por el Smithsonian American Art Museum y viajó a varias instituciones a nivel nacional entre 2014 y 2017. Dos paneles de discusión también son recursos interesantes para esta conversación, ambos bajo el mismo título: *Latinx Art is American Art* (El arte latinx es arte americano). El primero fue organizado por El Museo en The New School el 11 de abril de 2018 (www.youtube.com/watch?v=5lfTJE8_EJo&t=29s), y el segundo fue organizado por la Asociación de Curadores de Museos de Arte y se llevó a cabo en línea el 4 de mayo del 2020 (www.youtube.com/watch?v=oNXWvBBNyiw).

4   Casta es una palabra ibérica que significa "linaje" o "raza". El sistema de castas evolucionó a partir de la idea española medieval de la "limpieza de sangre" o pureza de sangre. En la América Latina de los siglos XVII y XVIII, se utilizó para describir a las personas de raza mixta en el período posterior a la conquista. El sistema de castas dictaba que el comportamiento, la personalidad y el estatus social de los súbditos coloniales de España y Portugal estaban intrínsecamente ligados a la raza y se transmitían de generación en generación. En otras palabras, la percepción era que cuanto más europeo fueras, más cerca estabas de la cima de la jerarquía social y racial.

5   El término "mestizo" se refiere a una persona de ascendencia mezclada.

6   Antes de la década de 1970, la Oficina del Censo de Estados Unidos clasificaba a los inmigrantes latinoamericanos como blancos. Al señalar esta polémica política, así como la falta de datos para demostrar que este grupo carecía de recursos, activistas latinos exigieron una nueva categoría de identidad para esta comunidad. Así nació el término "hispano". Hispano se refiere a personas de origen español o de habla hispana. El término hispano incluiría a personas de España, pero no de Brasil, donde predomina el portugués.

7   El término "hispano" ha sido ampliamente rechazado debido a sus vínculos con España, que colonizó gran parte de Latinoamérica. Así, el término "latino" surgió como una alternativa a hispano. Latino se refiere a personas de ascendencia latinoamericana que viven en Estados Unidos. Este término incluye a brasileños y excluye a personas de España.

8   El 3 de agosto de 2019, ocurrió un tiroteo masivo en una tienda Walmart en El Paso, Texas, matando a veintitrés personas e hiriendo a otras veintitrés. El tirador dejó un documento lleno de odio a inmigrantes y latinos, en el que decía que quería detener la "invasión hispana" de Texas.

9   El 12 de junio de 2016, ocurrió un tiroteo masivo dentro de Pulse, un club nocturno gay en Orlando, Florida. Cuarenta y nueve personas murieron y cincuenta y tres resultaron heridas. El 90% eran latinos, en su mayoría de origen puertorriqueño. El tiroteo ocurrió específicamente en la noche latina del club y muchos sintieron que los medios ignoraron el hecho de que se trataba de un ataque contra los latinos, sin abordar por completo el impacto en la comunidad latina.

In Conversation: Identity, Race, and Trauma

Elia Alba
Candida Alvarez
Melinda Barnadas
Dominique "Dom" Duroseau
María Gaspar
Patrick Martinez
Rodrigo Moura
Vick Quezada
Yelaine Rodriguez
Susanna V. Temkin
Vincent Valdez

The following virtual dinner conversation took place on November 19, 2020, with a few of the artists and the curators of the exhibition. The conversation is informed by Elia Alba's project, The Supper Club, a forum that was established in 2012 to foster and facilitate meaningful social and cultural engagement and criticism, and to function as a critical historical archive of creative diasporic voices.

ELIA After the election, I started to see a lot on Twitter and on Instagram, the way people were interacting and taking positions. What I noticed, which is what I have noticed in the past, were Latinos speaking up against Latinos, or Blacks and Latinos speaking up against each other. I felt this was something I wanted to talk about with you. I also have been thinking about how every immigration story is different, but most come from U.S. intervention, whether it be taking lands from Mexico, Puerto Rico at the turn of the century, the current immigration crisis.[1] It's interesting that when people outside of our circles talk about Latinos, U.S. intervention is rarely discussed. That said, we have our own issues as a group, and individually, with racism, and I feel that it doesn't help in understanding our multiplicity.

I don't know if you had a chance to read the links that I sent you. One was Esmeralda Bermudez's Twitter rant on how "Latinos are not a monolith and the Latino vote is a mirage."[2] And the other was Indya Moore's[3] Instagram Live post talking about colorism within Latinx communities, but also telling Latinos that they need to go back or leave and fight the battle in their own countries. We've all been hearing that a lot, right? The president [Donald Trump] said, "Go back if you don't like it here." I just found it odd coming from them, but I understood it when I heard the entire monologue.

So, let's start with the questions I sent: How do Latinos uphold white ideology and white supremacy within their own communities? How does colorism and racism maintain white supremacy in Latinx communities? Are first-generation Latin Americans more likely to carry on or likely to challenge those ideas versus second, third, or fourth generations?

MELINDA Can I add a question to that? How do people respond to that idea of, just to speak to that question cluster, *"mejorando la raza"*?[4] How has that been something that has affected you

personally? I can speak from my own [experience]. My mother is Afro-Caribbean from Trinidad. My father is a light-skinned Peruvian with a Spanish father. My grandfather was born in Barcelona and my grandmother was Peruvian from a Quechua[5] line. On both sides of my family, the idea for offspring to marry and have light-skinned children was something that was a form of domestic racism that we experienced. The idea is that having light-skinned children meant your kids would have less trouble in life. And so that became a guiding problem on both sides of my family. My father's side denying the Indigenous portion of my family and, on my mother's side, a denial of the Blackness.

YELAINE I didn't hear the term [*mejorando la raza*] growing up, but I realized that in my relationship with my grandmother, it was something that was real because she idolized her father, who was Spanish but born in the Dominican Republic. She ended up leaving her household because she wanted to have her own house and be married. She married my grandfather because he had means, but not because she was physically attracted to him. He was a dark-skin Dominican man. So, when I was growing up, I would remember her combing my hair and saying, *"Oh, este pelo es de Mena"* ["This hair is Mena"], which is my grandfather's last name. I didn't think too much of it, but afterwards, growing up and understanding what hair texture means within the Latinx community, I realized that it was coming from a very ingrained racism that she was projecting onto me. I also grew up with a mother that was a hairdresser, and she never talked about it. She actually did the brave cut[6] on me. The experience of dealing with the blow out, but then having her shave it all off when I was an adult, was a whole healing process with my mom. With my grandmother *"mejorando la raza"* was more about financial need. It was a weird relationship she had with my grandfather because she had thirteen kids with him but would say many messed-up things about him that were very racist. He would take all that aggression and hostility.

VICK There's a performative way I've seen my mother engaged in public, and then she acts different when we were at home. It's like double consciousness. Du Bois talks about that.[7] There's a way she

performs whiteness out in public because she actually was disciplined by her father, who was in the military, and then her formal education in a Texas public school. Schools are sites of discipline, just like church. Churches historically have instituted violence in the form of values that enforce being proper and pure, so it's under the guise of that.

Family dynamics is also a place where people get disciplined. In some way, we've all experienced this and we're performing this and there is a way we continue to uphold these ideologies. We all have implicit bias. This ideological indoctrination continues and especially when we're young. I remember sitting down and watching a Western, and I remember I would say, "Yes, I want the cowboy to win." That's the continual narrative that folds out, and we're sort of buying into white supremacy. We are entangled in it in insidious ways.

PATRICK When I was growing up, there was a lot of ambiguity with my mother and my father. My mom had an accent; she was from the Philippines, but my dad is Mexican and Native American, and they didn't really talk about that. I went to a good elementary school. When I hit middle school, I was eleven years old, and there were race riots, Mexicans and Blacks. They would come together and just fight. It was also the 1992 riots, the uprisings.[8] It really came to a point where it was like every day. It was literally other eleven- and twelve-year-olds telling me to pick a side; it was a crazy thing. Later on, [as you get older] you understand that violence comes from the ideology that came out of the California prison system, how they segregate Black, Brown, and white [populations]. That followed through high school and pretty much every year throughout the mid-nineties, and kind of dwindled down in 1997. It was street violence that spilled over onto the youth. This was my introduction to Black and Brown and the idea of doing what's right for your people or your group of people.

VICK There's this thing called *"limpieza de sangre"* [purity of blood], and this actually happened [during] the Spanish Inquisition. This process began before the Spaniards came to the Americas. Basically, they were trying to "cleanse" Spanish blood, to become purer from the Jews and the Muslims. When the Spanish came over to the colonies in the 1500s, they reinforced those laws. However,

there was miscegenation between the Spaniards and Indigenous peoples. What ended up happening is Indigenous people who were mixed [race] began to claim that they were *"sangre pura"* [pure blood]. This has continued to happen and the reason why is because, if they claimed to be of Indigenous ancestry, they would be subjects to the colonial caste system and perhaps even experience slavery. It's said that from the late 1400s there were about sixty million Indigenous people living in North America; in the mid-1600s the Indigenous population was six million.[9]

ELIA I've been reading a lot more on Dominican history, and it was actually literary people during the nineteenth century that started to propagate this idea about *"la raza Dominicana,"* a Dominican identity and racial category that was closer to white. This has been written about quite a bit, where thousands of Haitians were killed during the Trujillo dictatorship, but it really was a genocide. It was the killing of not only Haitians, but Black Dominicans as well.[10] It's talked about in this singular way because it happened at the border, but it negates [the fact] that it's an internal struggle, projected onto Haitians. I think there have been similar narratives throughout Latin America of genocide, [and this] idea of pure blood.

VICK Black and Indigenous people are actually survivors. They survived the apocalypse, surviving through these genocides, and here we are.

YELAINE It's interesting that you mentioned the Haitian massacre because, at the same time, Trujillo was the first person [and the Dominican Republic] the first country to open its border to Jewish refugees.[11] And on paper, it sounded nice, but at the same time he was doing it with that intention to whitewash the race. He hoped that they would come to the island. He would give them land, make the transition easier for them, while at the same time he was murdering Dominicans that were Black.

CANDIDA This is such a big topic, and I'm like how many years do I go back? I remember the whole idea of hair and how that in itself is colorism. It was something that my mother always pointed towards. It's where I got really upset because I couldn't wear my

hair like Yelaine. It was always contentious, and I just thought, wow, this is what it all means to be Black or Puertorriqueña. My mother's mother was very Taína,[12] in her whole appearance; her father was blonde hair and blue eyes, and then my father's father was very African. I mean, diaspora was all around, so it's a strange position to think about race. It's complex.

I was reading the other part of the question, about what Latinx really means, or how do we hold on to that. The "*x*" part is very interesting because it could be anything; it's about visibility and invisibility. I feel it gives hope for the future

In Brooklyn, where I grew up during the 1950s, I didn't have these conversations at home. My parents wanted us to understand that we were 100 percent Puertorriqueños, not Americans. The race complexities didn't really come out until I married an African American man, and then it became like, "Oh, you're going to lose your culture." I pushed back. I was just going to live my life, but how many of us get a chance to kind of fight back? Having a way to talk about this gives the next generation a chance to maybe grow out of some of these ridiculous myths and ideas about who we are. I guess I'm really optimistic about the fact that we can grow out of these boxes to really flourish. Blaming another race for what we're going through—this whole idea—we should just embrace each other. I mean, aren't we all Black? This reminds me of the first time I was in London in the 1980s at a panel discussion around the arts, which included Stuart Hall. It was the first time I heard South Asians being referred to as being Black. It was a revelation. Hall wrote a pivotal essay "Minimal Selves,"[13] which probed the question of identity and postmodernism.

MARÍA I was thinking a bit about the way violence shows up historically and the way that it penetrates all facets of our communities. I'm first-generation Mexican American and part of my own growing up was recognizing the complexity of assimilation. It took me a while to come to terms with the fact that assimilation is a form of violence and seeing that play out in different ways within my family. They initially went to Texas, through the Bracero Program[14] and then eventually made it into a factory here in Chicago. There was always this sort of pressure to weave oneself, sort of camouflage, into a community that obviously felt a certain sense of fear or a sense of

disbelonging. I feel like that's come up in my work, belonging and disbelonging and how that plays out. Within that process of assimilation, there's almost this dismissal of indigeneity and the history of that part of our identity. That's been one of the struggles between my family and I. I remember they'd be like "*¿por qué estás con esos indios*?!" ["Why are you with those Indians?!"]. There was always this kind of language. It's complex, but it's also about survival, about economics, making a way in, whatever that means.

Also, I think a lot about how it shows up within urban planning. I don't know how many folks are familiar with Chicago. There was a history of redlining[15] and other ways that, politically, communities were split up intentionally. You'll see that all across the city where Black and Latino communities are split by a viaduct or separated by an expressway, intentionally cutting through BIPOC communities. I think that's also important to consider, especially when I think about the pandemic, the density of cities, the way people are so tightly contained in cities, and the way that functions to separate.

ELIA These are all systems of violence, which brings me back to my initial question. I think that this is the hard part of people trying to understand us. We don't simply come from this either-or space. So how do we create an understanding out there, without us addressing our own issues first? Then again, is that even possible? I mean, do you think we're ever going to, even in our own families, find that space of balance or eradicate these complexities?

VICK By understanding how settler colonialism works and its oppressive nature, we can further understand the complexities of Latinx identities and how they are different and intersect. It's also important to do the work of researching our stolen histories so that we can communicate them. Elia, your questions are continuously coming up for me, especially now with all the political unrest and, broadly, the state of the world. The thing I keep coming back to is there are select people in my family who have problematic ideologies that are homophobic, classist, self-hating, racist, etc. I cannot change them, I've tried. I don't have a solution, but I think that our individual approaches to understanding ourselves are all different, messy but it's the process of learning about who we are and are not.

I wanted to follow up on María's comment about family denying racial identity. Recently, I took a genetic test, and the not-so-surprising thing is that I was 10 percent African descent. When I shared this with my extended family, somehow all these photos of a mixed-race figure surfaced.

MELINDA Oh really? Then they busted out all the photos that were tucked away?

ELIA All the hidden relatives.

CANDIDA Secret omission.

MELINDA They were resurrected.

VICK It's that denial, and they continue to tell these *"sangre pura"* narratives about who they are and who they aren't. Some of it is survival, but it has to be called out. I do feel there are people, and especially in my family, whose rhetoric is starting to change because, as Candida said earlier, there are different discussions being had now.

DOM My experience was not the normal experience because usually you leave Haiti; you don't go back into the danger zone. Around the time that I first went, [Jean-Claude] Duvalier was coming off the presidency, and that was the first stark memory of trauma.[16] Dealing with the trauma of the country going upside down, you're trying to make sense of everything, and you're a kid. As you're navigating, there are all these other things that you discover, but everything starts to make sense as an adult. The way I've been describing it for the past few years is what I call "timing of information." As a young person, you have so much information coming at you. Even when I was somewhat of a sheltered kid, there were a lot of things that were ongoing. You're experiencing violence, that's both physical, internal, and mental, and you're aware of it, but you're supposed to shut up and not get involved in grown people's businesses.

The reason I wanted to go back was I was being abused in different ways that I couldn't tell my parents. I felt my way out, as a kid, was when my mom and my sister's father decided [to send

my sister to Haiti], "to get an education because education in America is not what we like." At the airport, I said, "Can I go too?", because to me that was my way out, not realizing *Je fuis la pluie et je tombe dans la rivière*, which means I'm running from rain and I fall in the river. If you asked me now, "Dom, would you ever trade and never have gone to Haiti at that age?" I would say no. I would still go because the experiences of who I am, how I understand humanity, and my deep sense of empathy is because of living in Haiti. Also, understanding that poverty looks different everywhere. Racism looks different everywhere. Colonialism looks different everywhere. And it's not so different that we can't identify, where it sounds like language. But if you pay attention to the micro-expressions and movements, you start to see the pattern and the rhythm of all these negativities.

When I was offered to be part of this show, my first question was: I hope they know that I'm Haitian. The reason is because I kind of always felt like I was never accepted as a real Haitian. I was always seen as a bootleg Haitian because I was born outside of Haiti. Meanwhile, I grew up there, and I can speak the language. I know more about my culture than anyone who was born there, who left. Also, when I was offered this show, I felt I didn't belong. I've been in that space before—where if I'm with a Dominican, and someone's like, "Oh, so both of you are Haitians," the Dominican would be like, "Oh hell no, I ain't no damn Haitian." So, there's been a lot of those weird ups and downs, navigating these different Black, Brown, multi-deliciousness backgrounds and cultures. What's problematic in the end is people can't seem to identify the pollutants by white structures that have been infiltrating our cultures for generations.

MELINDA Is there anybody here who hears Latinx and is like, yes, that's me 100 percent?

VINCENT For me, identifying as Chicano was not only a way, as a younger person, to educate myself in terms of historical significance, what it meant to call oneself that; it also was a source of pride, and an act of defiance, not only against the powers that be, but against my own parents, [against] my mother who said, "Don't you ever call yourself that; that is a bad word; that means you're going to end up in jail."

Coming from a place like San Antonio, Texas, one of the things that I'm most fascinated by is the weight that it carries historically in this country—past, present, and future. The very first public-school field trip in San Antonio is straight to the Alamo, like kindergarten. I always saw it as this symbol of colonialism—this constant reminder of your place, behind an emblem, a nationalistic landmark. It becomes its own miniature tale of what America stands for. *Love it or leave it*; *don't tread on me*; *come and take it*. To be in a city like San Antonio, where it's Black and Brown but predominantly Brown, Mexican American, the divisions in one community, the divisions between the regionalism of a place like Texas—somewhere in my own perspective, it is divided into four miniature versions of itself with the constant presence of the border in your backyard. So, very early on, you are indoctrinated. You have to choose a side, and there's this quest, this competition. As a kid, I remember it, in kindergarten or first grade, saying "I'm not a *mojao*; [17] that's them. They look just like me; we could be *primos* [cousins]; but, hey, you're from over there." I never really quite understood it.

Candida, I appreciate and respect the optimism. For me to add balance, I'd love to counter that with pessimism, that none of this is going to change. How can we expect America to understand who we are, who we were, where we come from, where we're headed, if we can't even understand ourselves? It's one thing to have these conversations within our own inner circles of academia and the art bubble, but the masses, that's what concerns me in bed at night. Is a conversation occurring? No way, not yet.

We are all upholding the system, and to be in America means that we are assimilated. If I was forced to compose some kind of potential solution, it's always education. But how do we educate? How do we reach young hearts and minds through education? When you look around, who's on television screens, in the classrooms, in the highest positions of power? How many of those look like us? And the few who do, how many of them are going to raise their hand and identify Indigenous or Latinx?

VICK Looking at Texas we can see the long history of colonialism and the power that indoctrination in education has. I know this because I experienced public education in Texas. Texas education

is the epitome of exclusionary and racist histories. There have been several waves of colonization that have happened. There have been six flags over Texas.[18] The Spanish missions, which were battle sites, were also sites of death, slavery, discipline, and assimilation for Indigenous people and *mestizos*. These are facts that are excluded from the Texas curriculum, at least when I was a student. So, including these histories, as well as others broadly, has the ability to inform and empower marginalized groups.

VINCENT We talk about colonialism like it's in the past, but it's still very much in our faces. The largest percentage of young men and women serving the United States military are Brown, and the military is very much embedded in [our] communities. I think the biggest threats to our society in the twenty-first century is not Donald Trump; it is not the Ku Klux Klan; and, in some ways, it isn't young, white men and militias. It's everything that we can't see that's done through covert policies economically, socially; like eminent domain, border policies.

MARÍA The crisis that we're in has created a national conversation about Defund the Police, and that movement is stirring up an understanding of how much we're implicated in that system. It represents a sort of hopefulness because never have we seen a national movement with a significant kind of force in the history of the United States that has influenced other countries.

DOM A number of you have talked about education. How would you define education considering that not everyone has the opportunity to go to schools? But I see education being something that's fluid. I believe the old guy that sits next to the liquor store who always has wisdom once he has two bottles of bad whiskey has something really meaningful and impactful to say.

YELAINE On the educational side, it has to come from the household. We cannot allow the system to educate kids. Being involved matters, but I also wonder, if you have an immigrant parent, like my mom who didn't speak English, dealing with survival and trying to put food on the table, how can we bridge that gap to have education at home and also in the school system?

CANDIDA Well, it's happening right now. We're in the middle of a pandemic, and there's so many families who've had to stay home and do their work. We're in this crisis, but we're also going back to something. We have a responsibility to our children, and there's a lot of stress to achieve. I can't stop thinking about social media and the power it has over us and the generation coming up. How it can make you do things you don't even know you're doing. It can make you think in ways that you don't even know you're thinking. It is the drug of the moment, and so we have a lot at stake. It's not just the history books anymore, it's social media. You have to know that your brain is being manipulated. These kids have to know and be even more alert as parents. The notion of education is endless, and it's organic. For those of us who are engaged in institutions of higher learning, we're teaching and dismantling something that's been very systemic. Teaching is being very proactive and listening deeply to what's at hand and empowering students to trust themselves. History is vitally important. We have to rewrite these books.

VICK Culturally we have ideologies that are based in a hierarchical value system that values dominant history and knowledge. And what value of knowledge does a grandmother or a *tamalera*,[19] who is a businesswoman, who's been making and selling tamales for over thirty years have? Education is centered around white supremacy, so in order to value some other type of empirical knowledge, we need to reevaluate what these systems look like for us and how we engage with them, but also, with the limited amount of power we have, how we can subvert these value systems.

SUSANNA I've been thinking a lot about what Yelaine said, about how different generations fall into the education system. What you were saying about [your mother] being an immigrant, and you come to this country, and you want to trust the system. Or going back to what María was saying, feeling grateful sometimes to have entered this country. To then follow the rules, to then go to these schools, and the schools don't take care of you, or they're not the right place for you. They end up being a repetition of a carceral system. How does your family even know how to protect you from that?

RODRIGO I would like to say something about education and the role of cultural institutions. Some people talked about formal education and the education system, but others talked about, like Vick especially, how people have been educated by their families, traditional knowledge or non-formal knowledge. But there's something that I think is part of this whole conversation, which is education through the arts and how we make our institutions reflect more who we are as a society.

ELIA I want to go back to the Latinx word. What is it about that word that makes you say I want to be considered that? For me, Latinx is not really an identity. I always think about it as a destination or space where I can connect with all my brothers and sisters of Latin American and Caribbean descent.

CANDIDA For somebody who comes from the '80s, it's growing on me. I'm in my first Latinx abstract show, so obviously that sounds kind of cool. I have to say that as somebody who's been fighting to be a Puertorriqueña and to be sitting at the table as a Boricua, it's like, damn it, I just want to sit at the damn table. I applaud the possibility and the potential for it to really be more cohesive, more open-ended. It's not about he or her or them. It's all of us, especially with cultures that are so male dominated. The label Hispanic was terrible. I mean, "his panic is not my panic." I'm not in it. There's something that we can all latch on to, and I love the way Elia talked about it as a destination, as a place. It's like having roots. No matter where you land, you're not going to fall.

VICK I am kind of in the middle with it. I feel like the problem with it is that it conflates identity, and you have white supremacy that's already trying to put us all into this box. We're much more nuanced, more diverse, but what I do think though is that it is a site of possibility, a site of unification; it's not fixed, and it's constantly mutating.

YELAINE I feel that the term excludes Black Caribbean and Black Latinx people. I usually add Afro to Latinx instead of just using the plain Latinx, just like I add Afro to Dominican. I do appreciate the idea of the term, and I feel it is the best option that is out there at the moment. But, for me, I would say Afro-Latinx.

DOM I have seen discussions on Haitians who are second and third generation renouncing Haiti, like, "No, I'm Dominican, or I'm Latinx." I cringe at that a bit because part of it is [they] don't understand [their] own personal history to say that. It wasn't that long ago when the government of the Dominican Republic was doing an ethnic purging of Haitian and Haitian-descent people who were born and raised generations on the island, with some citizens taking the law into their own hands and killing them.[20] I agree with Yelaine. If we haven't been able to grasp our own in-house cleaning, even in language, we have to bear in mind the issue of it not being as inclusive.

Do I see myself as Latinx? I can't even start having that conversation because I'm dealing with the fact that, when I identify as being Black, some people say I'm not Black, I'm Haitian or I'm African or I'm Nigerian. I'm already in this battle of just Blackness alone, and now there's the Latinx. I was never part of this, not because I didn't feel like I was part of it—I was pushed out.

NOTES

1   The Monroe Doctrine led the United States to involve itself in Latin American nations, often on behalf of North American commercial interests, by extension supporting right-leaning forces against leftist leaders. U.S. intervention has left governments in Central America weak and fragile, empowering oligarchs and drug cartels, who in turn have fueled corruption and gang violence, driving thousands to flee north.

2   Born in El Salvador and raised in Los Angeles, Esmeralda Bermudez writes about the lives of Latinxs for the *Los Angeles Times*. https://twitter.com/BermudezWrites/status/1323836686833344515.

3   Indya Moore is a trans actor and activist. https://www.instagram.com/tv/CHakPwsHe5S/?utm_source=ig_web_copy_link.

4   *Mejorando la raza*, or improve the race, is a common phrase used in Latin American countries and is based on the belief that one should marry a "whiter" person to have lighter-skinned children.

5   The Quechua are an Indigenous people of the Andean region of South America who comprised the ruling class of the Inca empire.

6   Women in the Black community receive a "brave cut" to cut off all their processed hair and let it grow naturally.

7   Double consciousness was a concept introduced by W. E. B. Du Bois in *The Souls of Black Folk* (1903). It describes the sensation of feeling as though one's identity is divided into two parts, because of racialized oppression and devaluation in a white-dominant society, making it difficult or impossible to have a unified identity.

8   The 1992 Los Angeles Riots (or the Los Angeles Uprising) began in South Central Los Angeles after a jury acquitted four police officers tried for using excessive force in the arrest and beating of Rodney King.

9   Alexander Koch, Chris Brierley, Mark M. Maslin, Simon L. Lewis, "Earth System Impacts of the European arrival and Great Dying in the Americas after 1492," *Quaternary Science Reviews* 207 (March 1, 2019) 13-36

10   In September of 1937, the dictator Rafaél Trujillo ordered his military to exterminate the Haitian population to cleanse the Dominican population of "foreigners." It is estimated that 20,000 people were killed in the span of a month. In *The Borders of Dominicanidad: Race, Nation, and Archives of Contradiction* (2016), Lorgia García-Peña refers to the massacre as a genocide of "the multiethnic Afro-Hispaniola rayano [border person] population," noting that Afro-Dominicans, along with Haitians, were killed.

11   In March 1938, President Franklin D. Roosevelt convened a thirty-two-nation conference at Évian-les-Bains, France, to discuss the resettlement of German and Austrian Jewish refugees. Assembled nations endorsed the idea, but agreed that no nation would "be expected to receive a greater number of emigrants than is permitted by existing legislation," which amounted to no more than a few thousand refugees. The Dominican Republic, led by Trujillo, expressed a willingness to accept between 50,000 and 100,000 Jews, mainly because Trujillo wanted Western nations to overlook his massacre of 20,000 Haitians in 1937; he also sought to "whiten" his country, believing that European men marrying Dominican women would produce light-skinned offspring.

12   The Taíno, a subgroup of the Arawakan Indians, inhabited Cuba, Jamaica, Haiti, the Dominican Republic, and Puerto Rico when Christopher Columbus arrived in the New World. The Taíno were considered extinct at the end of the sixteenth century. However, since about 1840, there have been attempts to revive Taíno identity in rural areas of Cuba and the Dominican Republic. This effort extended to the Puerto Rican diasporic communities who, inspired by the American Indian Movement of the late 1960s and 1970s, expressed interest in Taíno heritage. A recent study offers direct genetic evidence against the idea of Taíno "extinction." See Lizzie Wade, "Genes of 'extinct' Caribbean Islanders Found in Living People," *Science* 359, no. 6378 (February 2018): https://www.sciencemag.org/news/2018/02/genes-extinct-caribbean-islanders-found-living-people.

13   Stuart Hall, "Minimal Selves," *Identity -The Real Me: Postmodernism and the Question of Identity* (ICA Documents 6), ed. Lisa Appignanesi (London: Institute of Contemporary Art, 1987), 44–46.

14 The Bracero (or "manual laborers") Program grew out of a series of bilateral agreements between Mexico and the United States that allowed millions of Mexicans to work in the U.S. on short-term, primarily agricultural labor contracts.

15 Redlining is the practice of arbitrarily denying or limiting financial services to specific neighborhoods. In the 1930s, the New Deal's Home Owners' Loan Corporation (HOLC) developed color-coded maps of American cities using racial criteria to categorize lending and insurance risks. Black and poor white neighborhoods were often circumscribed by red lines denoting their undesirability.

16 For nearly three decades, Haiti was ruled by the notorious Duvaliers—first by François "Papa Doc" Duvalier (1957–71) and then by his son, Jean-Claude "Baby Doc" (1971–86). The oppressive regimes were facilitated by the Tonton Macoutes—a secret police force that took its name from a folk bogeyman who devours misbehaving children. An estimated 40,000 to 60,000 people died under the Duvaliers. During Baby Doc's regime, which was supported by the Reagan administration, thousands of Haitians fled to the United States.

17 *Mojao* is equivalent to the derogatory term wetback; here, it refers to undocumented immigrants from Mexico.

18 "Six flags," or nations, have had sovereignty over some or all of Texas: Spain (1519–1685; 1690–1821); France (1685–90); Mexico (1821–36); the Republic of Texas (1836–45); the United States (1845–61; 1865–present); and the Confederate States of America (1861–65).

19 A *tamalera* is a person who makes tamales.

20 On September 26, 2013, a ruling of the Constitutional Court of the Dominican Republic placed the fate of hundreds of thousands of Dominicans of Haitian descent into limbo by revoking the citizenship of children of unauthorized migrants born in the Dominican Republic since 1929, a move that amounted to an ethnic purging. Haitians who migrated to work on Dominican sugar plantations and in other labor sectors were deemed "in transit," and, therefore, their children were not entitled to citizenship.

En conversación: identidad, raza y trauma

Elia Alba
Candida Alvarez
Melinda Barnadas
Dominique "Dom" Duroseau
María Gaspar
Patrick Martinez
Rodrigo Moura
Vick Quezada
Yelaine Rodriguez
Susanna V. Temkin
Vincent Valdez

Esta conversación, en la que participaron los curadores y algunos artistas de la exposición ESTAMOS BIEN—LA TRIENAL 20/21, ocurrió como parte de una cena virtual que se llevó acabo el 19 de noviembre de 2020. La conversación está inspirada en The Supper Club, un proyecto iniciado por Elia Alba en 2012, un foro para apoyar y facilitar una crítica y intercambio social y cultural significativo, así como un archivo histórico de las voces creativas de la diáspora.

ELIA Después de las elecciones, comencé a ver en Twitter y en Instagram cómo la gente estaba interactuando y tomando ciertas posiciones [políticas]. Noté — y es algo que he notado en el pasado — que los latinos estaban hablando en contra de otros latinos, y los negros y los latinos estaban hablando uno en contra del otro. Esto es algo de lo que quisiera conversar con ustedes. También he estado pensando en cómo cada historia de migración es diferente, pero la mayoría viene de alguna intervención estadounidense; ya sea la toma de territorio de México, la toma de Puerto Rico a finales del siglo XIX, o la crisis migratoria actual.[1] Es interesante ver cómo cuando se discute sobre los latinos fuera de nuestros círculos sociales, la intervención norteamericana casi nunca se discute. Sin embargo, nosotros, como grupo y como individuos, también tenemos muchos problemas con el racismo, y creo que eso no nos ayuda a entender nuestra multiplicidad.

No sé si tuvieron oportunidad de ver los links que les envié. Uno era una diatriba en Twitter en la que Esmeralda Bermúdez habla de cómo los "latinos no son un monolito y que el voto latino es un espejismo".[2] Otro vínculo era un post en Instagram Live en el que Indya Moore[3] habla sobre el colorismo dentro de las comunidades latinas, pero también diciéndole a los latinos que necesitan regresar y luchar en sus países de origen. Todos hemos oído eso mucho últimamente, ¿no? Por ejemplo, el presidente [Donald Trump] dijo, "Si no les gusta aquí, regrésense". Se me hizo raro que lo dije Moore, pero lo entendí cuando escuché todo su monólogo.

Empecemos con las preguntas que les envié. ¿Cómo creen que los latinos fomentan la supremacía blanca en sus propias comunidades? ¿Cómo creen que el racismo y el colorismo sostienen la supremacía blanca en las comunidades latinas? ¿Creen que los latinos de primera generación tienden a seguir, o a

ir en contra de esas ideas, más que los latinos de segunda, tercera o cuarta generación?

MELINDA ¿Puedo añadir una pregunta? ¿Cómo responden al concepto —en relación con ese grupo de preguntas— de "mejorando la raza"?[4] ¿Ha sido algo que los ha afectado personalmente? Yo puedo hablar de mi propia experiencia. Mi madre es afrocaribeña de Trinidad. Mi padre es peruano de complexión clara, con un padre español. Mi abuelo nació en Barcelona y mi abuela era peruana de descendencia quechua.[5] En ambas ramas de mi familia, la idea de que los hijos se tendrían que casar con alguien para poder tener hijos de tez clara era un tipo de racismo doméstico al que fuimos sometidos. La idea era que al tener hijos de tez clara tendrían menos problemas en la vida. Así, eso se volvió un problema y una guía en ambos lados de mi familia. Del lado de mi padre negaban la parte indígena de la familia, y del lado de mi madre negaban la negritud.

YELAINE Yo no escuché ese término [mejorando la raza] cuando era chica, pero me di cuenta de que, en la relación con mi abuela, era algo que sí existía, porque idolatraba a su padre, un español nacido en la República Dominicana. Ella acabó yéndose de su casa porque quería estar casada y tener su propio hogar. Se casó con mi abuelo porque tenía dinero, no porque se sentía físicamente atraída a él. Él era un hombre dominicano de piel oscura. De niña, recuerdo que cuando me cepillaba el pelo decía, "Ah, este pelo es de Mena", el apellido de mi abuelo. No pensé mucho en ello, pero después, al crecer y entender lo que significa la textura del pelo en la comunidad latina, entendí que ese comentario venía de un racismo muy arraigado y que lo estaba proyectando sobre mí. También crecí con una madre que era peluquera y nunca habló de ello. Es más, ella fue la que me dio mi *brave cut*.[6] La experiencia de lidiar con el proceso de alisar mi cabello con una secadora y que luego ella me rapó el pelo, ya al ser adulta, fue un proceso de sanación que compartí con mi madre. Con mi abuela, el tema de "mejorar la raza" trataba más acerca de una necesidad económica. Ella tenía una relación muy rara con mi abuelo, porque tuvo trece hijos con él, pero también decía cosas muy feas y racistas sobre él. Él se aguantaba toda esa agresión y hostilidad.

VICK En público, he visto a mi madre actuar de forma performativa, y luego, cuando estamos en casa es diferente. Es como una doble conciencia. Du Bois habla del tema.[7] Afuera, en público, ella actúa la blancura porque fue disciplinada por su padre, que era militar, y también fue educada formalmente en una escuela pública en Texas. Las escuelas son sitios disciplinarios, como las iglesias. Históricamente, la Iglesia ha instituido la violencia a través de los valores que dictan, que uno debe ser propio y puro; opera bajo ese aspecto engañoso.

La dinámica familiar también es otra forma de disciplinar a la gente. A todos nos ha tocado de cierto modo, y lo seguimos desarrollando ahora, y continuamos sosteniendo esas ideologías. Todos tenemos sesgos implícitos. Este adoctrinamiento ideológico continúa sucediendo, especialmente con los jóvenes. Recuerdo sentarme a ver una película *Western* y decir "¡Quiero que gane el *cowboy*!" Esa es la narrativa que se desarrolla continuamente, y de cierto modo, nos estamos tragando la idea de la supremacía blanca. Estamos enredados en ella de formas insidiosas.

PATRICK Cuando era chico, había mucha ambigüedad con mi madre y mi padre. Mi madre tenía un acento, era de Filipinas, pero mi padre es mexicano e indígena americano, y ellos no hablaban mucho del tema. Yo asistí a una buena escuela primaria. Cuando llegué a la secundaria — tenía once años — hubo unos disturbios raciales entre mexicanos y negros. Se encontraban y se peleaban. También sucedieron los disturbios de 1992, los levantamientos.[8] Llegó al punto de que [los disturbios] sucedían todos los días. Literalmente, otros niños de once y doce años me decían que tenía que escoger un lado; una locura. Cuando creces entiendes que la violencia viene de la ideología que surgió del sistema penitenciario de California, cómo segregan a los negros, a los morenos y a los blancos. Eso continuó en la preparatoria y casi todos los años siguientes hasta que comenzó a disminuir en 1997. Era violencia callejera que se desbordó sobre la juventud. Esa fue mi introducción a la idea del negro y el moreno y de hacer lo correcto por tu gente.

VICK Existe algo llamado "limpieza de sangre" que sucedió durante la Inquisición española. Este proceso comenzó desde antes de que los españoles llegaran a América. Básicamente

querían "limpiar" la sangre española, hacerse puros y deshacerse de los judíos y los musulmanes. Cuando los españoles llegaron a las colonias en el siglo XVI, reforzaron esas leyes. Sin embargo, hubo mestizaje entre los españoles y los pueblos indígenas. Lo que sucedió es que los que eran mestizos (una mezcla de razas) comenzaron a decir que eran de "sangre pura". Esto siguió pasando porque si aceptaban a sus ancestros indígenas, serían sujetos al sistema colonial de castas e incluso podrían llegar a ser esclavos. Se dice que a finales del siglo XV había cerca de sesenta millones de indígenas viviendo en Norteamérica, y para mediados del siglo XVII, la población indígena era solo de seis millones.[9]

ELIA He estado leyendo mucho sobre historia dominicana, y fueron en realidad los literatos que durante el siglo XIX comenzaron a propagar la idea de "la raza dominicana"; una identidad dominicana y categoría racial que era más cercana al blanco. Se ha escrito bastante sobre el tema… Miles de haitianos fueron asesinados durante la dictadura de Trujillo, pero en realidad fue un genocidio. Fue la matanza no solo de haitianos sino también de dominicanos negros.[10] Se cuenta de esa forma porque ocurrió en la frontera, pero eso invalida el hecho de que en realidad fue una lucha interna que se les proyectó a los haitianos. Creo que ha habido narrativas similares de genocidio a lo largo y ancho de Latinoamérica, y también de esta idea de la "sangre pura".

VICK Los pueblos negros e indígenas son en realidad sobrevivientes. Sobrevivieron el apocalipsis, sobrevivieron estos genocidios, y ahora aquí estamos.

YELAINE Es interesante que menciones la masacre haitiana porque, al mismo tiempo, Trujillo fue la primera persona [y la República Dominicana] fue el primer país en abrir sus puertas a los refugiados judíos.[11] Y en papel suena bien, pero [Trujillo] lo estaba haciendo con esa intención de blanquear a la raza. Esperaba que llegaran a la isla. Les ofreció tierra, ayuda para hacer la transición, pero al mismo tiempo estaba asesinando a los dominicanos negros.

CANDIDA Este es un tema muy grande, y no sé hasta cuántos años atrás me debería ir. Recuerdo esta idea del pelo y cómo eso en sí

mismo es colorismo. Es algo a lo que mi madre siempre apuntaba. Ahí fue cuando me enojé mucho, porque no podía traer el pelo como Yelaine. Siempre fue un tema contencioso, y pensé, "Wow, eso es lo que significa ser negra o puertorriqueña". La madre de mi madre era de apariencia muy taína;[12] su padre era rubio de ojos azules, y el padre de mi padre era muy africano. Digo, la diáspora estaba en todo mi alrededor; es una posición difícil para pensar en razas. Es complejo.

Estaba leyendo la otra parte de la pregunta, sobre lo que realmente significa "latinx", o cómo nos agarramos de ese término. La "x" es muy interesante porque podría ser cualquier cosa, es sobre visibilidad e invisibilidad. Siento que nos da esperanzas para el futuro.

En Brooklyn, donde crecí en los años cincuenta, no tenía este tipo de conversaciones en casa. Mis padres querían que entendiéramos que éramos cien porciento puertorriqueños, no americanos. Las complejidades raciales en realidad no surgieron hasta que me casé con un hombre afroamericano, y de repente [el discurso] se convirtió en "Ah, vas a perder tu cultura". Yo me defendí. Sólo iba a vivir mi vida, pero ¿cuántos de nosotros tenemos la oportunidad de defendernos? El tener una manera de hablar sobre el tema le da a la siguiente generación la oportunidad de tal vez sobrepasar algunos de estos mitos e ideas ridículas acerca de quiénes somos. Supongo que soy muy optimista con la idea de que podemos liberarnos de estas casillas para realmente florecer. El culpar a otra raza por lo que estamos pasando, toda esa idea... deberíamos de simplemente abrazarnos unos a otros. Digo, ¿no somos todos negros? Eso me recuerda de la primera vez que estuve en Londres en los años ochenta, en una mesa redonda sobre las artes en la que participaba Stuart Hall. Fue la primera vez que escuché que se refirieran a personas del sur asiático como negros. Fue una revelación. Hall escribió un ensayo fundamental, *"Minimal Selves"* (Seres mínimos)[13] en el que explora la identidad y el posmodernismo.

MARÍA Yo estaba pensando sobre cómo la violencia surge históricamente y cómo penetra todos los aspectos de nuestras comunidades. Yo soy mexicana-americana de primera generación y parte de mi crecimiento fue entender la complejidad de la asimilación. Me tomó un rato entender que la asimilación es en realidad una

forma de violencia, y ver cómo eso se desarrollaba de diferentes formas en mi propia familia. Primero fueron a Texas a través del programa Bracero,[14] y luego, con el tiempo, llegaron a una fábrica aquí en Chicago. Siempre había cierta presión de entretejerse, de camuflajearse dentro de una comunidad en la que obviamente se sentía un tipo de miedo, había una sensación de no pertenecer. Siento que eso es algo que ha surgido en mi trabajo, el pertenecer y no pertenecer, y cómo eso se desarrolla. Dentro del proceso de asimilación también hay un rechazo del indigenismo y de la historia de esa parte de nuestra identidad. Esa ha sido una de las luchas entre mi familia y yo. Recuerdo que me decían, "¿por qué estás con esos indios?" Siempre usaban ese tipo de lenguaje. Es complejo, pero también tiene que ver con la sobrevivencia, la economía, encontrar la forma de entrar; lo que sea que eso signifique.

En También pienso en cómo [la violencia] surge mucho en la planeación urbana. No sé cuanta gente aquí conozca Chicago. Hay una historia de prácticas discriminatorias como el *redlining*[15] y otras maneras en las que, por razones políticas, dividieron comunidades intencionalmente. Lo puedes ver a lo largo y ancho de toda la ciudad, donde las comunidades latinas y negras están divididas por viaductos o carreteras que intencionalmente partieron a comunidades BIPOC. Supongo que también es importante considerar, especialmente cuando pienso en la pandemia, cómo la gente está densamente contenida en las ciudades, y cómo eso en sí mismo sirve para crear una separación.

ELIA Todos son sistemas de violencia, lo que me regresa a la primera pregunta. Creo que para la gente que trata de entendernos, esta es la parte difícil. No solo se trata de que venimos de uno u otro lugar. Entonces, ¿cómo podemos crear conciencia allá afuera, sin abordar nuestros propios problemas primero? Y de nuevo, ¿es siquiera posible? ¿Creen que algún día podamos, aun en nuestras propias familias, encontrar ese balance? ¿Que podamos erradicar esas complejidades?

VICK Al entender cómo funciona el colonialismo de asentamiento y su naturaleza opresiva, podemos entender más a fondo las complejidades de las identidades latinx, cómo difieren y cómo se entrecruzan. También es importante llevar a cabo la labor de

investigar las historias que nos han robado para que las podamos comunicar. Elia, estoy regresando a tus preguntas una y otra vez, especialmente ahora con toda la agitación política y, en general, con el estado del mundo. La cuestión a la que regreso una y otra vez es que hay ciertas personas en mi familia que tienen ideologías problemáticas, que son homofóbicas, clasistas, racistas, tienen odio a si mismos, etcétera. No las puedo cambiar, lo he intentado. No tengo una solución, pero creo que nuestras maneras individuales de entendernos a nosotros mismos son diferentes; es desordenado, pero es el proceso de aprender lo que somos y lo que no somos.

Quería darle seguimiento al comentario de María sobre la familia que niega su identidad racial. Recientemente me hice una prueba genética, y algo que no fue tan sorprendente es que el diez porciento de mi ascendencia es de África. Cuando compartí esta información con mi familia, de repente aparecieron un montón de fotos de un personaje mulato.

MELINDA ¿En serio? ¿De repente sacaron todas las fotos que tenían guardadas?

ELIA Todos los familiares escondidos.

CANDIDA: Una omisión secreta.

MELINDA: Resucitaron.

VICK Es esa negación, y continúan contando estas historias de "sangre pura" sobre lo que son y lo que no son. Algo de esto es sobrevivencia, pero hay que nombrarlo. Sí creo que hay gente, especialmente en mi familia, que están cambiando su retórica, porque como Candida dijo anteriormente, hay diferentes conversaciones que están sucediendo ahora.

DOM Mi experiencia no fue normal, porque generalmente uno se va de Haití y no vuelve a la zona de peligro. Alrededor de la época en la que fui, [Jean-Claude] Duvalier estaba saliendo de la presidencia, y esa fue mi primera dura memoria del trauma.[16] Lidiar con el trauma de un país patas pa' arriba. Estás tratando de entender todo, y eres un niño. Al navegarlo, descubres todas estas otras

cosas, pero todo comienza a tener sentido cuando eres adulto. Estos últimos años lo he estado describiendo como "el momento de la información". Cuando eres joven te topas con muchísima información. Aun cuando fui una niña más o menos protegida, estaban sucediendo muchas cosas. Experimentas violencia, que es física, interna y mental, y estás consciente de ello, pero sabes que debes callar y no involucrarte con temas de adultos.

La razón por la que quería regresar es porque estaba siendo abusada de diversas maneras y no podía decirles a mis padres. Cuando era niña pensé que podría escapar cuando mi madre y el padre de mi hermana decidieron mandar a mi hermana a Haití para que "recibiera una educación, porque la educación en Estados Unidos no es como nos gusta". En el aeropuerto, dije: "¿Puedo ir yo también?" Porque para mí, esa era la salida, sin darme cuenta de que *Je fuis la pluie et je tombe dans la rivière*, que significa que huí de la lluvia y me caí en un río. Si hoy me preguntas, ¿Dom, quisieras cambiar la historia y nunca haber ido a Haití a esa edad? Te diría que no. Iría de nuevo porque las experiencias que me han hecho quien soy, cómo entiendo a la humanidad, y mi profundo sentido de empatía, vienen de la experiencia de vivir en Haití. También el entender que la pobreza se ve diferente en diferentes lugares. Que el racismo se ve diferente en diferentes lugares. Que el colonialismo se ve diferente en diferentes lugares. Y no es tan diferente que no lo podamos identificar, suena como un lenguaje. Pero si uno pone atención a las micro expresiones y a los movimientos, uno empieza a ver los patrones y los ritmos de toda esa negatividad.

Cuando me ofrecieron ser parte de esta exposición, mi primer pensamiento fue: "Espero que sepan que soy haitiana". Lo digo porque nunca me sentí aceptada como una haitiana verdadera. Siempre me vieron como una haitiana *bootleg* porque nací fuera de Haití. Sin embargo, ahí crecí y puedo hablar el idioma. Sé más acerca de mi cultura que cualquier persona que nació ahí y luego se fue. También, cuando me ofrecieron ser parte de esta exposición, sentí que no pertenecía. He estado en esa situación antes, en la que, si estoy con un dominicano, y alguien dice "Ah, los dos son haitianos", el dominicano dice, "No, ni muerto, yo no soy un maldito haitiano". Así que ha habido muchos de esos altibajos al navegar estos trasfondos culturales negros, morenos y multideliciosos. Lo que es problemático es que parece que la gente no puede identificar

los contaminantes provenientes de las estructuras blancas que, por generaciones, se han ido infiltrando a nuestras culturas.

MELINDA ¿Hay alguien más aquí que escuche el término latinx y diga, sí, soy yo cien por ciento?

VINCENT: Para mí, identificarme como chicano, siendo un persona joven, no solo fue una manera de educarme sobre nuestra importancia histórica, y lo que significaba llamarse a sí mismo eso, también fue una fuente de orgullo, un acto de resistencia, no sólo en contra de las autoridades sino en contra de mis propios padres, [en contra de] mi madre que dijo "Nunca te llames así. Es una mala palabra que significa que vas a acabar en la cárcel".

Al ser de un lugar como San Antonio, Texas, una de las cosas que me fascina es el peso histórico que carga en este país; pasado, presente y futuro. El primer paseo escolar que organizan en las escuelas públicas de San Antonio, como en jardín de niños, es al Álamo. Siempre lo entendí como un símbolo de colonialismo; un constante recordatorio de tu lugar, detrás de un emblema, un monumento nacionalista. Se convierte en una historia miniatura de lo que significa Estados Unidos. *Love it or leave it*; *don't tread on me*; *come and take it*. (Tómalo o déjalo; No me pisotees; ven y tómalo.) Al estar en una ciudad donde hay negros y morenos, pero principalmente morenos, los mexicano-americanos, hay divisiones en una comunidad, divisiones entre los regionalismos de un lugar como Texas, que en mi punto de vista, está dividido en cuatro versiones miniatura de sí mismo, con la constante presencia de la frontera en tu jardín trasero. Así que te adoctrinan desde una muy temprana edad. Tienes que escoger un lado, y existe una búsqueda, una competencia. Cuando era niño, recuerdo decir en el jardín de niños, "yo no soy un *mojao*",[17] esos son ellos. Se ven igual que yo, podríamos ser primos, pero, "oye, tu eres de allá". Nunca lo comprendí del todo.

Candida, aprecio y respeto tu optimismo. Para añadir un poco de balance, me encantaría ir en contra y ofrecer pesimismo: que nada de esto va a cambiar. ¿Cómo podemos esperar que Estados Unidos entienda quienes somos, quienes fuimos, de dónde venimos, a dónde vamos, si ni siquiera nos podemos comprender a nosotros mismos? Una cosa es tener estas conversaciones en nuestros

círculos cercanos de la academia y el arte, pero las masas... Eso es lo que me preocupa en las noches cuando trato de dormir. ¿Está sucediendo algún tipo de conversación? De ninguna manera, todavía no.

Todos estamos sosteniendo este sistema, y el hecho de estar en Estados Unidos quiere decir que nos hemos asimilado. Si me obligaran a idear algún tipo de solución, siempre diría la educación. ¿Pero cómo educamos? ¿Cómo llegamos a las mentes y corazones de los jóvenes a través de la educación? ¿Cuándo observan su alrededor, a quién ven en las pantallas de televisión, en los salones de clase, en los niveles más altos del poder? ¿Cuántas de esas personas se ven como nosotros? Y de los pocos que sí se parecen, ¿cuántos van a levantar la mano para identificarse como indígenas o latinx?

VICK En Texas podemos ver la larga historia del colonialismo y el poder del adoctrinamiento en la educación. Lo sé porque yo fui a una escuela pública en Texas. La educación texana es el perfecto ejemplo de historias excluyentes y racistas. Ha habido varias olas de colonización. Han volado seis banderas sobre el territorio que hoy es Texas.[18] Las misiones españolas, que fueron campos de batalla, también fueron sitios de muerte, esclavitud, disciplina y asimilación para los pueblos indígenas y los mestizos. Estos son hechos que se excluyen del programa de estudios en Texas, al menos cuando yo estudiaba ahí. El incluir estas y otras historias tiene el poder de informar y empoderar a grupos marginalizados.

VINCENT Estamos hablando del colonialismo como si fuera cosa del pasado, pero sigue muy presente. El porcentaje más alto de hombres y mujeres que forman parte de las fuerzas armadas de Estados Unidos son morenos, y las fuerzas armadas están muy enraizadas en nuestras comunidades. Creo que, en el siglo XXI, los peligros más grandes para nuestra sociedad no son ni Donald Trump, ni el Ku Klux Klan, ni los hombres jóvenes blancos y sus milicias, sino todo lo que no podemos ver que está sucediendo a través de políticas encubiertas relacionadas con la economía y la sociedad, como el derecho de expropiación y las políticas de migración.

MARÍA: La crisis en la que estamos ahora ha creado una conversación sobre *Defund the Police* (Desfinanciar a la Policía), y ese

movimiento está creando un entendimiento sobre cómo estamos involucrados en ese sistema. Representa un tipo de esperanza porque en la historia de Estados Unidos nunca hemos visto un movimiento nacional con una fuerza importante que haya influenciado a otros países.

DOM Varios de ustedes han hablado sobre educación. ¿Cómo definen a la educación considerando que no todo el mundo tiene oportunidad de ir a la escuela? Yo veo a la educación como algo fluido. Yo le creo al viejo que se sienta afuera de la vinatería que siempre es sabio después de tomarse dos botellas de whiskey barato, y siempre dice algo muy importante e impactante.

YELAINE Del lado de la educación, creo que debe tener su base en el hogar. No podemos dejar que el sistema eduque a los niños. Importa el estar involucrado, pero también me pregunto, si tienes un padre migrante — como mi madre que no hablaba inglés — que está sobreviviendo y tratando de poner comida en la mesa, ¿cómo podemos salvar esa brecha para que haya educación en el hogar y en la escuela?

CANDIDA Bueno, está pasando ahora mismo. Estamos en medio de una pandemia, y hay muchas familias que se han tenido que quedar en casa y hacer su trabajo. Estamos en una crisis, pero también tenemos que volver a algo. Tenemos una responsabilidad con nuestros hijos, y tenemos mucha presión de tener éxito. No puedo dejar de pensar en las redes sociales y el poder que tienen sobre nosotros y la siguiente generación. Cómo pueden lograr que hagas cosas que ni siquiera sabes que estás haciendo. Te pueden hacer pensar en formas de las que ni siquiera estás consciente. Son la droga de nuestros tiempos, y por ende hay mucho en juego. Ya no sólo es la historia en los libros; son las redes sociales. Tienes que saber que están manipulando tu cerebro. Estos niños tienen que saber esto, y estar aún más alertas cuando sean padres. La educación es interminable, y es orgánica. Para aquellos, como yo, que estamos involucrados en la educación superior, estamos enseñando y también desmantelando algo que ha sido muy sistémico. Al enseñar, tienes que ser muy proactivo y escuchar profundamente lo que está sucediendo y empoderar a los estudiantes para

que tengan confianza en sí mismos. La historia es de vital importancia. Tenemos que reescribir los libros.

VICK Culturalmente tenemos ideologías que están basadas en sistemas de valores jerárquicos que le dan más importancia a la historia y al conocimiento dominantes. Y ¿qué valor le dan al conocimiento de una abuelita, o de una tamalera, una mujer de negocios que ha hecho y vendido tamales por más de treinta años? La educación se centra alrededor de la supremacía blanca, así que, para valorar otro tipo de conocimiento empírico, necesitamos reevaluar cómo son en realidad estos sistemas y cómo nos involucramos con ellos, pero también, con la cantidad limitada de poder que tenemos, cómo podemos subvertir estos sistemas de valores.

SUSANNA: He estado pensando mucho en lo que dijo Yelaine, sobre cómo diferentes generaciones entran al sistema educativo. Lo que estabas diciendo sobre tu madre que era migrante, y que tú llegaste a este país y quieres confiar en el sistema. O regresando a lo que estaba diciendo María, acerca de que a veces está agradecida de estar en este país. Pero luego sigues las reglas, vas a las escuelas, y las escuelas no te cuidan, o no son el lugar adecuado para ti. Acaban siendo una repetición del sistema penitenciario. ¿Cómo puede tu familia saber cómo protegerte de eso?

RODRIGO: Quisiera decir algo acerca de la educación y el papel de las instituciones culturales. Algunas personas hablaron de educación formal y el sistema educativo, pero otros — Vick en especial — hablaron de cómo las personas han sido educadas por sus familias, el conocimiento tradicional o la educación informal. Pero creo que hay algo que también es parte de esta conversación, la educación a través de las artes. ¿Cómo hacemos que nuestras instituciones reflejen de mejor manera lo que somos como sociedad?

ELIA: Quiero regresar a la palabra latinx. ¿Qué parte de esa palabra les hace decir, yo quiero ser considerado así? Para mí, latinx no es una identidad. Siempre pienso que es más como un destino, o un espacio donde puedo conectar con todos mis hermanos y hermanas descendientes de Latinoamérica y el Caribe.

CANDIDA: Yo soy de los años ochenta, y cada vez me gusta más. Por primera vez estoy participando en mi primera exposición sobre arte abstracto latinx, así que obviamente creo que suena *cool*. Debo decir que como alguien que ha estado luchando para ser puertorriqueña, el poder estar sentada en la mesa como boricua, es como, "¡Carajo! Sólo quiero que me den un lugar en la maldita mesa". Celebro la posibilidad y el potencial que tiene para convertirse en algo realmente cohesivo, más abierto. No se trata de él o ella o elles. Es para todos, especialmente tratándose de culturas que son tan dominadas por lo masculino. El término *Hispanic* (hispánico) es terrible. Digo, "*his* pánico no es mi pánico". No estoy ahí. [En latinx] hay algo de lo que todos nos podemos agarrar, y me encanta la manera en la que Elia lo describió como un destino, un lugar. Es como tener raíces. Sin importar dónde aterrices, no te vas a caer.

VICK: Yo estoy indeciso. Creo que el problema que tiene es que se confunde con identidad, y ahí está la supremacía blanca que nos está tratando de meter a todos en un solo cajón. Tenemos más matices, somos más diversos, pero lo que sí pienso es que es un lugar de oportunidad, un lugar para unificar; no es fijo, está mutando constantemente.

YELAINE Siento que el término excluye a los afrocaribeños y a los latinx negros. Normalmente le agrego "afro" a "latinx", en lugar de usarlo solo, justo como le añado "afro" a "dominicana". Aprecio la idea detrás de la palabra, y siento que es la mejor opción que existe en este momento, pero yo diría "afrolatinx".

DOM He visto discusiones entre haitianos de segunda y tercera generación en las que renuncian a Haití, diciendo, "No, soy dominicano, o soy latinx". Eso me avergüenza un poco porque siento que en parte dicen eso porque no entienden su historia personal. No fue hace tanto tiempo que el gobierno de la República Dominicana estaba haciendo una limpieza étnica de haitianos y gente de descendencia haitiana que por generaciones han nacido y crecido en la isla, llegando al punto que algunos ciudadanos hicieron "justicia" por su propia mano y los mataron.[19] Estoy de acuerdo con Yelaine. Si no hemos podido limpiar nuestra propia casa, aun en

términos de lenguaje, tenemos que mantener en cuenta que no es un término inclusivo.

¿Que si me veo yo como latinx? Ni siquiera puedo comenzar a tener esa conversación porque estoy lidiando con el hecho que, cuando me identifico como negra, algunos dicen que no lo soy, que soy haitiana o africana o nigeriana. Ya estoy en medio de esta lucha de lo que es la negritud y ahora está latinx. Nunca pertenecí ahí, no porque no me sintiera parte ello, sino porque me sacaron.

NOTES

1   La Doctrina Monroe llevó a que Estados Unidos se involucrara en los países de Latinoamérica, muchas veces para favorecer los intereses comerciales de compañías norteamericanas. Por consecuencia, apoyaron a movimientos de derecha en contra de líderes de izquierda. En Centroamérica las intervenciones de Estados Unidos dejaron a gobiernos débiles y frágiles y empoderaron a oligarcas y narcotraficantes que, a su vez, han promovido la corrupción y la violencia, incitando a muchos a huir hacia el norte.

2   Nacida en El Salvador y criada en Los Ángeles, Esmeralda Bermúdez escribe sobre latinos para el *Los Angeles Times*. https://twitter.com/BermudezWrites/status/1323836686833344515.

3   Indya Moore es una actriz y activista trans. https://www.instagram.com/tv/CHakPwsHe5S/?utm_source=ig_web_copy_link

4   "Mejorando la raza" es una frase utilizada en países Latinoamericanos que se basa en la creencia que uno debe casarse con una persona más blanca para tener hijos de piel más claro.

5   Los quechuas son pueblos indígenas de la región andina de Sudamérica que formaban parte de la clase gobernante de los Incas.

6   Las mujeres de la comunidad negra de Estados Unidos le llaman *"brave cut"* (corte valiente), al acto de cortarse todo el pelo procesado para dejar que crezca naturalmente.

7   La doble conciencia es un concepto que W. E. B. Du Bois introdujo en su libro *Las almas del pueblo negro* (1903). Describe cómo, debido a la opresión y devaluación racial que se da en una sociedad dominada por blancos, existe la sensación de que la identidad de las personas negras está dividida en dos partes, lo que dificulta y casi imposibilita tener una identidad unificada.

8   Los disturbios de Los Ángeles de 1992 (o el Levantamiento de Los Ángeles) comenzaron en el barrio de South Central después de que un jurado absolviera a cuatro policías que habían sido acusados de usar fuerza excesiva en el arresto de Rodney King.

9   Alexander Koch, Chris Brierley, Mark M. Maslin, Simon L. Lewis, "Earth System Impacts of the European arrival and Great Dying in the Americas after 1492", *Quaternary Science Reviews*, volumen 207, 1 de marzo de 2019, 13–36.

10   En septiembre de 1937, el dictador Rafael Trujillo ordenó a sus fuerzas armadas que exterminaran la población haitiana y limpiaran la población dominicana de "extranjeros". Se estima que 20,000 personas murieron en un mes. En *The Borders of Dominicanidad: Race, Nation, and Archives of Contradiction* (2016), Lorgia García-Peña describe la masacre como un genocidio de la "población multiétnica afrohispañola rayana" detallando cómo asesinaron a afrodominicanos junto con haitianos.

11   En marzo de 1938, el presidente Franklin D. Roosevelt convocó una reunión de treinta y dos naciones en Évian-les-Bains, para discutir el "reasentamiento" de refugiados judíos alemanes y austriacos. Los países reunidos aceptaron la idea, pero acordaron que ningún país "tendría que recibir a un número mayor de inmigrantes de lo que estaba permitido en sus leyes existentes", lo que significaba no más de unos cuantos miles de refugiados. La República Dominicana, liderada por Trujillo, expresó su disposición a aceptar entre 50,000 y 100,000 judíos, principalmente porque Trujillo quería que los países occidentales pasaran por alto su masacre de 20,000 haitianos en 1937. También buscaba "blanquear" a su país, creyendo que si hombres europeos se casaran con mujeres dominicanas producirían hijos de tez más clara.

12   Los taínos son un subgrupo de los indígenas arahuacos que habitaban Cuba, Jamaica, Haití, República Dominicana y Puerto Rico cuando Colón llegó al Nuevo Mundo. A finales del siglo XVI se consideraba que los taínos estaban extintos. Sin embargo, desde aproximadamente 1840, ha habido varios intentos de revivir la identidad taína en las zonas rurales de Cuba y República Dominicana. Este esfuerzo se extendió a las comunidades de la diáspora puertorriqueña quienes, inspirados por el Movimiento Indígena Estadounidense de finales de los años sesenta y setenta, expresaron un interés en su herencia indígena. Un reciente estudio ofreció evidencia genética que desmiente la idea

de la "extinción" taína. Véase Lizzie Wade, "Genes of 'extinct' Caribbean Islanders Found in Living People," *Science* 359, núm. 6378, febrero de 2018, https://www.sciencemag.org/news/2018/02/genes-extinct-caribbean-islanders-found-living-people.

13   Hall, Stuart, "Minimal Selves," *Identity -The Real Me: Postmodernism and the Question of Identity* (ICA Documents 6), ed. Lisa Appignanesi, Londres: Institute of Contemporary Art, 1987, pp. 44–46.

14   El programa Bracero se desarrolló a partir de una serie de acuerdos binacionales entre Estados Unidos y México que permitió que millones de mexicanos pudieran trabajar en Estados Unidos con contratos temporales, principalmente en la agricultura.

15   *Redlining* es una práctica discriminatoria a través de la cual se niegan o limitan hipotecas y otros servicios financieros a los barrios designados como "indeseables", en su mayoría aquellos con poblaciones negras y de otras minorías. En los años treinta, el Home Owners' Loan Corporation (HOLC), parte del programa gubernamental conocido como el *New Deal*, desarrolló mapas en los que clasificaban los diferentes barrios de las ciudades con colores para categorizar los riesgos de préstamos y seguros. A los barrios "indeseables" se les asignaba el color rojo.

16   Por casi treinta años, Haití fue liderado por los Duvaliers, primero por François "Papa Doc" Duvalier (1957–1971) y después por su hijo, Jean-Claude "Baby Doc" Duvalier (1971–1986). Sus regímenes opresivos fueron facilitados por los Tonton Macoutes, una policía secreta que toma su nombre del "hombre del saco", una figura folclórica que se come a los niños que se portan mal. Se estima que los Duvaliers mataron entre 40,000 y 60,000 personas. Miles de haitianos huyeron a Estados Unidos durante el mandato de Baby Doc, quien tenía el apoyo de la administración de Ronald Reagan.

17   "Mojao" (mojado) es equivalente al término despectivo *wetback*; aquí, se refiere a los inmigrantes indocumentados de México.

18   Seis banderas, o naciones, han gobernado sobre partes o todo el territorio de Texas: España (1519–1685; 1690-1821); Francia (1685–1690); México (1821–1836); la República de Texas (1836–1845); Estados Unidos (1845–1861; 1865–presente); y los Estados Confederados de América (1861–1865).

19   El 26 de septiembre de 2013, una resolución del Tribunal Constitucional de la República Dominicana revocó la nacionalidad de los hijos de padres migrantes irregulares nacidos en suelo dominicano desde 1929. Este acto dejó en el limbo el futuro de cientos de miles de dominicanos de descendencia haitiana; lo que en efecto fue una limpieza étnica. Los haitianos que habían migrado a República Dominicana para trabajar en haciendas azucareras y otros sectores laborales fueron designados como "en transito", por lo que sus hijos perdieron el derecho a la ciudadanía.

Artistas Artists

n. 1987, Los Ángeles, California; vive y trabaja en Houston, Texas

¿Cómo estás?

Estoy lo mejor posible con todo lo que está pasando. Tengo la suerte de tener un trabajo que me sostiene y de tener a mi familia que me apoya, pero me gustaría que se pudiera decir lo mismo de tantos otros que están luchando. Me preocupa lo mucho que cargamos el peso de los fracasos de nuestros legisladores y cómo los espacios virtuales se han convertido en la norma. Anhelo el día en que finalmente podamos reconectarnos en persona y espero continuar desarrollando nuestras comunidades.

¿Cuál es el proyecto/obra que estás presentando?

Dinner As I Remember (La cena como recuerdo) es una presentación de fotografías de comida comúnmente encontrada en Centroamérica junto con una narración en voz en off que rememora experiencias de mi infancia cenando en familia. Tanto el título como el tono de la voz, aluden a un anhelo de esas comidas y a una pertenencia familiar/cultural, mientras que el concepto de "cena familiar" o "sentarse a la mesa" se considera una tradición comunitaria y sagrada. A medida que se resignifican los momentos íntimos y las dinámicas familiares en la mesa de la cena, se señala cómo la comida misma, por ordinaria que parezca, encarna de manera única la superposición de múltiples historias, culturas y políticas.

¿Cómo es el futuro?

El futuro se está… l e n t i f i c a n d o/estar presente/ (des)aprender/reconciliarse y sanar/cuidar de nuestros ancianos/no descontar nuestros antecedentes y experiencias/jugar a medida de nuestras fortalezas y habilidades/invertir en nosotros mismos y nuestras comunidades/ ahora.

b. 1987, Los Angeles, California;
lives and works in Houston, Texas

FRANCIS ALMENDÁREZ

¿Cómo estás?

I'm doing as best as possible with everything going on. I'm fortunate to have a job that's sustaining me and that I have my family for support, but I wish the same could be said for so many others who are struggling. I'm troubled by how much we are carrying the burden of our legislators' failures and at how virtual spaces have become the norm. I long for the day when we can finally reconnect in person, and I look forward to continuing building up our communities.

What is the work/ project you are presenting?

Dinner As I Remember is a slideshow of photographs shot candidly of food commonly found in Central America paired with a narrative voiceover reminiscing about my childhood experiences having dinner with family. Both the title and the voiceover's tone allude to a longing for those meals and to familial/cultural belonging, while the concept of "family dinner" or "dinner at a table" is thought of as a communal and sacred tradition. As intimate moments and family dynamics at the dinner table are reframed, they point to how the very food we eat—as ordinary as it may seem—uniquely embodies the overlapping of various histories, cultures, and politics.

What is the future?

The future is... s l o w i n g d o w n // being present // (un)learning // reconciling and healing // taking care of our elders // not discounting our backgrounds and experiences // playing to our strengths and abilities // investing in ourselves and our communities // now.

Dinner As I Remember, 2016. Single-
channel video installation, 3:14 min,
color, sound, dimensions variable.
Courtesy the Artist

La cena como recuerdo, 2016.
Videoinstalación single-channel,
3:14 min, color, sonido, dimensiones
variables. Cortesía del artista

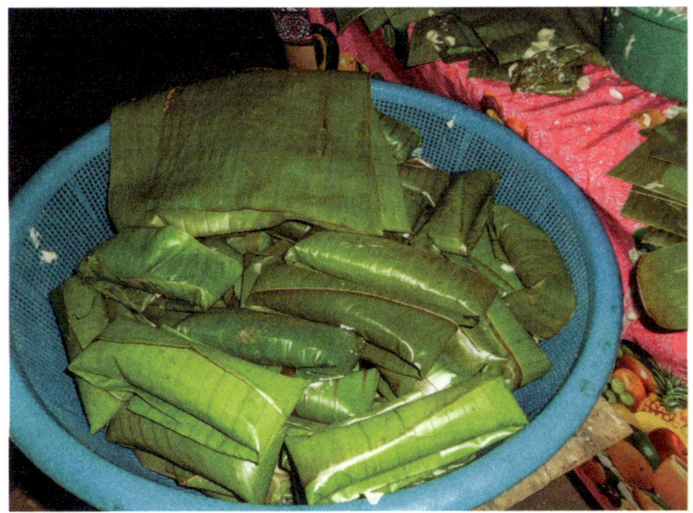

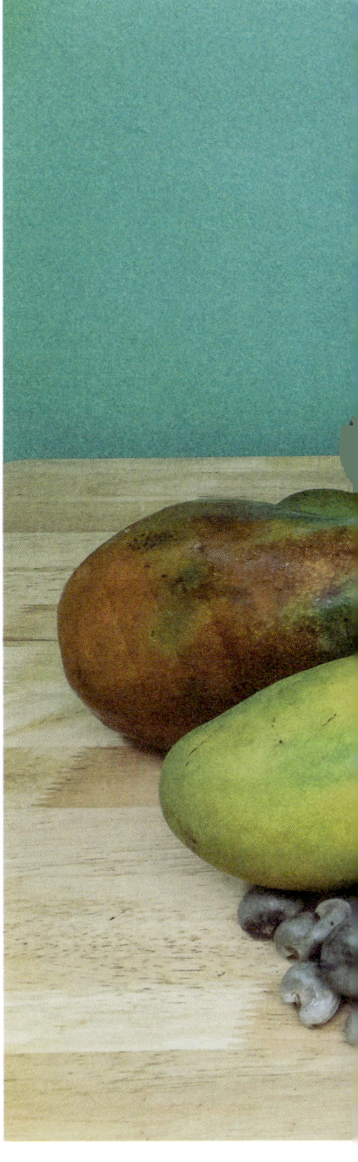

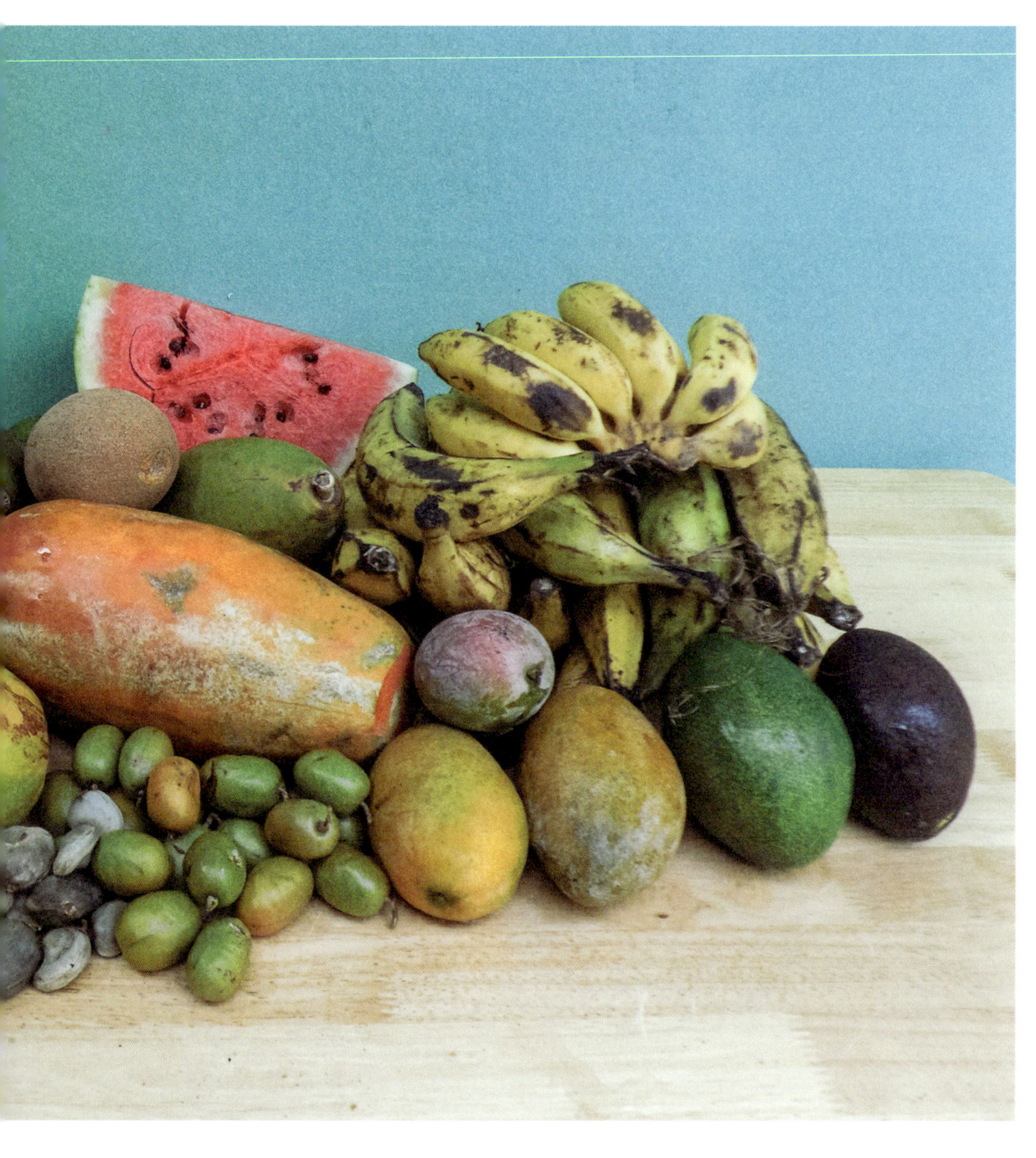

n. 1955, Brooklyn, Nueva York; vive y trabaja en Chicago, Illinois y Michigan

¿Cómo estás?

Estoy muy agradecida de tener una gran pasión para describir mi vida a través de la pintura.

¿Cuál es el proyecto/obra que estás presentando?

Con dos ojos llenos de lágrimas por la muerte de mi papá, y la destrucción que dejó el huracán María, empecé a pintar este cuadro durante un tiempo muy difícil en la isla de Puerto Rico. Como pintora con una mirada desde las alturas de los proyectos de Brooklyn, mi vista se desarrolló desde joven con una esperanza de mirar desde mi ventana. Veo el cielo junto con las nubes, ellas son mis telas para imaginar; y el río Este, mis piernas para nadar en el misterio que es ser artista. El espacio de la noche es como una televisión de proyecciones llena de una imaginación viva. Palabras no me sobran como artista, tengo que pintar para comunicar. Mi contribución aquí, en esta exposición, es una pintura con dos patitas firmemente plantadas sobre la tierra. Es mi soldado de fe y de alegría y representa vidas que no son invisibles para mí. Los dos lados existen como el día y la noche, quizás como se toma una vista panorámica.

¿Cómo es el futuro?

Prefiero vivir con el valor del presente y así me preparo para un futuro que es un regalo desconocido.

CANDIDA ALVAREZ

b. 1955, Brooklyn, New York; lives and works in Chicago, Illinois and Michigan

¿Cómo estás?

I am very thankful that I have a strong passion to describe my life through painting.

What is the project/work you are presenting?

I started this painting with my eyes filled with the tears of my father's death, followed by Hurricane Maria, which was a difficult time for Puerto Rico. My viewpoint as a painter developed as a young girl looking out from the high-rise windows of the Brooklyn projects. I see the sky and the clouds as my canvas and the East River as my legs, swimming in the mystery that is to be an artist. At night, the space is like a TV filled with the projections of a living imagination. Words are not enough for me as an artist; I have to paint to communicate. My contribution to this exhibition is a painting with two feet that are firmly planted on the ground. It is my soldier of faith and happiness and represents the lives that are not invisible to me. The two sides exist like day and night, or perhaps it can be a panoramic view.

What is the future?

I prefer to live my life in the strength and value of the present, and that way I am ready for the unknown future I have yet to meet.

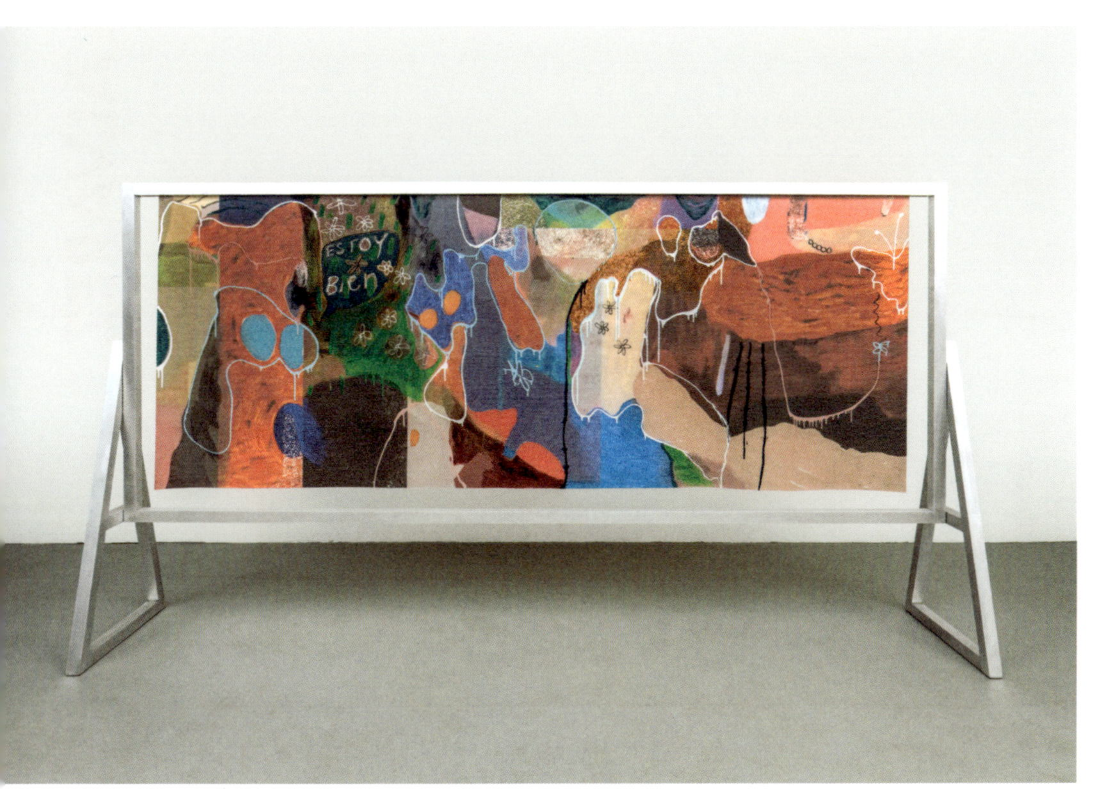

Estoy Bien, 2017. Latex ink, acrylic,
and enamel on PVC mesh with
aluminum and wood, 77 × 135 × 26 in.,
from *Air Paintings* series, 2017–19.
Courtesy the Artist; Monique
Meloche Gallery, Chicago

Estoy Bien, 2017. Látex, acrílico y
esmalte sobre malla de PVC y
alumínio y madera, 195 × 342 × 66 cm.,
de la serie *Pinturas Aires*, 2017–19.
Cortesía de la artista; Monique
Meloche Gallery, Chicago

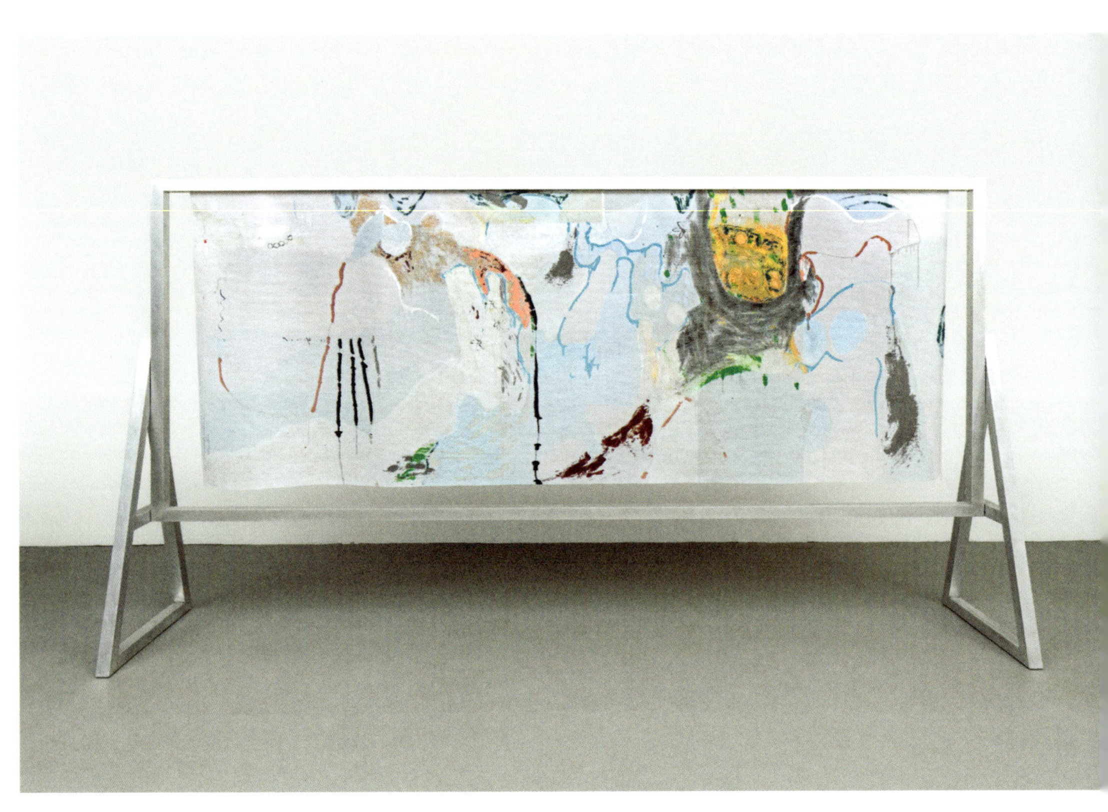

n. 1990, Los Ángeles, California; vive y trabaja en Los Ángeles

¿Cómo estás?

Inspirado por la reciente reimaginación del espacio público debido a los impactos sociales y económicos del COVID-19, estoy actualmente construyendo un horno de colmena escultórico en cerámica, para ser colocado en un parque público en Los Ángeles, en donde se producirán alimentos para las personas necesitadas locales. Me ha hecho ubicar mi posicionamiento dentro de la interminable conversación sobre la funcionalidad de la escultura y he estado fantaseando con convertir todas esas grandes esculturas—en su mayoría minimalistas—hechas por hombres blancos, en objetos funcionales de nuevo. No creo que debamos elegir entre objetos que empoderan y alimentan a nuestras comunidades y objetos de arte. Es una mentira que nos han dicho las instituciones blancas. Es el profundo mito capitalista del ego y la individualidad por encima de todo. Esas esculturas de [Richard] Serra se calentarían tan bien como una plancha.

¿Cuál es el proyecto/obra que estás presentando?

Para *La Trienal* estoy mostrando dos obras: una colgante y otra en la pared. La obra que cuelga está hecha de un molde de goma de un árbol en mi vecindario en Los Ángeles. El proceso captura los residuos y las marcas de este árbol que vivió y respiró en la acera durante medio siglo. Recolecté botellas de vidrio de mis amigos y familiares y las rompí a pedazos en el suelo. Luego tomé todas las piezas y las cosí sobre la obra. Quería conmemorar los bosques y las hojas perdidas de El Salvador que se quemaron cuando los militares entrenados por los Estados Unidos arrojaron miles de toneladas de napalm y fósforo blanco sobre ellos para poder ver dónde se escondían los guerrilleros.

¿Cómo es el futuro?

Tenemos por delante mucho potencial para el cuidado y la creación.

b. 1990, Los Angeles, California; lives and works in Los Angeles

EDDIE R. APARICIO

¿Cómo estás?

Inspired by the recent reimagining of public space due to the social and economic impacts of COVID-19, I am currently building a ceramic sculptural beehive oven to be placed in a public park in Los Angeles that will produce food for people in need here. It has made me locate my positioning within the long-standing conversation of functionality in sculpture, and I have been fantasizing about turning all of these large—mostly minimalist—sculptures made by white men into functional objects again. I don't believe we need to choose between objects that empower and feed the people in our communities and art objects. It's a lie we've been told by white institutions. It's the deep-seated capitalist myth of ego and individuality above all else. Those [Richard] Serra sculptures would hold heat nicely as a *plancha* [grill].

What is the project/work you are presenting?

For *La Trienal,* I am showing two works—one free-hanging and one on the wall. The free-hanging work is made of a rubber casting of a tree in my neighborhood in LA. The process captures the residue and marks of this tree that lived and breathed on the sidewalk for a half century. I collected glass bottles from my friends and family and smashed them into pieces on the ground. I then took all the pieces and sewed them into the work. I wanted to memorialize the lost forests and leaves of El Salvador that were burned when the U.S.-trained military dumped thousands of tons of napalm and white phosphorous on them so that they could see where the *guerrilleros* were hiding.

What is the future?

Ahead of us is so much potential for care and creation.

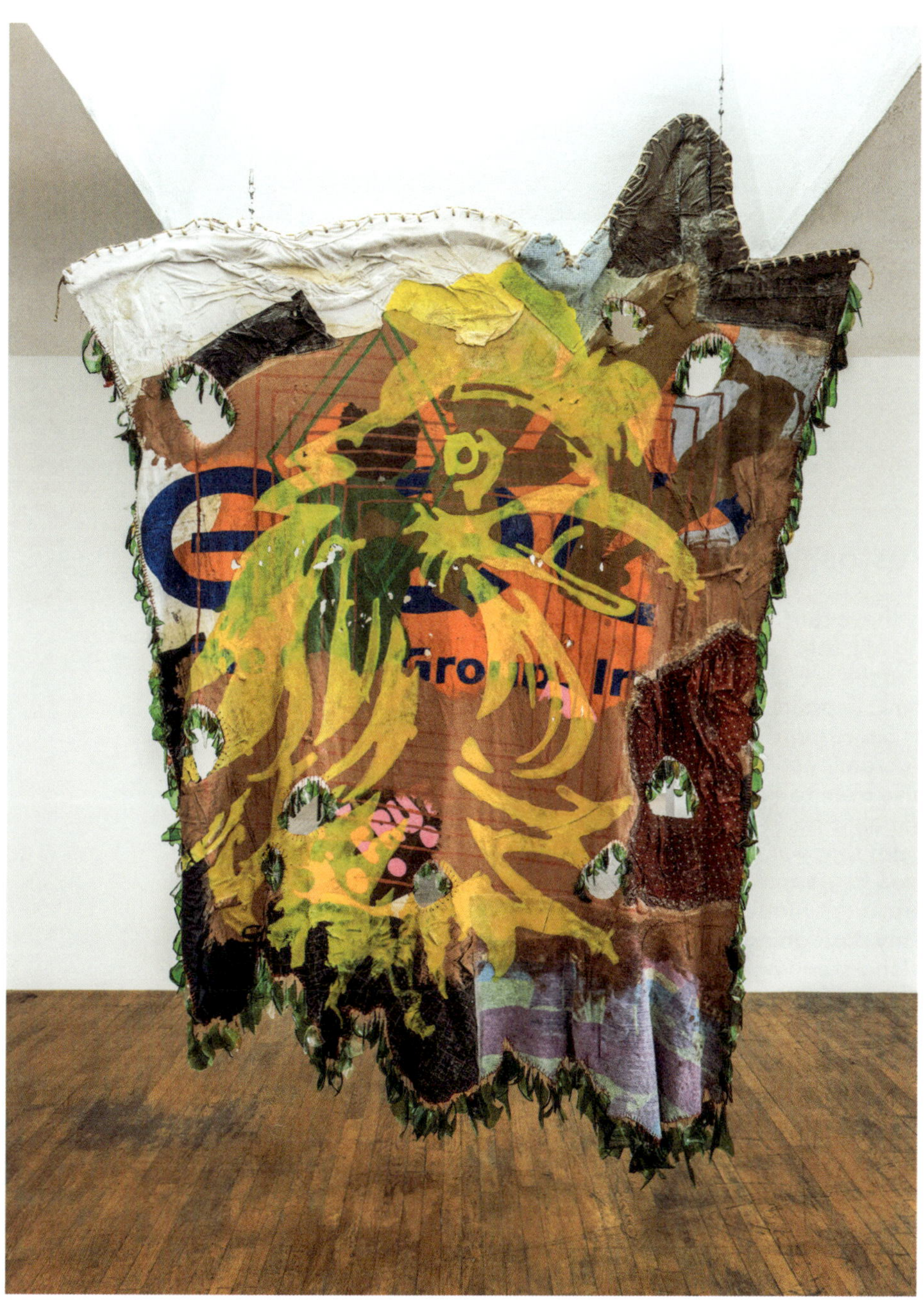

El Ruido Del Bosque Sin Hojas / The Sound of the Forest Without Leaves, 2020. Rubber, paint, tree residue, glass, string, acrylic, wood glue, clothes, 90 × 122 × 6 in. Courtesy the Artist; Commonwealth and Council, Los Angeles

El Ruido Del Bosque Sin Hojas / The Sound of the Forest Without Leaves, 2020. Caucho, pintura, residuos de árboles, vidrio, hilo, acrílico, pegamento para madera, ropas, 229 × 320 × 15 cm. Cortesía del artista; Commonwealth and Council, Los Angeles

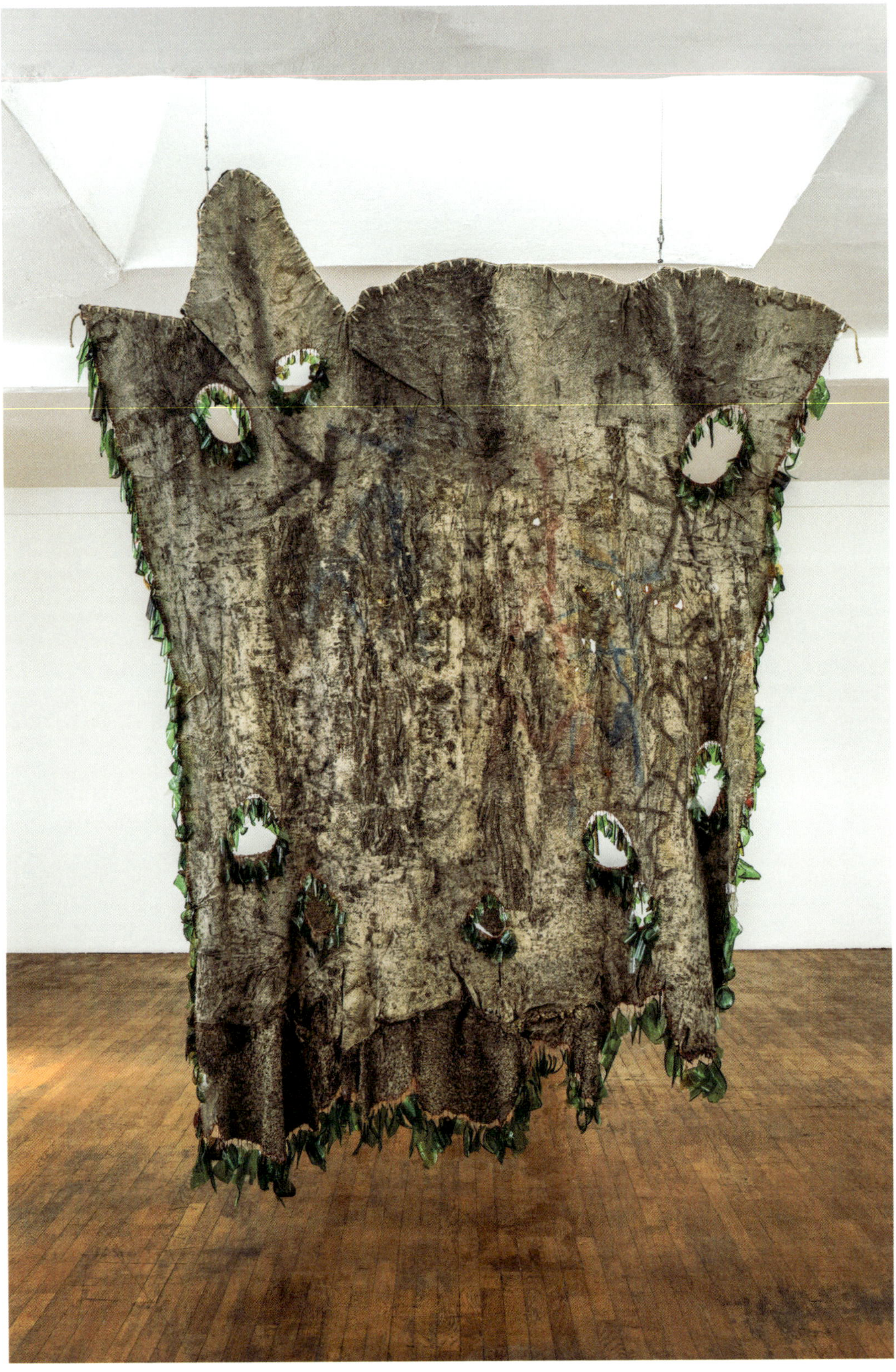

n. 1990, Brooklyn, Nueva York;
vive y trabaja en Queens, Nueva York

¿Cómo estás?

¡Sobreviviendo! Estos días he pasado mucho tiempo intercambiando apoyo con mi comunidad. También he estado reflexionando sobre las diferentes posibilidades y responsabilidades de mantener una práctica artística en un momento de gran necesidad colectiva.

¿Cuál es el proyecto/obra que estás presentando?

La ciudad de Nueva York esta construida de fantasmas: se apilan en capas, y se superponen y sobreponen. Al migrar de un apartamento a otro y de un municipio a otro, cubrimos nuestras propias vidas sobre las huellas de cada persona que nos precedió. Los que vienen después hacen lo mismo.

Por casi medio siglo, mi familia consideró un apartamento de alquiler controlado en Park Slope, Brookyn su hogar. Cuando el edificio fue comprado por una nueva empresa de gestión, mi familia tuvo que irse. Lo que una vez fue nuestra casa es ahora un "apartamento de lujo." Esta migración repentina y desagradable es solo lo último en la historia de mi familia. Las preguntas que planteaba, en torno a la propiedad, la ocupación y el compartir de espacios, la comunidad, la interdependencia y la gentrificación, catalizaron nuevas obras e inspiraron la pieza que presento en esta exposición.

¿Cómo es el futuro?

¡Quién sabe! Pero espero que se vea diferente al presente. Me preocupa y tengo curiosidad por saber cómo se verá mi ciudad después de esta plaga, y cómo los efectos resonarán internamente y darán forma a las comunidades negras, morenas y de bajos recursos que fueron perjudicadas desproporcionadamente por la (in)acción del gobierno local antes y durante el COVID-19.

También parece que se están sentando las bases para algunos cambios sociales importantes: específicamente, cómo y por quién se ejerce el poder social, cómo se centra el cuidado y cómo se debe prestar, recibir y acceder al apoyo. ¡Ya veremos!

FONTAINE CAPEL

b. 1990, Brooklyn, New York; lives and works in Queens, New York

¿Cómo estás?

Sobreviviendo [Surviving]! These days I've been spending a lot of time exchanging support with my community. I've also been reflecting about the different possibilities for and responsibilities of maintaining an art practice in a time of great collective need.

What is the project/work you are presenting?

New York City is built out of ghosts: they are stacked and layered, overlapping and over-laid. As we migrate from apartment to apartment and borough to borough, we plaster our own lives over the traces of each person who came before us. Those who come after us do the same.

My family called a rent-controlled Park Slope, Brooklyn apartment home for nearly half a century. When the building was bought by a new manage-ment company, my family was forced out. What had once been our home is now a "Luxury Apartment." This sudden and unwelcome migration is only the latest in my family's history. The questions it begged—around ownership, occu-pying and sharing space, community, interdepen-dence, and gentrifica-tion—catalyzed a new body of work, and inspired the piece I'm presenting in this exhibition.

What is the future?

Who knows! But I hope it looks different than the present. I'm concerned and curious about how my city will look after this plague, and how the effects will reverberate within and shape the Black, Brown, and low-in-come communities who were disproportionately harmed by local govern-ments' (in)action during and before COVID-19.

It also feels like the groundwork is being laid for some major societal shifts: specifically, how and by whom societal power is wielded, how care is centered, and how support should be given, received, and accessed. We'll see!

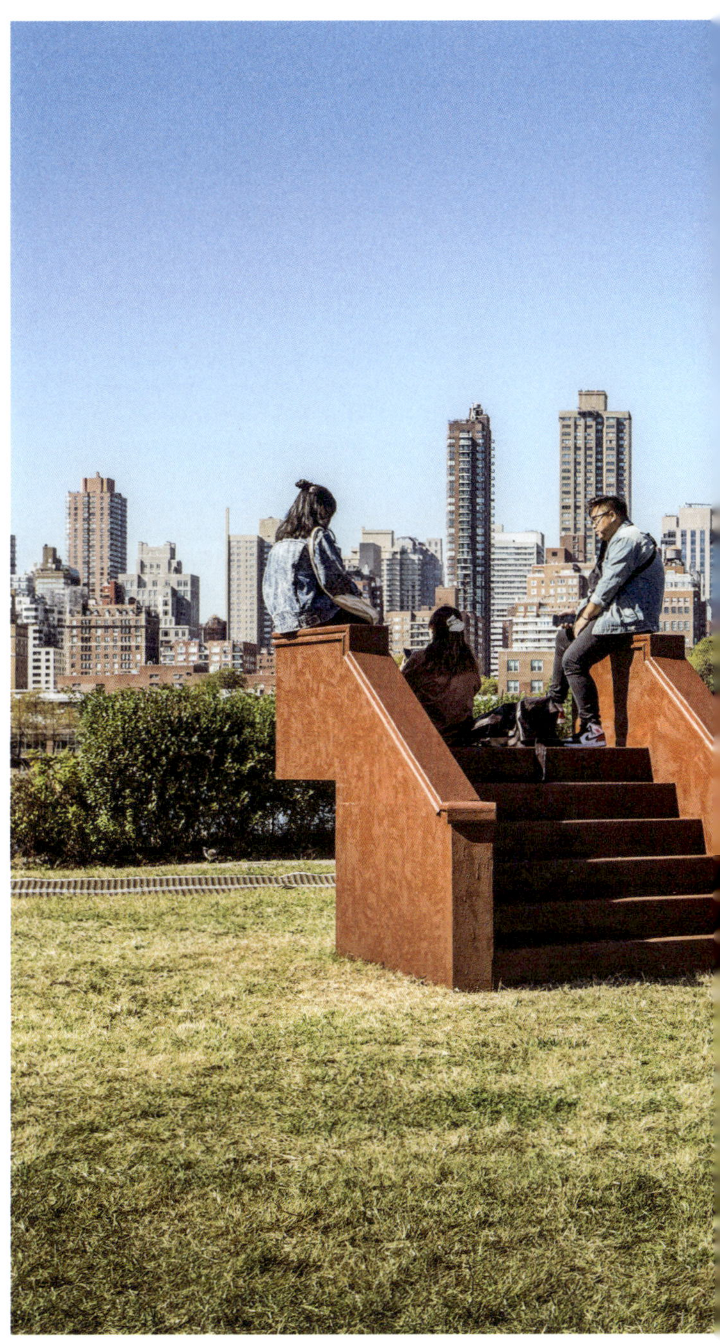

Proposal for A Monument (Two), 2020. Wood and brownstone restoration materials, 72 × 90 × 90 in. each. Installation view at Socrates Sculpture Park, New York. Courtesy the Artist

Propuesta para un monumento (Dos), 2020. Madera y materiales de restauración de edificios brownstone, 182 × 228 × 228 cm., cada una. Vista de instalación en Socrates Sculpture Park, Nueva York. Cortesía de la artista

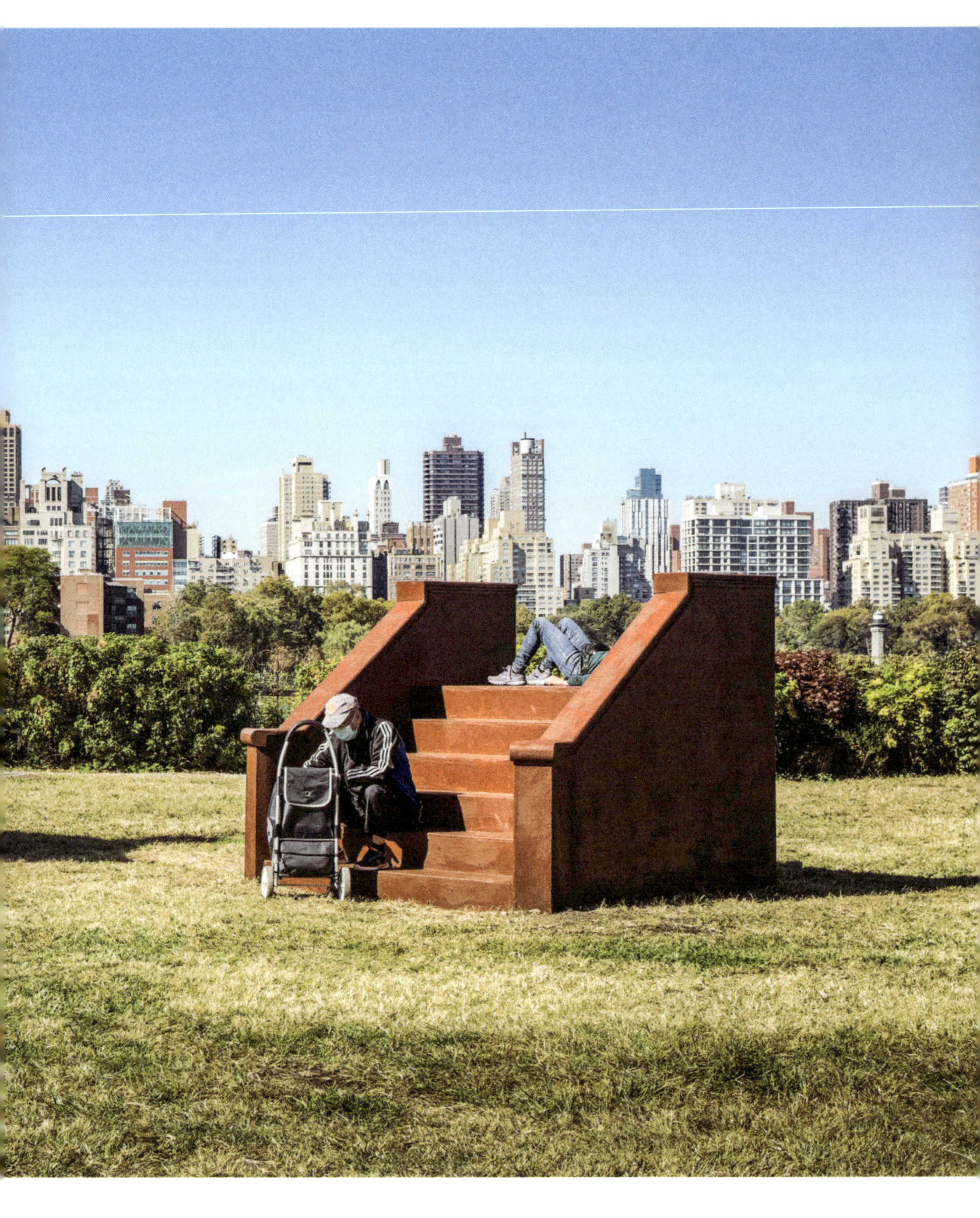

¿Cuál es el proyecto/obra que estás presentando?

Genealogía de la resistencia es un mural con forma de árbol genealógico que da cuenta de activistas ambientales asesinados y amenazados en los últimos años alrededor del mundo. El nombre de las personas junto con el lugar y fecha de fallecimiento o amenaza, se inscriben en las raíces, el tronco y las ramas del árbol. Tristemente mi país, Colombia, junto con Brasil y Filipinas, es en donde más ambientalistas han sido asesinados en los últimos dos años; y el país donde vivo, EE. UU., es uno de los países que más hostigamiento legal impone sobre los protectores del agua y de la tierra. *Genealogía de la resistencia* es un proyecto continuado que se adapta a los espacios y contextos expositivos, y que se actualiza en cada iteración. El mural es un espacio de denuncia pero también uno de memoria que teje una genealogía de las luchas y emancipaciones ambientales y que celebra, a través de un pequeño altar, el legado de las comunidades en las líneas de frente de la justicia ambiental.

¿Cómo es el futuro?

El futuro es lo que tenemos a las espaldas, lo que no vemos; y el pasado es lo que tenemos en frente, lo conocido. Estudiar y revisitar nuestro pasado nos brinda las herramientas para construir un futuro digno. En las filosofías africanas esta práctica se llama Sankofa, y en las andinas se plantea como *"Qhip nayr uñtasis sarnaqapxañani,"* mirando al pasado para caminar por el presente y el futuro.

n. 1978, Londres, Reino Unido; criada en Colombia; vive y trabaja en Los Angeles, California

¿Cómo estás?

Estoy aquí.

CAROLINA CAYCEDO

b. 1978, London, England; raised in Colombia; lives and works in Los Angeles, California

¿Cómo estás?

I am here.

What is the project/work you are presenting?

Genealogy of Struggle is a mural in the form of a family tree that accounts for the environmental activists who have been killed and threatened in recent years all around the world. The names of the people, along with the place and date of their death or attack, are written on the roots, trunk and branches of the tree. Sadly, my country of Colombia, along with Brazil and the Philippines, is where the most envi-ronmentalists have been killed in the last few years; and the United States, where I live, is one of the countries that imposes the harshest legal harassment on protectors of the water and the land. *Genealogy of Struggle* is an ongoing project that adapts to exhibition spaces and contexts and is updated with each iteration. The mural is a space for denunciation, but also for memory, weaving a gene-alogy of environmental struggles and emancipa-tions, and celebrating, through a small altar, the legacy of the communities on the front lines of envi-ronmental justice.

What is the future?

The future is what we have behind us, what we don't see, and the past is what we have in front of us, the known. Studying and revisiting our past gives us the tools to construct a more dignified future. In African philosophy, this practice is called Sankofa, and in the Andes it is presented as *"Qhip nayr uñtasis sarnaqapxañani,"* looking to the past to walk toward the present and the future.

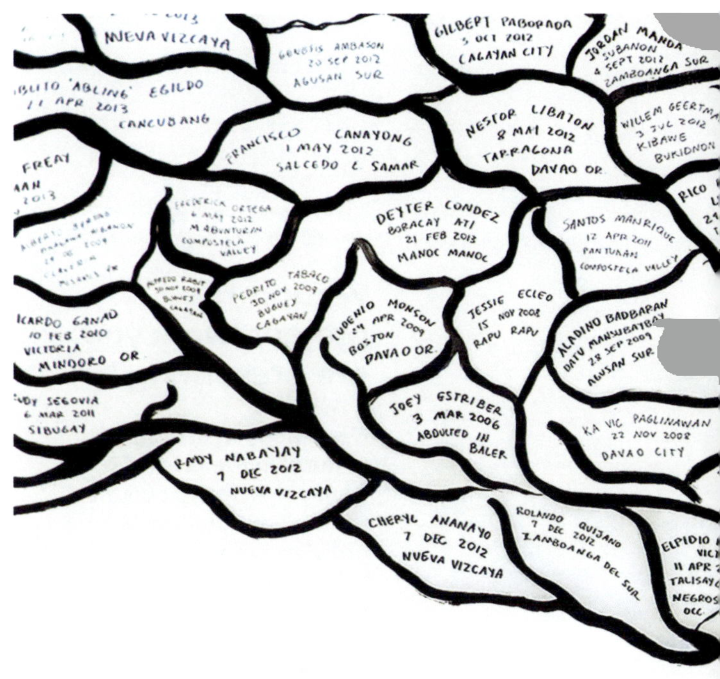

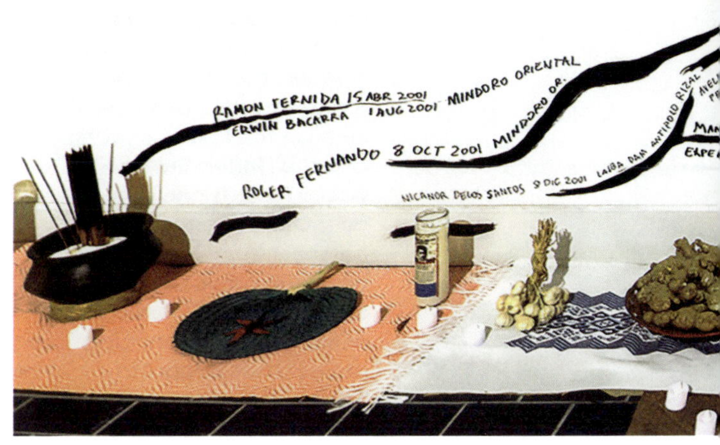

Genealogy of Struggle, ongoing since 2017. Acrylic paint and marker on wall, traditional fabrics, baskets, fans, votive candles, chili peppers, coal, water, soil, garlic, and incense, variable dimensions. Installation view *Almost There*, Vargas Museum, University of the Philippines Diliman, Quezon City, Philippines, 2017. Courtesy the Artist

Genealogía de la resistencia, en curso desde 2017. Pintura acrílica y rotulador sobre pared, tejidos tradicionales, cestas, abanicos, velas votivas, chiles, carbón, agua, tierra, ajo e incienso, dimensiones variables. Vista de instalación *Almost There* (Casi ahí), Vargas Museum, University of the Philippines Diliman, Quezon City, Filipinas, 2017. Cortesía de la artista

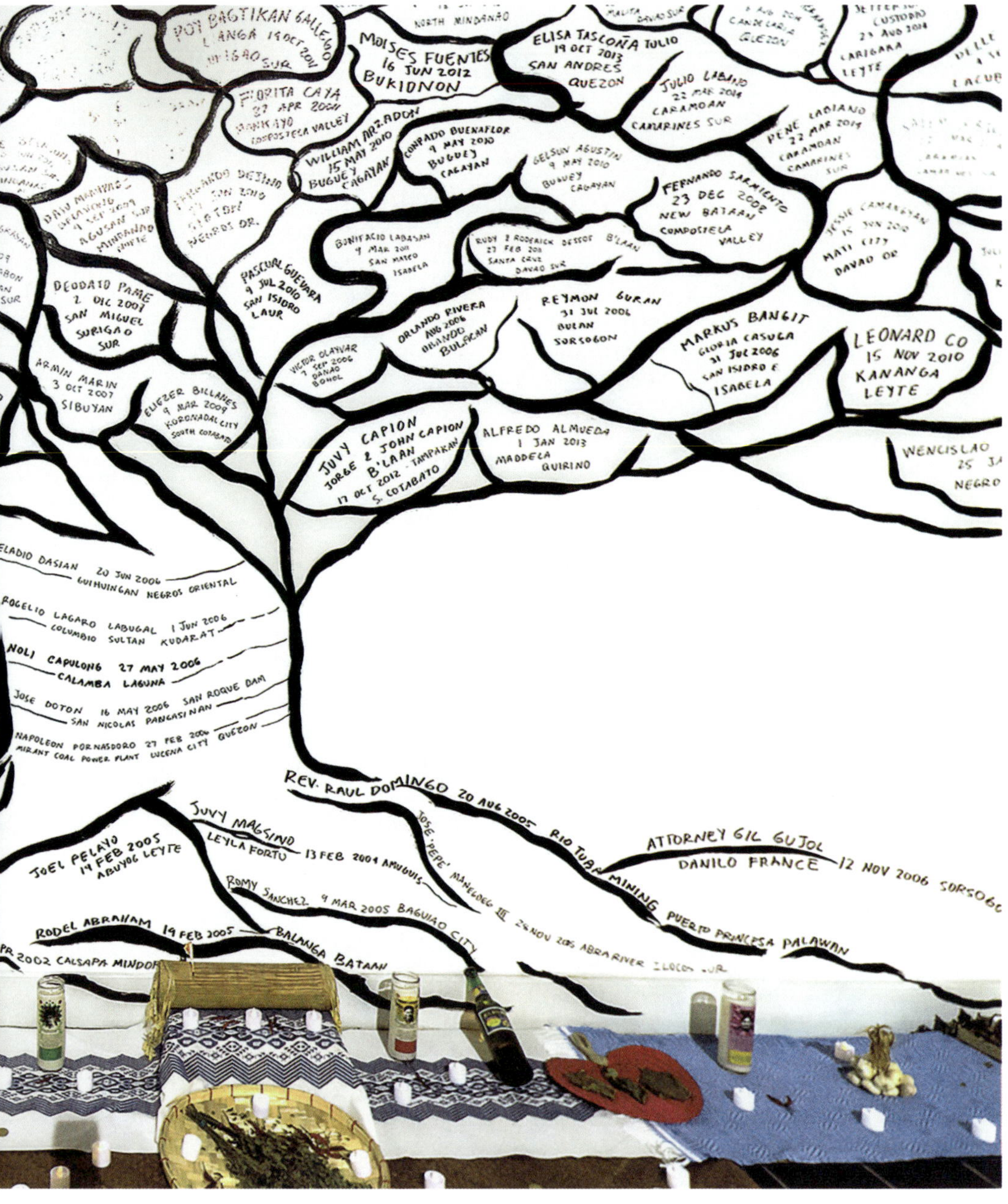
POY BAGTIKAN GALLEGO
L'ANGA 19 OCT 2011
MISAO SUR
MOISES FUENTES
16 JUN 2012
BUKIDNON
ELISA TASCOÑA TULIO
19 OCT 2013
SAN ANDRES
QUEZON
JULIO LABIAO
22 MAR 2014
CARAMOAN
CAMARINES SUR
PENE LABIAO
22 MAR 2014
CARAMOAN
CAMARINES SUR
FLORITA CAYA
27 APR 2011
MANKAYO
COMPOSTELA VALLEY
WILLIAM ARZADON
15 MAY 2010
BUGUEY CAGAYAN
CONRADO BUENAFLOR
9 MAY 2010
BUGUEY
CAGAYAN
GELSUN AGUSTIN
9 MAY 2010
BUGUEY
CAGAYAN
FERNANDO SARMIENTO
23 DEC 2008
NEW BATAAN
COMPOSTELA VALLEY
JESSIE CAMARENAN
15 JUN 200
MATI CITY
DAVAO OR
DATU MARINAS
AGUSAN SUR
MINDANAO
LEONARDO DEINLO
NEGROS OR.
BONIFACIO LABASAN
9 MAR 2011
SAN MATEO
ISABELA
RUDY Z RODERICK DESSOF B'LAAN
27 FEB 2011
SANTA CRUZ
DAVAO SUR
DEODATO PAME
2 DIC 2007
SAN MIGUEL
SURIGAO SUR
PASCUAL GUEVARA
9 JUL 2010
SAN ISIDRO
LAUR
ORLANDO RIVERA
AUG 2006
ORLANDO
BULACAN
REYMON GURAN
31 JUL 2006
BULAN
SORSOGON
MARKUS BANGIT
GLORIA CASUGA
31 JUL 2006
SAN ISIDRO E
ISABELA
LEONARD CO
15 NOV 2010
KANANGA
LEYTE
ARMIN MARIN
3 OCT 2007
SIBUYAN
ELIEZER BILLANES
9 MAR 2009
KORONADAL CITY
SOUTH COTABATO
VICTOR OLAYVAR
7 SEP 2006
DANAO
BOHOL
JUVY CAPION
JORGE & JOHN CAPION
B'LAAN
17 OCT 2012 - TAMPAKAN
S. COTABATO
ALFREDO ALMUEDA
1 JAN 2013
MADDELA
QUIRINO
WENCISLAO
25 JA
NEGRO
ELADIO DASIAN   20 JUN 2006
GUIHUINGAN NEGROS ORIENTAL
ROGELIO LAGARO LABUGAL 1 JUN 2006
COLUMBIO SULTAN KUDARAT
NOLI CAPULONG 27 MAY 2006
CALAMBA LAGUNA
JOSE DOTON 16 MAY 2006 SAN ROQUE DAM
SAN NICOLAS PANGASINAN
NAPOLEON PORNASDORO 27 FEB 2006
MIRANT COAL POWER PLANT LUCENA CITY QUEZON
REV. RAUL DOMINGO 20 AUG 2005 RIO TUBA MINING
JUVY MAGSINO
LEYLA FORTU 13 FEB 2004 AMUGUIS
ATTORNEY GIL GUJOL
DANILO FRANCE 12 NOV 2006 SORSOGO
JOEL PELAYO
14 FEB 2005
ABUYOG LEYTE
ROMY SANCHEZ 9 MAR 2005 BAGUIAO CITY
JOSE 'PEPE' MANEGDEG III 26 NOV 2005 ABRA RIVER ILOCOS SUR
PUERTO PRINCESA PALAWAN
RODEL ABRAHAM 19 FEB 2005
BALANGA BATAAN
PR 2002 CALSAPA MINDOR

n. 1977, Lima, Perú;
vive y trabaja en St. Louis, Missouri

¿Cómo estás?

Estoy respirando y sintiéndome equilibrado.

¿Cuál es el proyecto/obra que estás presentando?

Estoy presentando una instalación de mi serie *Mantas de supervivencia*. La instalación es una meditación sobre temas sociales y ambientales durante una pandemia, presentada en una gran manta de supervivencia de mylar, con objetos cuidadosamente colocados y artefactos creados y cosechados mientras trabajaba en mis proyectos de práctica social en St Louis, MO. Los objetos incluyen tejidos peruanos, mates burilados (arte popular en calabaza), utensilios de apicultura, plantas secas, objetos encontrados en mi jardín y una máscara tejida peruana. Además, un video muestra el paralelismo colectivo entre una colmena de abejas trayendo polen y una protesta de Mike Brown en St Louis. Me interesa el poder del colectivo o el concepto de la colmena como una forma de polinizar el progreso y la transformación. Las mantas de supervivencia están inspiradas en mi herencia peruana. Hacen referencia a la *mesa*, un paquete multicolor que contiene varios objetos sagrados utilizados para la curación en rituales chamánicos andinos, típicamente asociados con una *huaca*, un monumento o ubicación natural que representa algo venerado.

¿Cómo es el futuro?

La Trienal me ha dado la oportunidad de trabajar en lo que yo llamo pinturas de poncho. Estas pinturas se crean sobre tejidos peruanos, lino crudo o papel. Las pinturas se trabajan con tela cosida a mano y tintas. Como artista de práctica social, trabajar con personas o en grupo tiene que ser equilibrado con la meditación de pensar con la mano. Me gustaría completar un cuerpo de pinturas de poncho y hacer una exposición en Estados Unidos y en Perú.

JUAN WILLIAM CHÁVEZ

b. 1977, Lima, Peru;
lives and works in St. Louis, Missouri

¿Cómo estás?

I'm breathing in, and I'm breathing out and feeling balanced.

What is the project/work you are presenting?

I'm presenting a floor installation from my *Survival Blanket* series. The installation is a meditation on social and environmental issues during a pandemic. Presented on a large Mylar survival blanket are carefully arranged objects and artifacts created and harvested while working on my social-practice projects in St. Louis. Objects range from Peruvian weavings, *mates burilados* (gourd folk art), beekeeping equipment, dry plants, found objects from my garden, and a Peruvian knitted mask. In addition, a video displays the collective parallel between a hive of bees bringing in pollen and footage from a Mike Brown protest in St. Louis. I'm interested in the power of the collective or the concept of the hive as a way of pollinating progress and transformation. Survival blankets are inspired by my Peruvian heritage. They reference *mesas*, multicolored bundles containing various sacred objects used for healing in Andean shamanic rituals typically associated with a *huaca,* a monument or natural location that represents something revered.

What is the future?

La Trienal has given me the opportunity to work on what I call poncho paintings. These paintings are created on Peruvian weavings, raw linen, or paper. The paintings are created with hand-sewn yarn and inks. As a social-practice artist, working with people or a group has to be balanced with the meditation of thinking with the hand. I would like to complete a body of poncho paintings and have an exhibition in the States and in Peru.

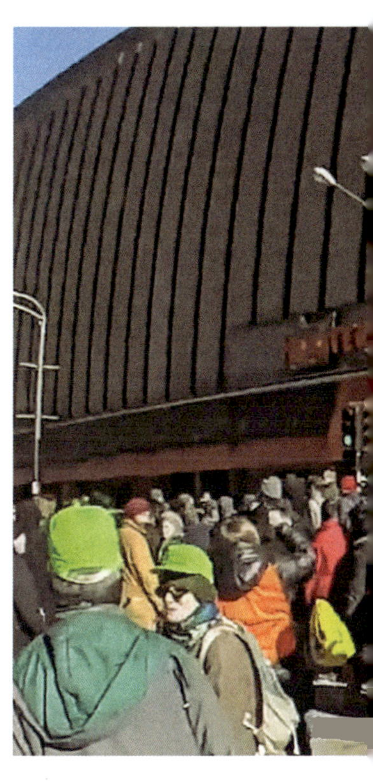

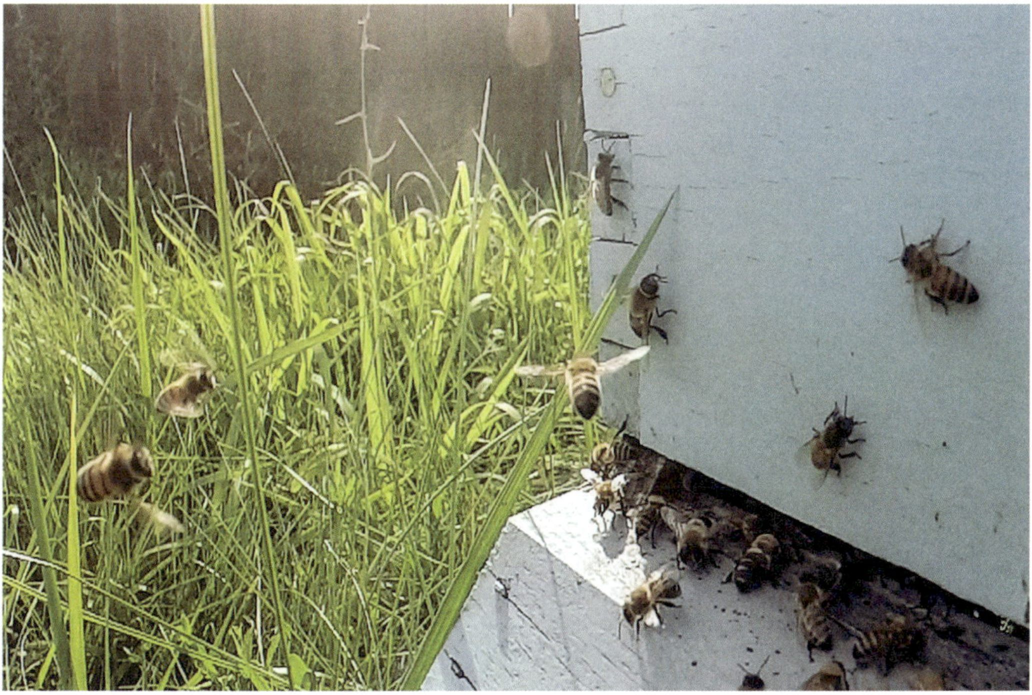

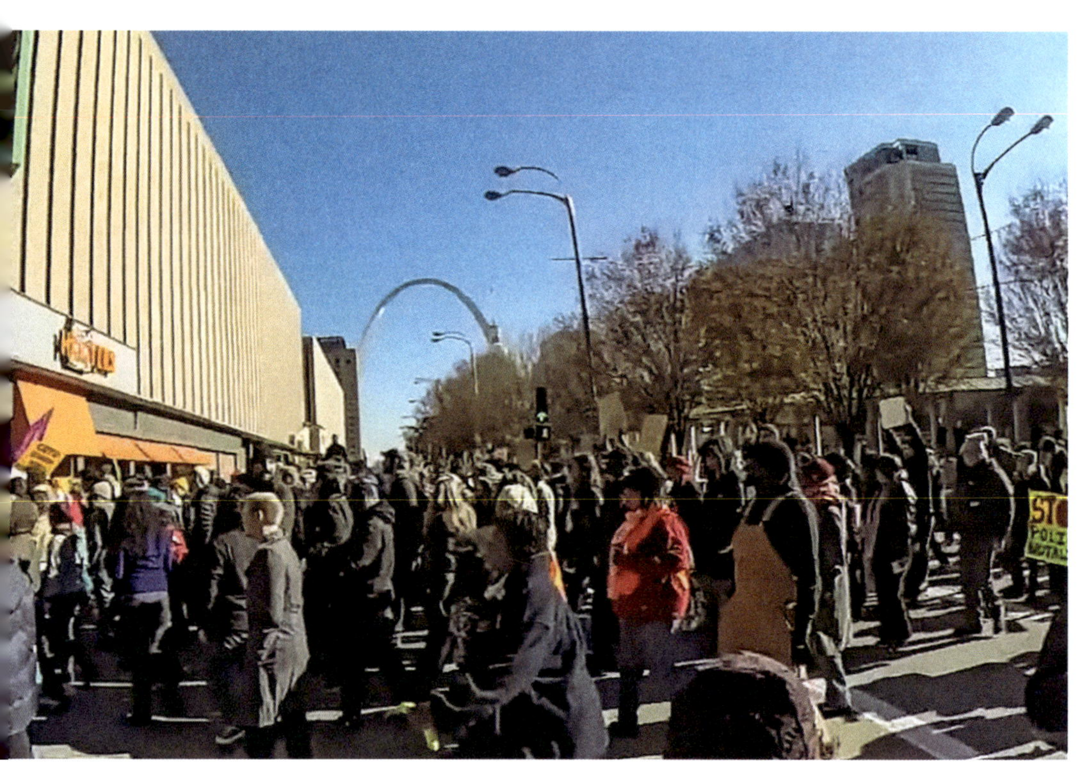

Pollinating & Protest, 2020
Digital video stills, 7:23 mins.
Courtesy the Artist

Polinización & Protesta, 2020.
Stills de video digital, 7:23 min.
Cortesía del artista

n. 1975, Brooklyn, Nueva York; vive y trabaja en Miami, Florida

¿Cómo estás?

Como decimos en República Dominicana, TATO.

¿Cuál es el proyecto/obra que estás presentando?

Mi contribución es una selección de componentes de un proyecto más amplio que he estado desarrollando durante los últimos cinco años. La obra cruza y sintetiza geometrías sagradas, historia, rituales, contra hechizos y reconciliación de identidad.

Este componente de *ESTAMOS BIEN*, es un fragmento que destaca una constelación infinita de narrativas históricas de mi investigación y desarrollo.

¿Cómo es el futuro?

"El pasado es más infinito que el futuro."
—Toni Morrison

YANIRA COLLADO

b. 1975, Brooklyn, New York; lives and works in Miami, Florida

¿Cómo estás?

As we say in the Dominican Republic, *TATO*.

What is the project/work you are presenting?

My contribution is a selection of components from a larger, more expansive project that I have been developing for the past five years. The work intersects and synthesizes sacred geometries, history, ritual, counter spells, and identity reconciliation.

This component for *ESTAMOS BIEN* is a fragment highlighting an infinite constellation of historical narratives from my research and development.

What is the future?

"The past is more infinite than the future."
—Toni Morrison

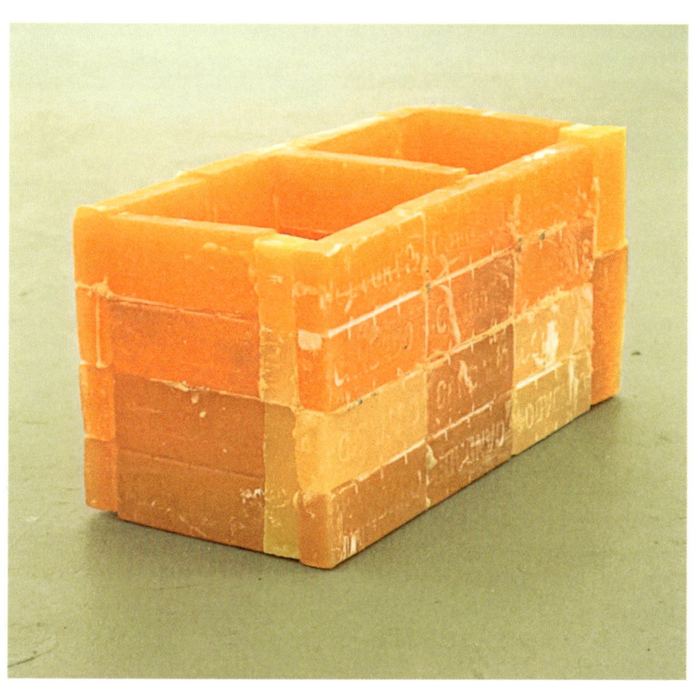

Untitled, 2020. Cuaba soap, variable
dimensions. Courtesy the Artist

Sin título, 2020. Jabón de cuaba,
dimensiones variables. Cortesía de
la artista

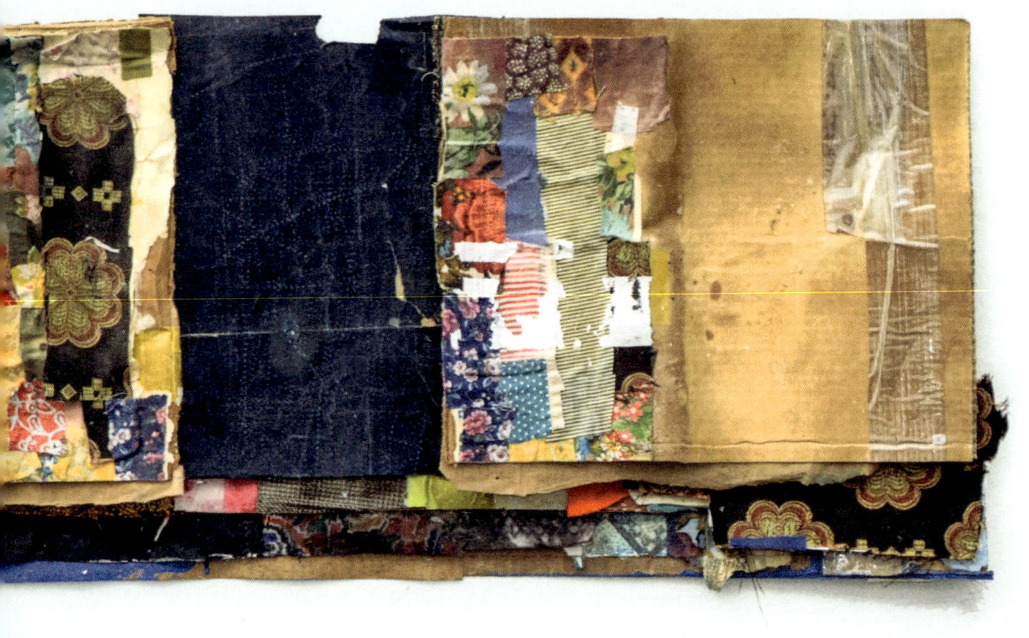

Tae Hwang & MR Barnadas + Participantes
Fundado en 2001, basado en San Diego, California

¿Cómo están?

Son tiempos difíciles.

¿Cuál es el proyecto/obra que están presentando?

Who Designs Your Race? (¿Quién diseña tu raza?) es una fusión y modificación de las encuestas del censo en Estados Unidos y México.

Este proyecto en curso fue creado inicialmente para los residentes de las tierras fronterizas de San Diego-Tijuana, como un medio para considerar las maneras en las que vivir en una zona binacional afecta sus experiencias de raza/etnicidad. Concebido originalmente en 2017 en conjunto con una mezcla transnacional de estudiantes e instructores de universidades locales, la *Exploración Poética de la Encuesta de la Raza* ajustó las categorías de raza/etnicidad para reflejar la audiencia de El Museo del Barrio.

Este proyecto de arte público consta de tres partes: 1) la *Exploración poética de la encuesta de la raza,* un censo alternativo en línea a través de *TheRaceSurvey.com,* cronometrado para coincidir con el censo de EE.UU. del 2020 y comisionado para *ESTAMOS BIEN*; 2) la pancarta del proyecto *¿Quién diseña tu raza?,* una gráfica presentada para incitar al público a tomar la encuesta; y 3) una instalación de respuestas transcritas, seleccionadas de 387 participantes de todo EE.UU. y más allá, y recolectadas entre el 30 de octubre y el 30 de noviembre del 2020. Estas respuestas muestran una amplia gama de perspectivas de cómo las personas *se sienten* con respecto a la raza y la etnicidad.

¿Cómo es el futuro?

Es un llamado a enfrentar las peores transgresiones y a crecer del reconocimiento del trauma y el daño causado, como de la apreciación de los logros más bellos alcanzados—juntos.

Tae Hwang & MR Barnadas + Participants
Founded in 2001, based in San Diego, California

¿Cómo están?

These are difficult times.

What is the project/work you are presenting?

This ongoing project was initially created for residents of the borderlands of San Diego-Tijuana as a means to consider ways in which living in a binational zone affects their experiences of race/ethnicity. First conceived in 2017 while working with a transnational mix of students and instructors from local colleges, the Poetic Exploration of Race Survey has revised its race/ethnicity categories to reflect the audience of El Museo del Barrio.

This public art project has three parts: 1) the Poetic Exploration of Race Survey, an online alternative census at TheRaceSurvey.com, timed to coincide with the U.S. 2020 Census and commissioned for *ESTAMOS BIEN*; 2) the *Who Designs Your Race?* project banner, a graphic presented as a provocation to direct the public to take the survey; 3) and an installation of transcribed responses, selected from 387 participants from across the U.S. and beyond, and collected between October 30–November 30, 2020. These responses show a broad range of perspectives relating to how people feel about race and ethnicity.

What is the future?

It is a call to face the worst transgressions and to grow as much from acknowledging trauma and harm as from appreciating the most beautiful accomplishments achieved—together.

COLLECTIVE MAGPIE

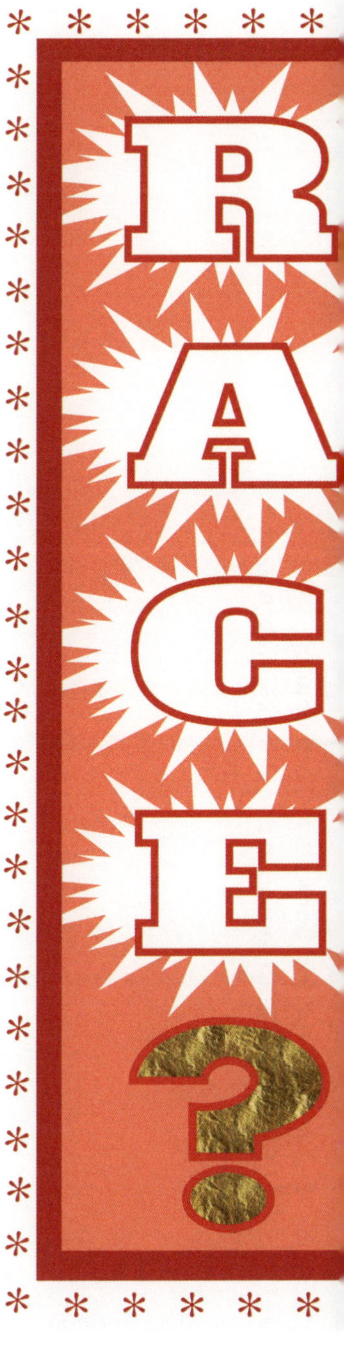

*Who Designs Your Race? — The
Poetic Exploration of Race Survey
Banner*, 2018—2020—ongoing. Digital
print, variable dimensions. Courtesy
Collective Magpie

*¿Quién diseña tu raza? — pancarta
de la encuesta sobre la exploración
poética de la raza*, 2018—2020—en
curso. Impresión digital, dimensiones
variables. Cortesía de Collective
Magpie

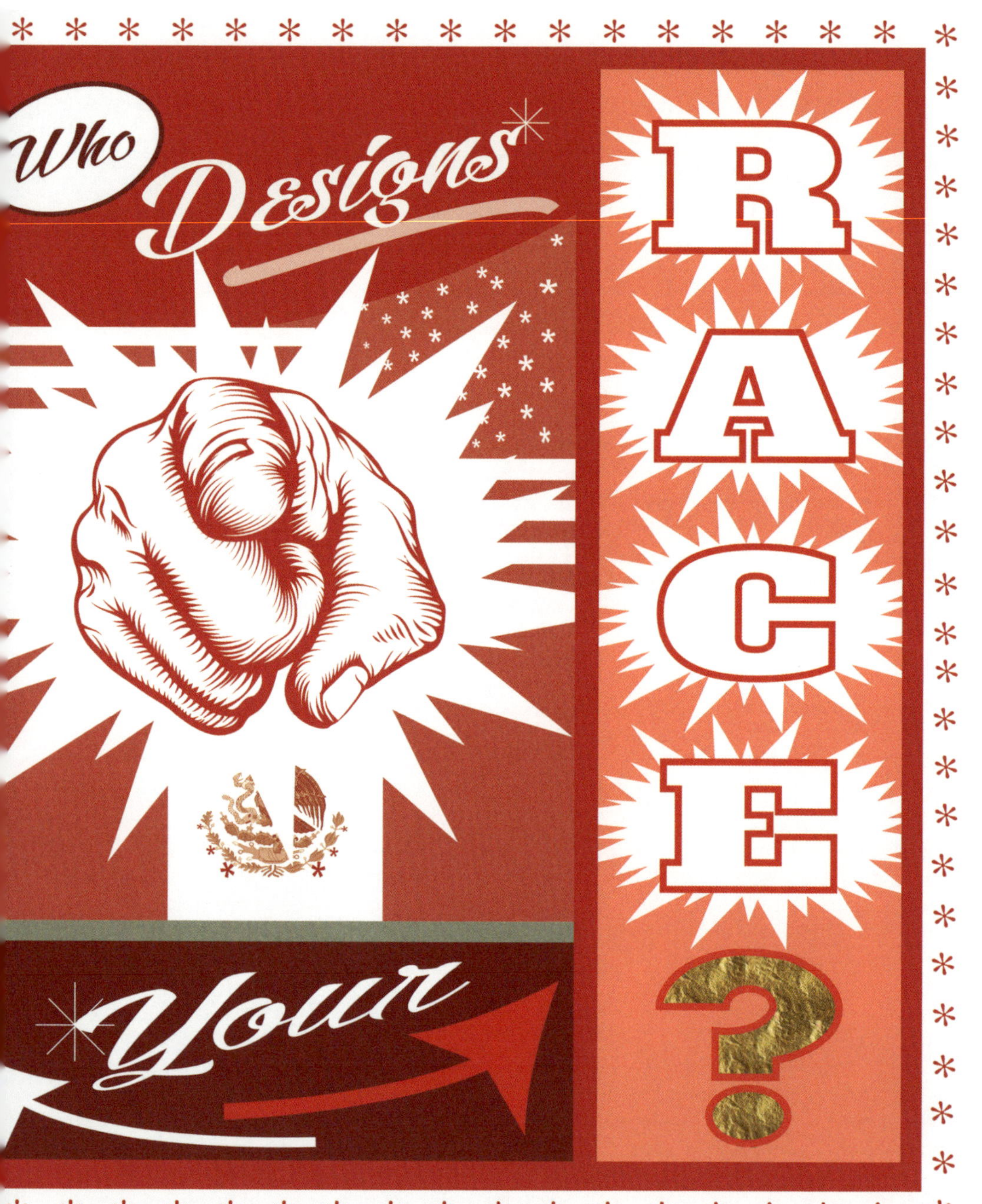

Who
Designs
Your
RACE?

n. 1983, Santo Domingo, República Dominicana; vive y trabaja en Brooklyn, Nueva York

¿Cómo estás?

¡Aquí! Tu sabes. ¡Aquí! Viva. Y qué alegría es estar viva en estos días. He estado tratando de caminar lo más lento e intencionalmente posible hacia el portal del nuevo mundo cuando esta pandemia se acabe. Algunos días lo hago con gracia, pero otros se siente muy difícil. Arrastro los pies y a veces lloro sola. Pero si recuerdo que estoy—¡aquí!—puedo situarme en el presente y disfrutar de ese momento.

¿Cuál es el proyecto/obra que estás presentando?

El proyecto que estoy presentando se titula *Obituaries of the American Dream* (Obituarios del sueño americano). Es un viaje hacia el abandono de los ideales del individualismo, el excepcionalismo y el valor de los seres humanos en base a su trabajo, algo que he estado contemplando durante algún tiempo. El 2020 fue la gota que derramó el vaso. La pandemia y su pausa forzada en algunos de nosotros me hicieron darme cuenta de lo mucho que la idea de la meritocracia nos impide ver valor en todos. Y cómo la desigualdad nos hace ver a algunas personas como afligidas y no a otras, como lo pone Judith Butler en su libro *La fuerza de la no violencia: Un vínculo étnico-político*. Así que este proyecto es mi manera de afligir colectivamente este ideal y de avanzar hacia un futuro interdependiente.

¿Cómo es el futuro?

No sé. Pero quiero creer que es interdependiente. Similar a un bosque donde cada organismo tiene sus propias características pero está conectado y contribuye al bienestar del ecosistema. Nosotros, los humanos, somos parte del bosque, de la tierra; y el bosque es parte de nosotros. Al menos ese es el futuro en el que quiero vivir.

b. 1983, Santo Domingo, Dominican Republic; lives and works in Brooklyn, New York

LIZANIA CRUZ

¿Cómo estás?

¡Aquí! You know. Here! Alive. And what a joy it is to be alive these days. I've been trying to walk toward the portal of the new world after this pandemic is over as slowly and intentionally as possible. Some days I do that gracefully, but others it feels really hard. I drag my feet and sometimes cry alone. But if I remember that I am—*¡Aquí!*—I can situate myself in the present and enjoy that moment.

What is the project/work you are presenting?

The project that I'm presenting is titled *Obituaries of the American Dream*. The journey of leaving the ideals of individualism, exceptionalism, and the value on humans based on labor is one that I've been contemplating for some time. 2020 was the last straw. The pandemic and its forced pause on some of us made me realize how much the idea of meritocracy keeps us from seeing value in everyone. And how inequality makes us see some people as grievable and not others, as Judith Butler puts it in her book *The Force of Nonviolence: An Ethico-Political Bind.* So, this work is my way of collectively grieving this ideal and to move into an interdependent future.

What is the future?

I don't know. But I want to believe it is interdependent. Similar to a forest where each organism has its own characteristics but is connected and contributing to the well-being of the ecosystem. We humans are part of the forest, the earth, and the forest is part of us. At least that is the future I want to live in.

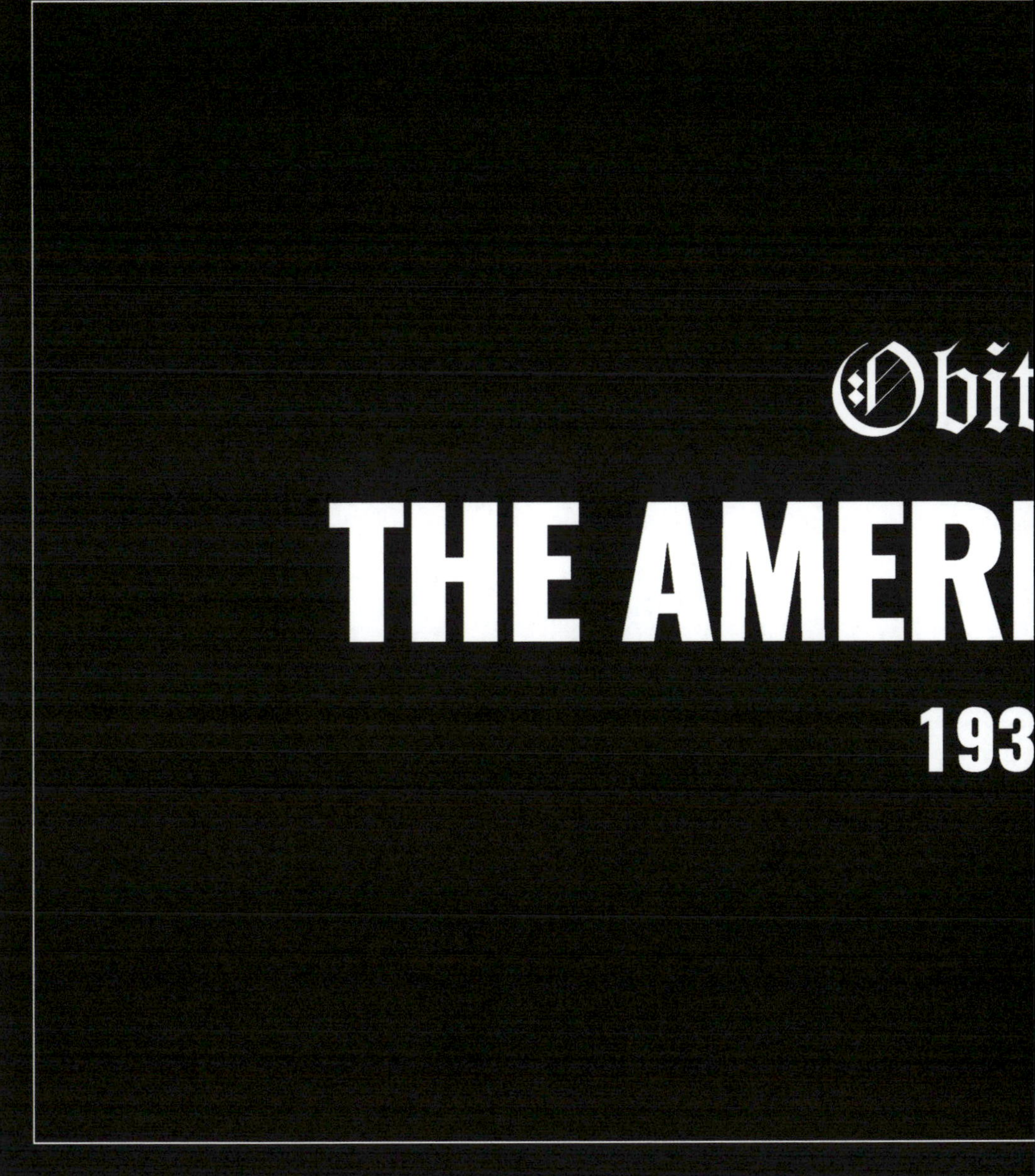

Obituaries of the American Dream,
2020. Participatory website.
Courtesy the Artist

Obituarios del sueño americano,
2020. Sitio web participativo.
Cortesía de la artista

ries

AN DREAM

020

¿Cuál es el proyecto/obra que estás presentando?

Estoy presentando dos dibujos que forman parte de un proyecto continuo, en el cual me pregunto si los símbolos repetitivos y la comunicación a través de imágenes podrían deslizarse entre la terquedad de nuestras palabras y cambiar nuestras percepciones colectivas de ser y pertenecer. ¿Cómo serían nuestros sustentos si heredáramos un *Génesis Femme* [*queer*]?

En todo lo que hago, estoy experimentando con cómo articular la fusión de la celebración y el luto, al ser racializado, liminar y vivo.

Trabajo mucho con el arcoíris y la mayoría del tiempo se juzga como algo feliz y utópico. A veces me pregunto si esto se debe a que insisto en usar una estética *femme* y estamos programados para leer cualquier cosa *femme* como superficial, vanidosa y poco inteligente. Y en realidad no me afecta, porque también es parte de eso. Pero el arcoíris, como todos las apariciones espectrales, es mucho más extraño y complicado. Y "utopía" es simplemente una palabra que significa NO LUGAR. Estoy trabajando mucho alrededor de fantasmas y esa inquebrantable sensación de vivir en un cuerpo/lugar/ planeta embrujado. Siempre volviendo al arcoíris como un hogar, como ese gigante Entremedios, ese fantasma gordo/espectro/puente/ no-lugar.

n. 1985, Burdeos, Francia; criada en la costa este, el medio oeste, y el sur de Estados Unidos; vive y trabaja en Brooklyn, Nueva York

¿Cómo estás?

Estoy regenerando mi intuición diariamente después de demasiados años de requisito institucional. En general, también estoy practicando sentirme más cómoda con la incomodidad de vivir entre las categorías que componen las formaciones de identidad. ¡Gracias por preguntar!

¿Cómo es el futuro?

Un acto participativo de transmutación en constante evolución, creado sólo a través del poder del presente: misterioso, palpable, y aquí.

b. 1985, Bordeaux, France; raised across the East Coast, Midwest, and southern United States; lives and works in Brooklyn, New York

¿Cómo estás?

I am regenerating my intuition daily after some long-ass years of institutional requirement. Generally, I am also practicing being more comfortable with the discomfort of living between the categories that compose identity formations. Thank you for asking!

What is the project/work you are presenting?

I'm presenting two drawings that are a part of one continuing project, wondering if repetitious symbols and communication through images can slip between the stubbornness of our words and shift our collective perceptions of being and belonging. What would our livelihoods be like if we inherited a [queer] Femme Genesis?

In everything I make, I am experimenting with how to articulate the conflation of celebration and mourning when being racialized, liminal, and alive.

Working a lot with the rainbow, most times, is taken at face value as happy and utopic, and sometimes I wonder if that's because I insist on femme aesthetics and because we are programmed to read anything femme as surface, vain, and unintelligent. And actually I'm cool with that because that's part of it too. But the rainbow, like all spectral apparitions, is way weirder and more complicated than that. And utopia is simply a word that means NO PLACE. I'm working lots around ghosts and phantoms and that unshakable sense of living in a haunted body/place/planet. Always coming back to the rainbow as home, as that giant In-Between—that fat ghost/spectrum/bridge/no-place.

What is the future?

An ever-evolving participatory act of transmutation created only through the power of the present: mysterious, palpable, and here.

AMARYLLIS DEJESUS MOLESKI

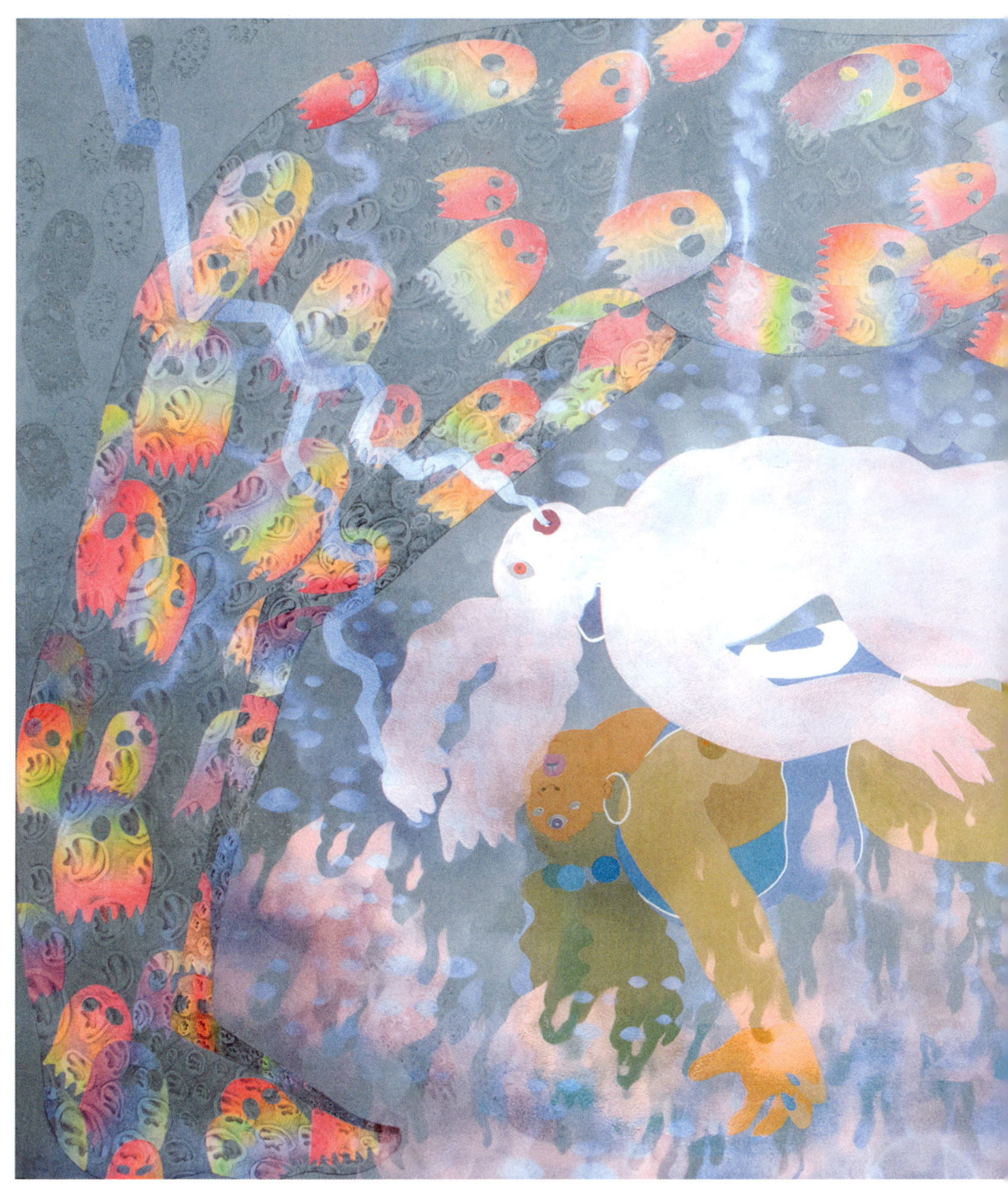

Patron Ghost of Open Skies
(Thunderclap!), 2020. Gouache,
acrylic, colored pencil, graphite,
collage, and airbrush on paper,
48 × 84 1/2 in. Courtesy the Artist

Patrón fantasma de los cielos
abiertos (¡Trueno!), 2020.
Gouache, pintura acrílica, lápiz de
color, grafito, collage y aerógrafo
sobre papel, 122 × 215 cm.
Cortesía de la artista

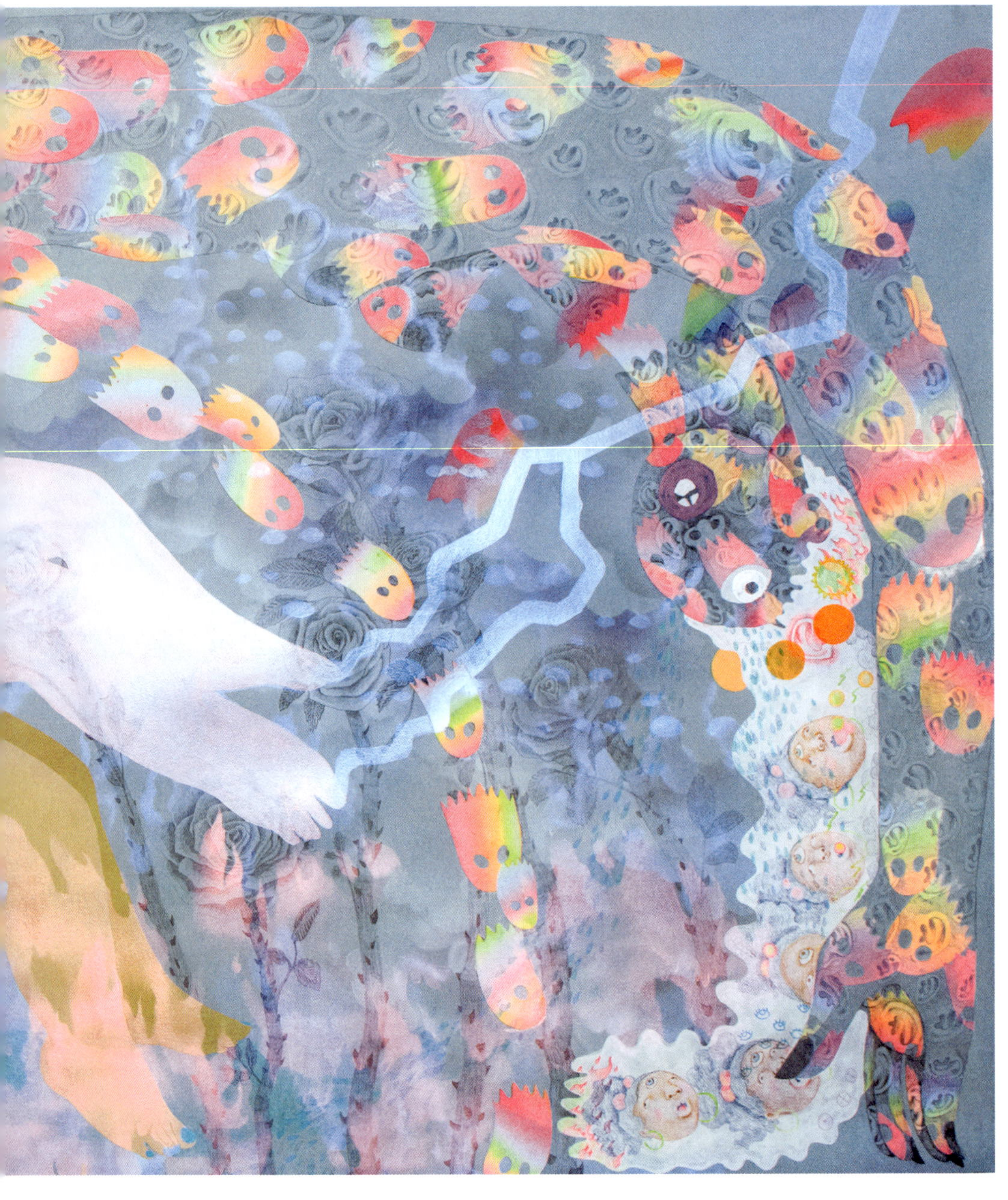

¿Cómo estás?

¿Cómo estoy? No estoy
segura. No estoy segura.
NO. estoy. segura.
¿Debería de estar bien?
¿Puedo decir cómo estoy
"realmente"?
¿Se permite decir, hablar,
escribir que NO estoy
tan bien.
(no, no es eso en lo abso-
luto... me siento como una
mierda, deshumanizada,
algo condenada a muerte,
[incapaz de sentir] permi-
tida a expresar)...
¿A caso las reglas (no escritas) ofrecen privilegios
para expresar genuina-
mente: "cómo estoy". Bien.
¿Bien? ¿...bien?... Creo que
lo que se supone que
debería de decir es: no me
puedo quejar.
Decir
Decir
Decir... cualquier cosa
(negativa) = rechazada.
realista pero percibido
como: usted es PESIMISTA
& está DEPRIMIDO y nece-
sita terapia. Guárdate esa
mierda para ti mismo la
próxima vez.

[*arriba*: diálogo interno
antes de verbalizarse]
{*abajo*: respuesta a la pregunta (por favor recuerde
sonreír). Pregunta:
¿Cómo estás?}
—Estoy bien, no me puedo
quejar, ¿y tú?

n. 1978, Chicago, Illinois;
criada en Haití; vive y trabaja
en Newark, Nueva Jersey

¿Cuál es el proyecto/obra que estás presentando?

Narraciones abstractas:
un *raconteur* contando
historias de rascismo,
misoginia y sexismo a través de imágenes mínimas,
micro-gestos. Interrogando
simultáneamente al racismo
& al erotismo. Deshumani-
zación comprimida a través
del tiempo, transformada:
la MIERDA tiene ritmos, formas, tonalidades... mierda
morfológica. la realidad
defectuosa: plagada de
'ismos & cismas'; dolor nave-
gante (cómo conquistar),
luchar por ser el 'tal cual':
aceptación. desaprender
falsas percepciones de la
belleza: ser atractivo 'tal
cual': imperfección per-
fecta. Divagando: Cuerpo y
mente inundados de DATOS,
pero los recuerdos tienen
fallas técnicas. Abstrac-
ción de datos a través del
cuerpo/imágenes: no extraí-
ble (quizás inextricable).

¿Cómo es el futuro?

debería de ser: Opciones
para transformaciones
prag-má-ti-cas. metamor-
fismo mental: reestructuración endulzada, aceptación
(por redefinir. ¿siquiera significa algo?). No entender es
NORMAL: acepta tus incóg-
nitas, sigue aprendiendo.
fomenta el Amor cuando
se presente, puede que ella
jamás regrese después de
haberla herido.

DOMINIQUE DUROSEAU

b. 1978, Chicago, Illinois; raised in Haiti; lives and works in Newark, New Jersey

¿Cómo estás?

How am I? Not sure. Not sure. NOT. sure.
Am I supposed to be ok? am i allowed to say how i'm "really" doing?
Are you allowed to say, to speak, to write: I am NOT doing so well.
(no, that's not it at all… I feel like shit, dehu-manized, somewhat sentenced to death, [unable to feel] allowed to express)…
Do the rules (unwritten) offer privileges of genuine expression: "how I am". Good. Good?… good?… I think I'm supposed to say: can't complain.
To say
To say
To say… anything (nega-tive) = rejected.
realist but perceived as: you are PESSIMISTIC & DEPRESSED and in need of therapy. Keep dat shit to yo'self next time.

[*above*: internal·dialogue prior-to verbalizing oneself]
{*below*: answer to ques-tion (please remember to smile). Question: *¿Cómo estás?*}
—I'm ok, can't complain. you?

What is the project/work you are presenting?

Abstract narratives: a raconteur telling tales of racism, misogyny, sexism through minimal imagery, micro-gestures. Interrogating racism & erotism simultane-ously. Dehumanization compressed thru time, morphed: bullSHIT has rhythms, shapes, hues… morphological shit. reality flawed: rife with 'ism & schism'; navigating pain (how to conquer), fight to be 'as-is': acceptance. unlearn false perceptions of beauty: being attrac-tive 'as-is': perfect imper-fection. Digress: Body & mind inundated w/ DATA, but memories are glitched. Abstraction of Data thru body/imagery: unextractable (perhaps inextricable).

What is the future?

ought to be: Options for prag·mat·ic-Transforma-tions. mental metamor-phism: sweetened-re-structure, acceptance (to be re-defined. is it even a thing?). Not under-standing is NORMAL: accept your unknowns, keep learning. embrace Love when she presents herself, she may never return after wounding her.

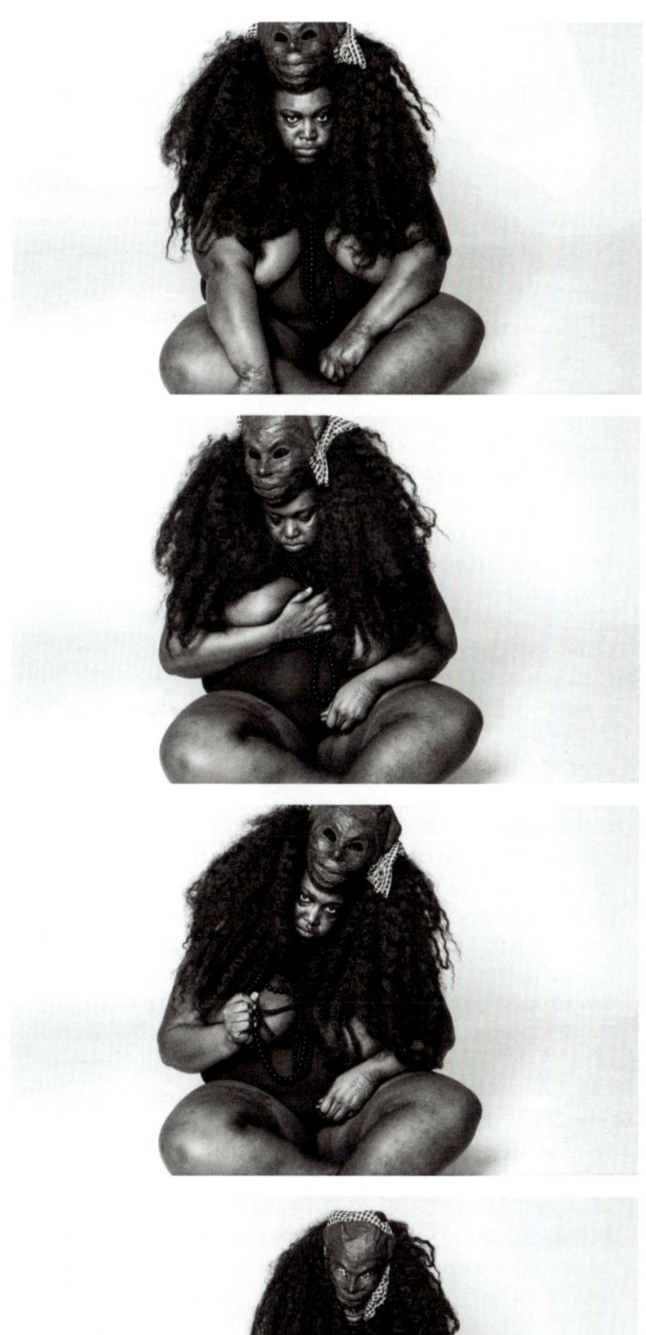

Mammy Was Here: dirty?detox-bareMinerals, 2019. Performance photographed by the artist. Courtesy the Artist

Mammy estuvo aquí: sucio?detox-bareMinerals, 2019. Performance fotografiada por la artista. Cortesía de la artista

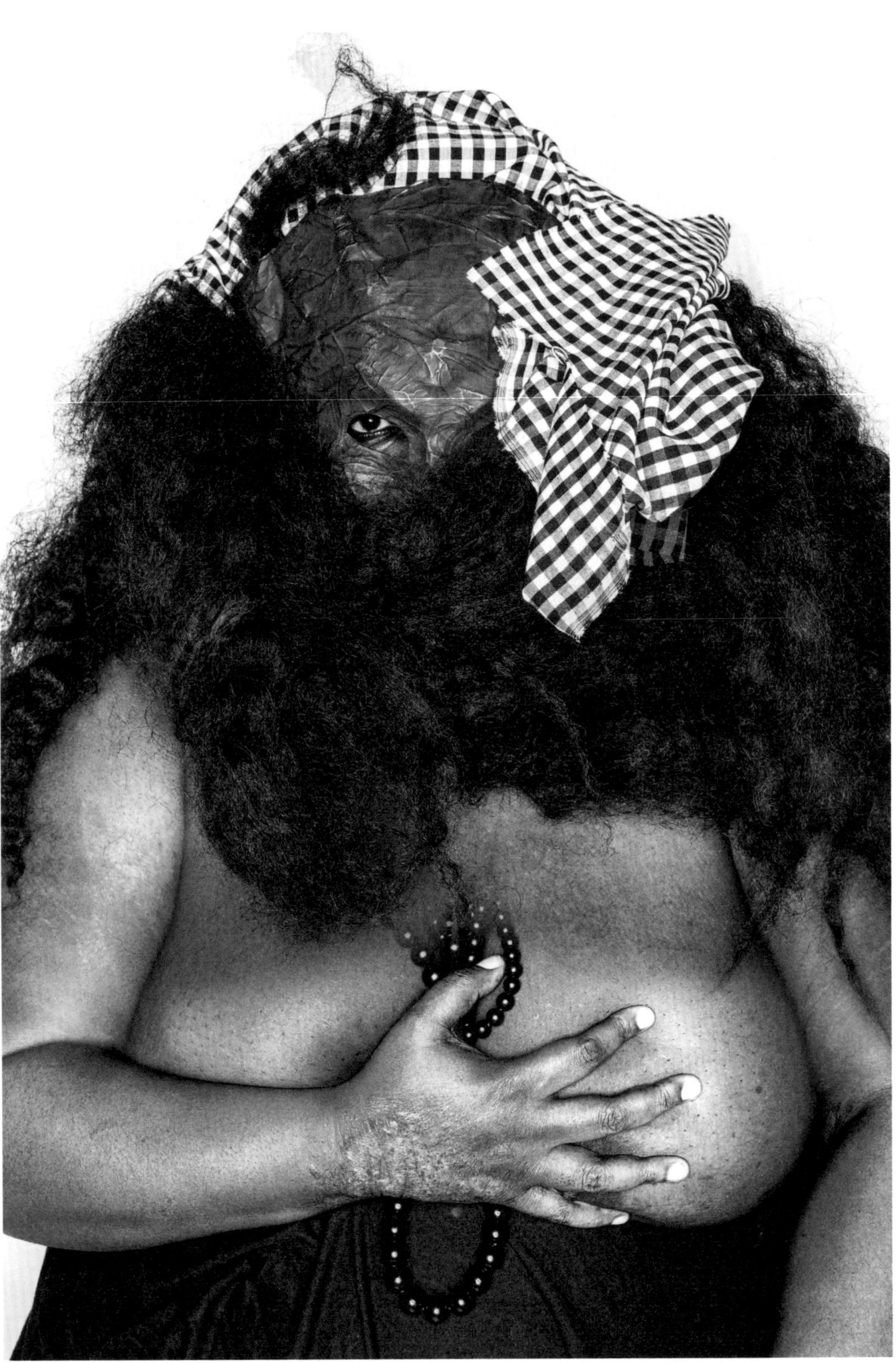

n. 1986, Las Vegas, Nevada; vive y trabaja en Las Vegas

¿Cuál es el proyecto/obra que estás presentando?

Gran parte de mi trabajo de instalación es una investigación y celebración de mi propia herencia latina. Recientemente, he estado pensando mucho en el borrado de las comunidades latinas de Centroamérica y el Caribe, especialmente de regiones en Estados Unidos como el suroeste. Para honrar mis raíces chapín/mexicanas me estoy centrando en la obra del artista guatemalteco Carlos Mérida y la serie de litografías a color *Estampas del Popol Vuh*, en la colección permanente del museo. Al retomar el trabajo de impresión a menor escala de Mérida, en un gran mural de papel, al estilo piñata, espero aprender más sobre el artista, celebrar su trabajo y su impacto en el Movimiento Muralista Mexicano. También voy a recrear la pintura de Francisco Oller, *Plátanos Amarillos*, a escala, para reconocer una de las obras más emblemáticas de la colección del museo.

¿Cómo estás?

Aparte de tener ansiedad y una depresión paralizante ¡Estoy muy bien!

¿Cómo es el futuro?

El futuro es moreno y negro.

b. 1986, Las Vegas, Nevada;
lives and works in Las Vegas

JUSTIN FAVELA

What is the project/work you are presenting?

Much of my installation work is an investigation and celebration of my own Latinx heritage. Recently, I have been thinking a lot about the erasure of Central American and Caribbean Latinx communities, especially from regions of the United States like the Southwest. To honor my Chapin/Mexican roots, I am focusing on the work of Guatemalan artist Carlos Mérida and the series of color lithographs, *Estampas de Popol Vuh*, in the museum's permanent collection. By reimaging Mérida's smaller print work into a large paper, piñata-style mural, I hope to learn more about the artist, celebrate his work and its impact on Mexican Muralism. I will also be re-creating Francisco Oller's painting *Plátanos Amarillos* to scale to recognize one of the most iconic works in the museum's collection.

¿Cómo estás?

Other than having crippling anxiety and depression... I am doing great!

What is the future?

The future is Brown and Black.

Plátanos, after Francisco Oller,
2020—21. Paper, glue, and
cardboard, 38 ¼ × 26 × 1 ½ in.
Courtesy the Artist

*Plátanos, al modo de Francisco
Oller*, 2020—21. Papel, goma,
y cartón, 97 × 66 × 14 cm.
Cortesía del artista

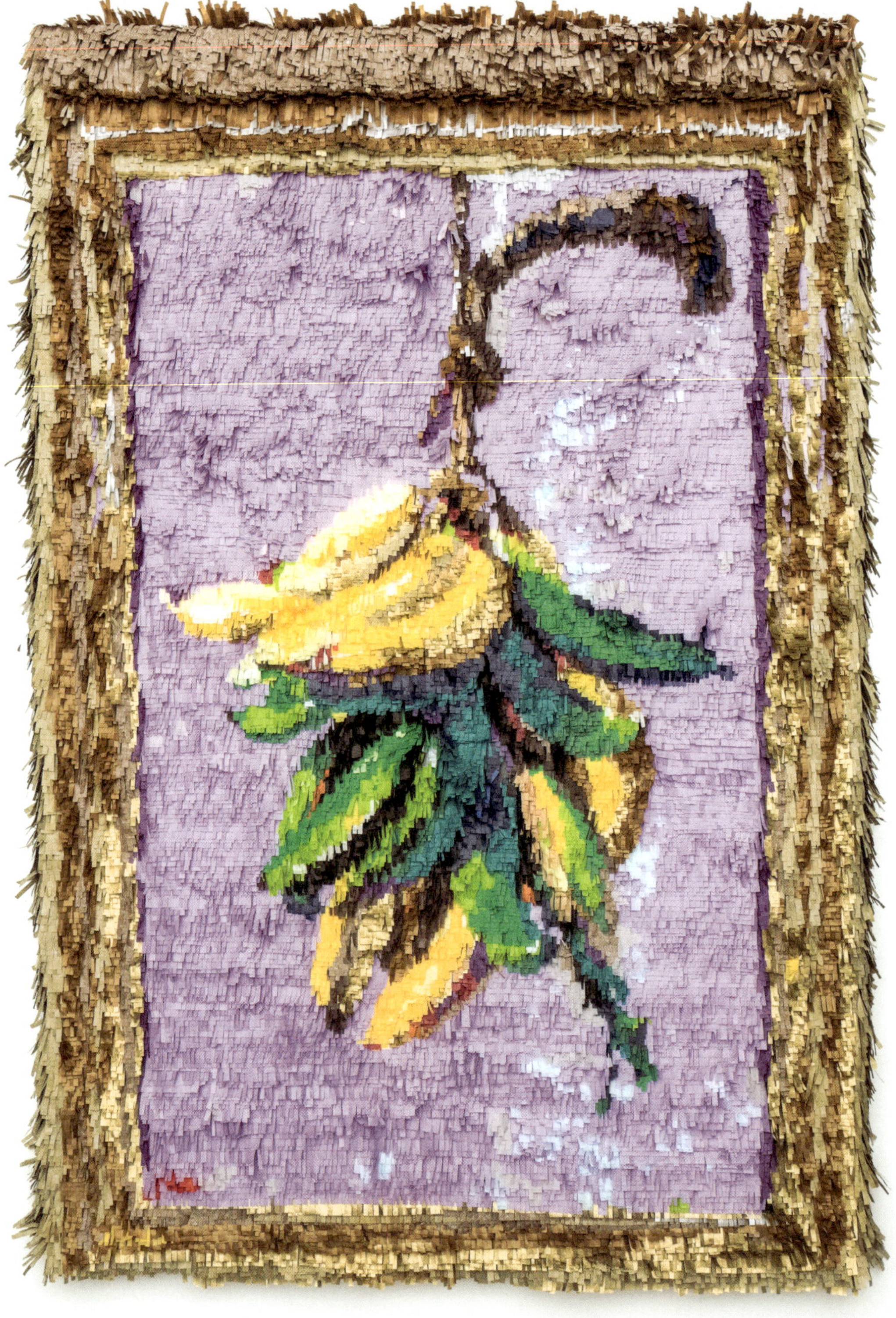

n. 1985, West Covina, California;
vive y trabaja en Los Ángeles, California

¿Cómo estás?

Quiero decir que bien, pero la realidad es que no sé cómo me va. Mis emociones y perspectivas cambian constantemente de un momento a otro. Con el mundo y el país pasando actualmente por una pandemia, disturbios civiles, injusticia racial y agitación política, no veo cómo alguien puede saber cómo le va. Sin embargo, encuentro momentos de profunda alegría al pasar tiempo con mi familia y al ver a mis hijos explorar su mundo. Su futuro es lo que me mantiene motivado.

¿Cuál es el proyecto/obra que estás presentando?

A partir de ahora el proyecto sigue en producción y no sabré completamente cuál será la obra hasta que se complete. Por el momento el proyecto se desarrolla hacia una idea de apoyo y autosuficiencia.

¿Cómo es el futuro?

El futuro es uno de mentalidad abierta y experimentación.

b. 1985, West Covina, California; lives and works in Los Angeles, California

LUIS FLORES

¿Cómo estás?

I want to say that I'm doing well, but the reality is I don't know how I'm doing. My emotions and perspectives are constantly shifting from moment to moment. With the world and the country currently going through a pandemic, civil unrest, racial injustice, and political turmoil, I don't see how anyone can know how they're doing. However, I do find moments of profound joy, spending time with my family and watching my kids explore their world. Their future is what keeps me motivated.

What is the project/work you are presenting?

As of now, the work is still in production, and I won't fully know what the work is until it's completed. For the moment the work is moving toward an idea of support and self-reliance.

What is the future?

The future is one of open-mindedness and experimentation.

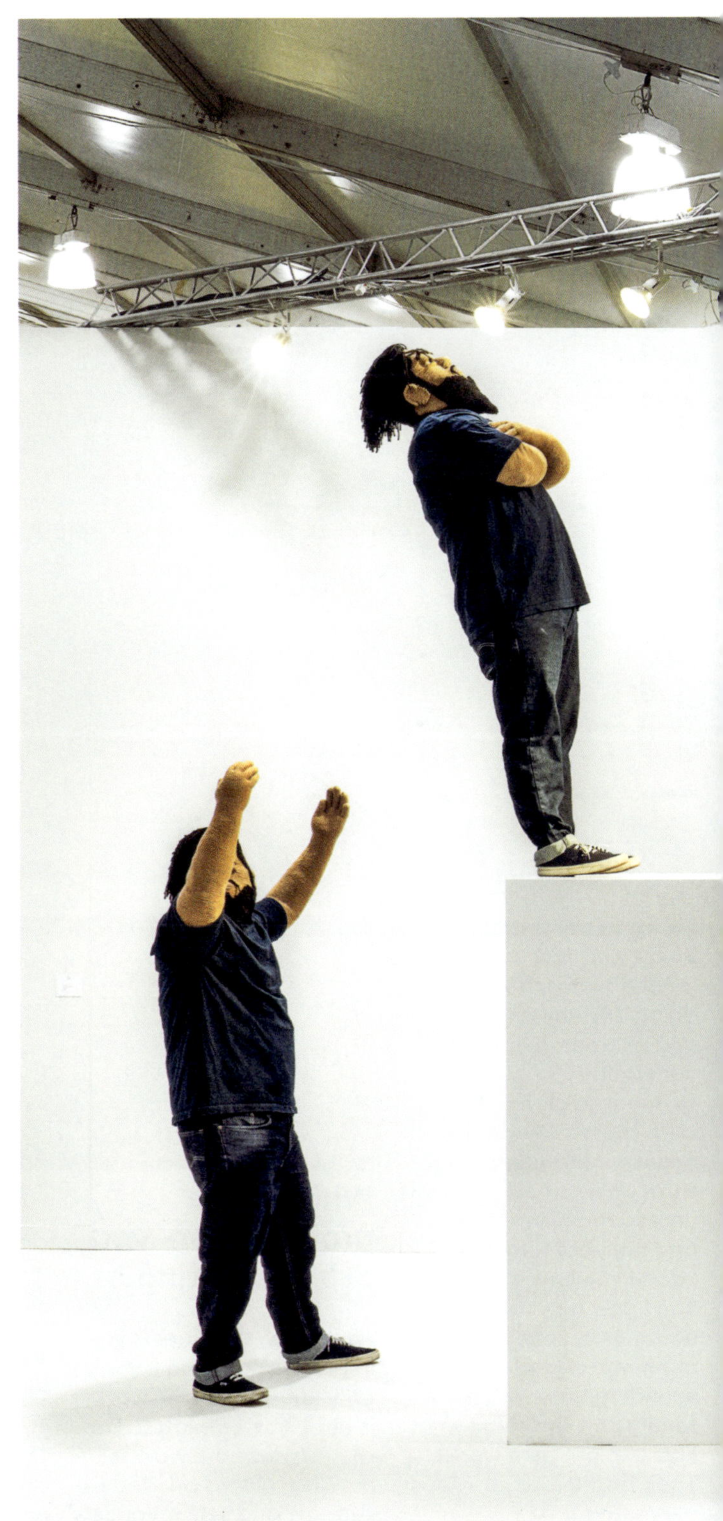

If You Sit in Shit for Too Long, You Start to Get Used to the Smell, 2019. Yarn, AAA T-shirt, Levi's jeans, Vans shoes, and socks, variable dimensions. Installation view at *Diálogos*, Frieze New York, 2019. Courtesy the Artist; Salon 94, New York

Si te sientas en la mierda durante demasiado tiempo, empiezas a acostumbrarte al olor, 2019. Hilo, camiseta AAA, jeans Levi's, zapatos Vans y calcetines, dimensiones variables. Vista de la instalación en *Diálogos*, Frieze New York, 2019. Cortesía del artista; Salon 94, Nueva York

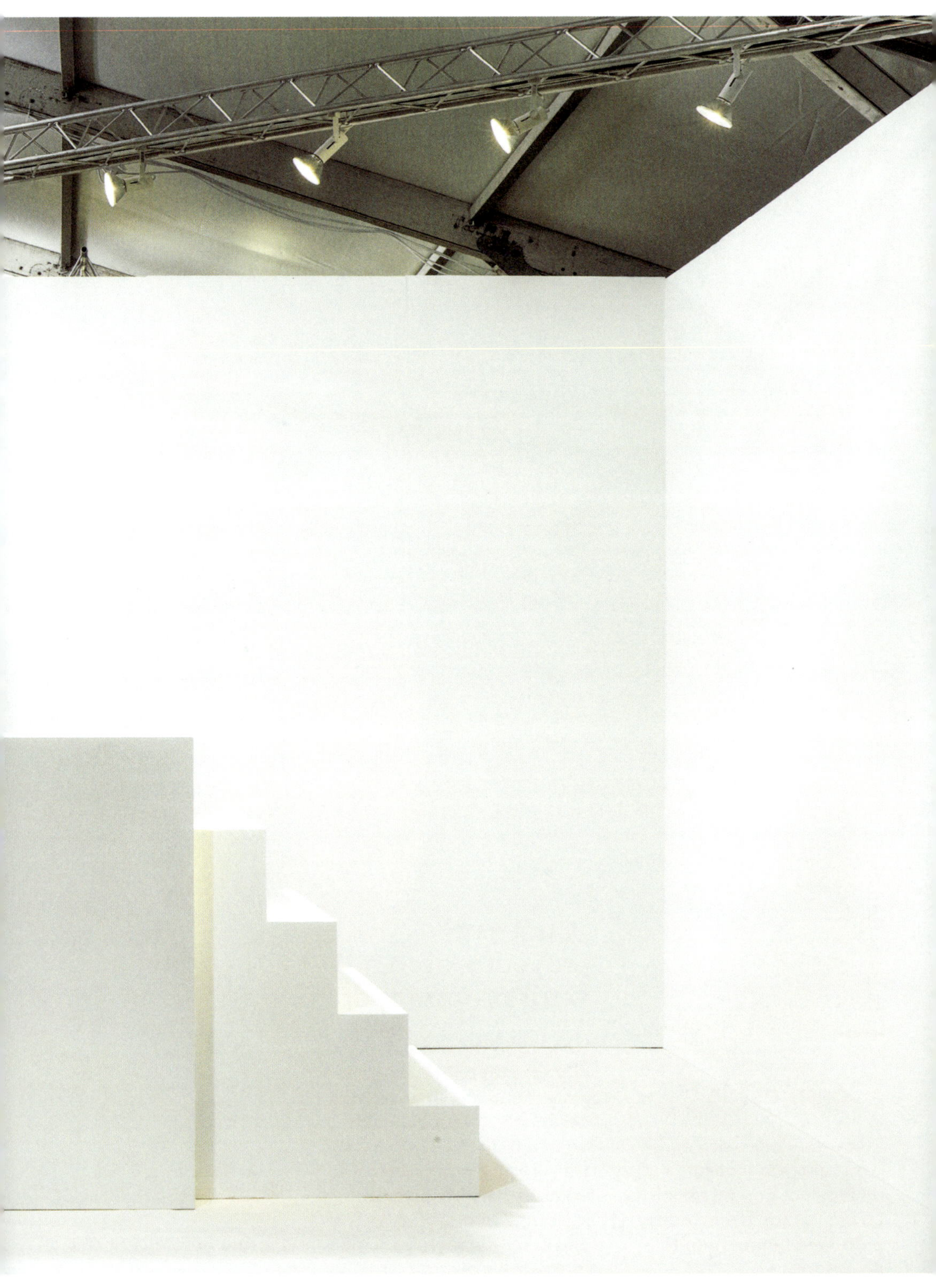

n. 1985, Red Bluff, California;
vive y trabaja de forma nómada

¿Cómo estás?

Estoy muy bien, de regreso a mi taller aquí en la Ciudad de México, con mi bicicleta. La bici, el taller y mi comunidad me llenan mucho de alegría.

¿Cuál es el proyecto/obra que estás presentando?

He estado tejiendo cuero y alambre de cobre, (cualquier cosa menos hilo), haciendo cerámicas y esculturas de acero soldadas, todo mientras vivo y trabajo de forma nómada. Un material se fusiona con el siguiente y una escultura inspira a las que están por venir.

¿Cómo es el futuro?

El futuro es lo que haces de él.

EKTOR GARCIA

b. 1985, Red Bluff, California;
lives and works nomadically

¿Cómo estás?

I am very well, back at
my studio here in Mexico
City with my bicycle. The
bicycle, the studio, and
my community fill me with
great joy.

What is the project/work you are presenting?

I've been crocheting
leather and copper wire,
[using] anything but
yarn, making ceramics
and welded steel sculp-
tures, all while living and
working nomadically. One
material bleeds into the
next, and one sculpture
inspires the ones to come.

What is the future?

The future is what you
make it.

(i can't afford to live here can't afford to die here), 2020. Glazed stoneware, red light bulb, metal, crocheted leather, 20 × 10 × 53 in. Installation view at Gern en Regalia, New York, 2020. Courtesy the Artist

(no puedo vivir aquí, no puedo morir aquí), 2020. Gres vidriado, bombilla roja, metal, cuero crochetado, 51 × 25 × 134 cm. Vista de instalación en Gern en Regalia, Nueva York, 2020. Cortesía del artista

portal, Red Bluff, 2020. Leather, welded steel, 86 × 28 in. Installation view at Gern en Regalia, New York, 2020. Courtesy the Artist

portal, Red Bluff, 2020. Cuero, acero soldado, 218 × 71 cm. Vista de instalación en Gern en Regalia, Nueva York, 2020. Cortesía del artista

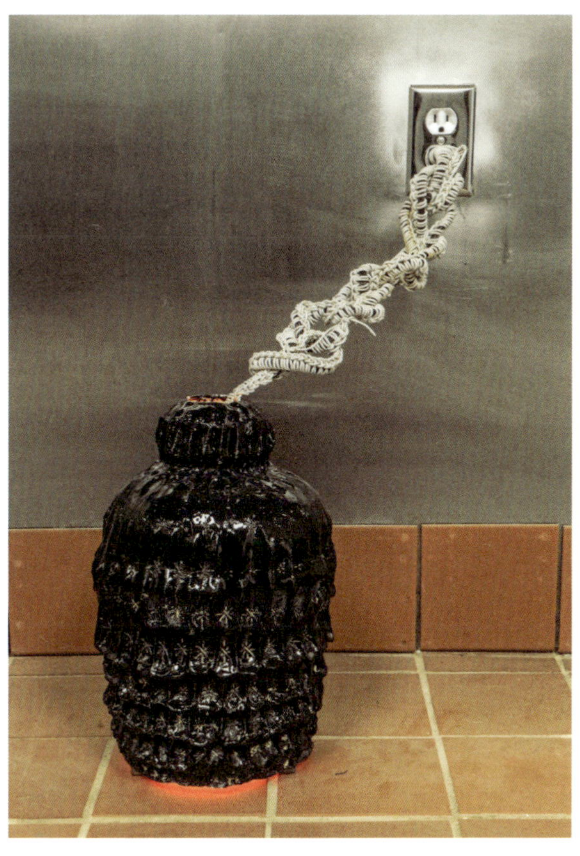

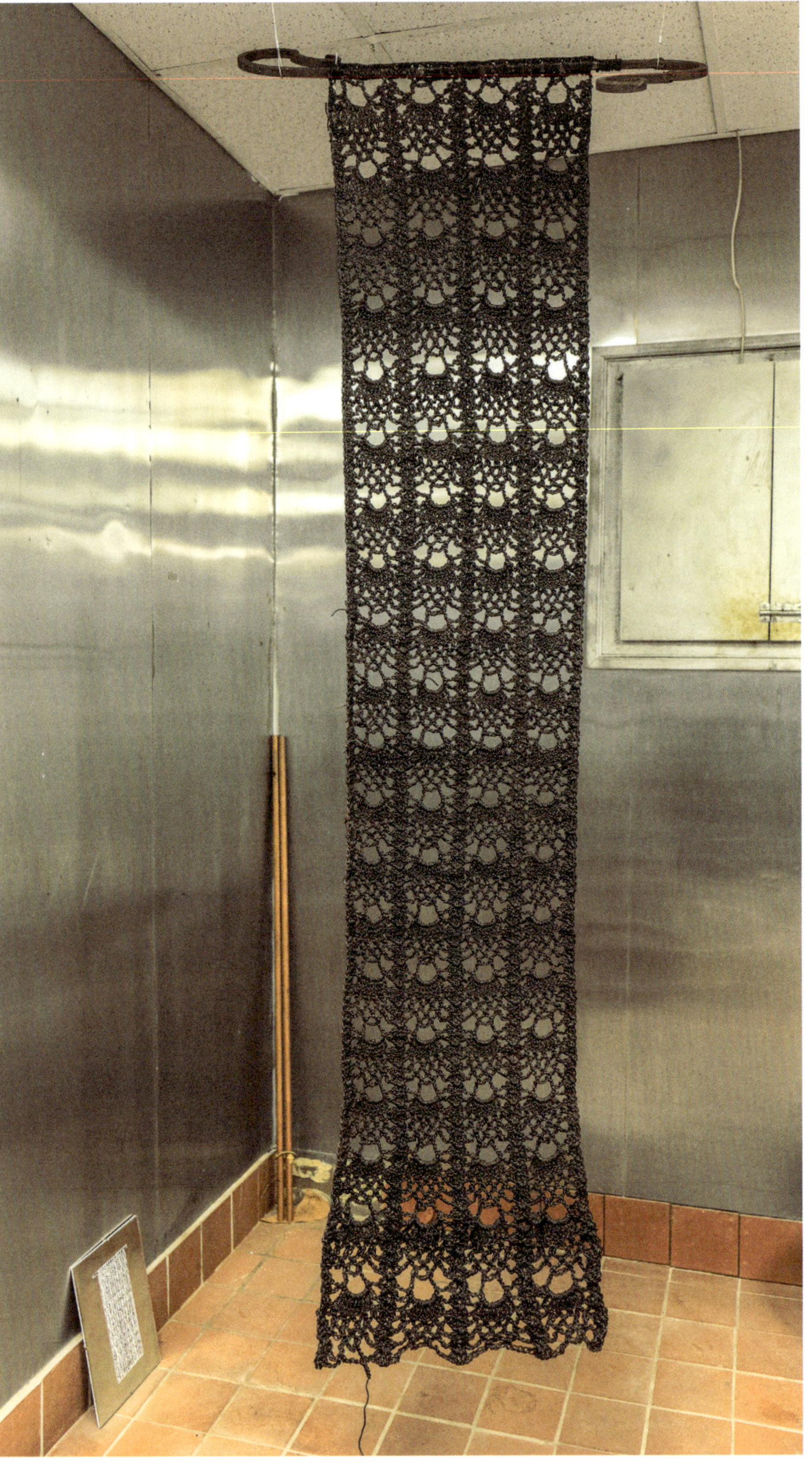

n. 1980, Chicago, Illinois; vive y trabaja en Chicago

¿Cómo estás?

¿Cómo estamos? En esta crisis, quiero más bien preguntar, "¿cómo estamos?". Este tiempo de pandemia ha exacerbado las divisiones políticas existentes. Sin embargo, también ha actuado como un llamado de atención al hacer más visibles las heridas y otras formas de opresión ocasionadas por la violencia estatal. En este momento, estoy reflexionando sobre las formas en que podemos practicar un sentido de responsabilidad social e incluso amarnos los unos a los otros más, o mejor aún, practicar la justicia juntos. Porque en este momento, la justicia podría ser el mayor acto de amor.

¿Cuál es el proyecto/obra que estás presentando?

Estoy presentando una serie de trabajos que he estado desarrollando desde 2011. Los *Disappearance Suits* (Trajes de desaparición) comenzaron como una investigación de *morenez*, en correlación con mi propio cuerpo racializado. Como primera generación de mexicana-estadounidense, me enfrento con la relación entre mi cuerpo politizado y el paisaje rural, como las colinas de California y los fiordos de Islandia. Cada traje de desaparición se produce y escenifica en lugares específicos a los cuales viajo con el fin de realizar un acto simultáneo de desaparición/aparición que se manifiesta en sentimientos de pertenencia/no-pertenencia.

¿Cómo es el futuro?

El futuro es ahora. Está compuesto por la imaginación y la creatividad, todas las decisiones que tomamos y no tomamos, los sueños que imaginamos y los espacios compartidos que construimos. Si considero el futuro como el presente le saco más provecho y me siento más valiente y audaz en mi práctica artística, mi manera de criar y enseñar es a través de mi lucha continua por los derechos de las comunidades negras, latinas e indígenas y reconociendo que el crecimiento viene con el tiempo y la ternura.

MARÍA GASPAR

b. 1980, Chicago, Illinois;
lives and works in Chicago

¿Cómo estás?

¿Cómo estamos? In this crisis, I want to ask instead, "How are *we*?" This pandemic time has exacerbated existing political divisions. Yet, it has also acted as a spotlight by making more visible the wounds and other forms of oppression that have been caused by state violence. Given this moment, I am reflecting on the ways we can practice a sense of social responsibility and even love one another more or, better yet, practice justice together. Because, in this moment, justice might be the greatest act of love.

What is the project/work you are presenting?

I am presenting a series of work that I have been developing since 2011. The *Disappearance Suits* began as an investigation of *brownness* in correlation to my own racialized body. As a first-generation Mexican American, I contend with the relationship between my politicized body and the rural landscape, such as the hills of California and the fjords of Iceland. Each *Disappearance Suit* is produced and staged in selected locations where I am traveling in order to perform an act of simultaneous disappearance/appearance, which manifests feelings of belonging/disbelonging.

What is the future?

The future is now. It is made up of imagination and creativity, all the decisions we make and don't make, the dreams we envision, and the shared spaces we build. If I consider the future as the present, it raises the stakes and emboldens me to be courageous and audacious in my art practice, my parenting, and my teaching by continuously fighting for the rights of Black, Latinx, and Indigenous communities and recognizing that growth comes with time and tenderness.

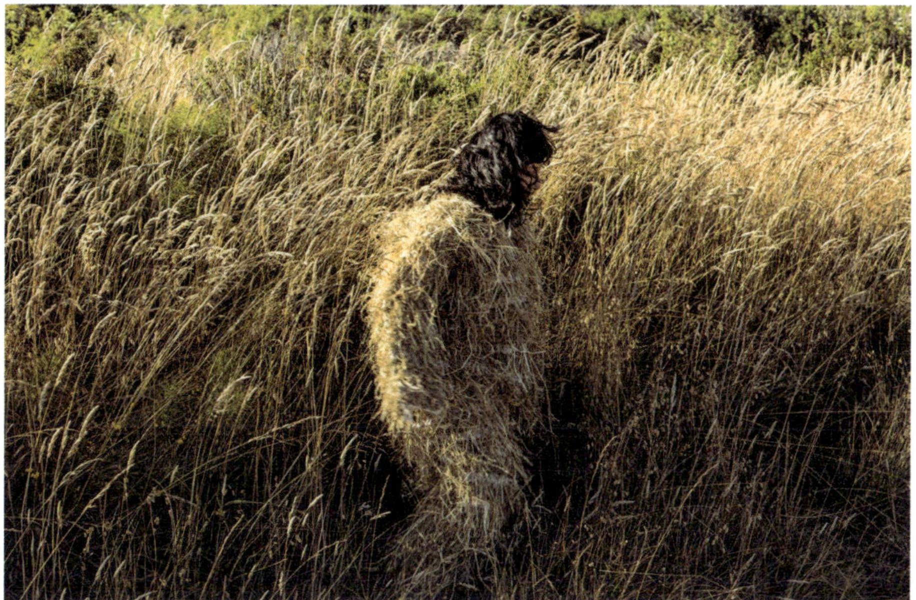

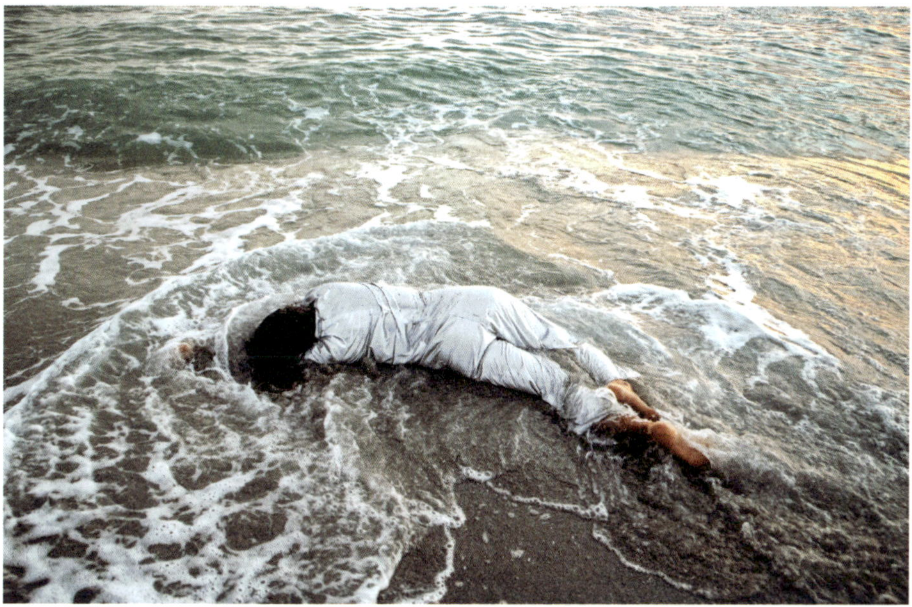

Disappearance Suit (Marin Headlands, CA), 2017. *Disappearance Suit (Les Diablerets, Switzerland)*, 2020. *Disappearance Suit (Reykjavik, Iceland)*, 2012. *Disappearance Suit (Captiva, FL)*, 2018. Performance stills from the *Disappearance Suit series.* 2012–ongoing. Site-specific performances, various materials. Courtesy the Artist

Traje de desaparición (Marin Headlands, CA), 2017. *Traje de desaparición (Les Diablerets, Suiza)*, 2020. *Traje de desaparición (Reykjavik, Islandia)*, 2012. *Traje de desaparición (Captiva, FL)*, 2018. Registros de performance de la serie *Trajes de desaparición.* 2012–en curso. Performance site-specific, materiales diversos. Cortesía de la artista

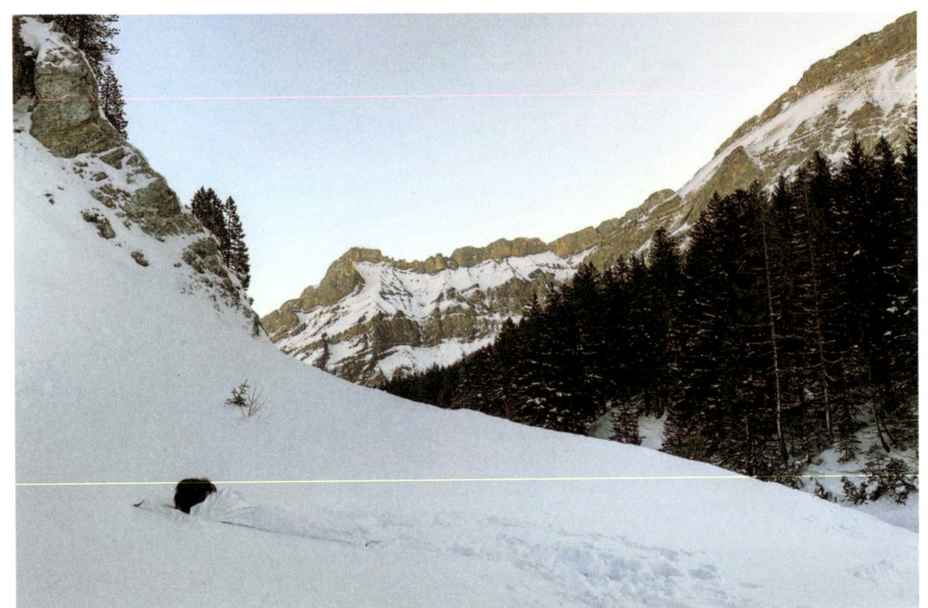

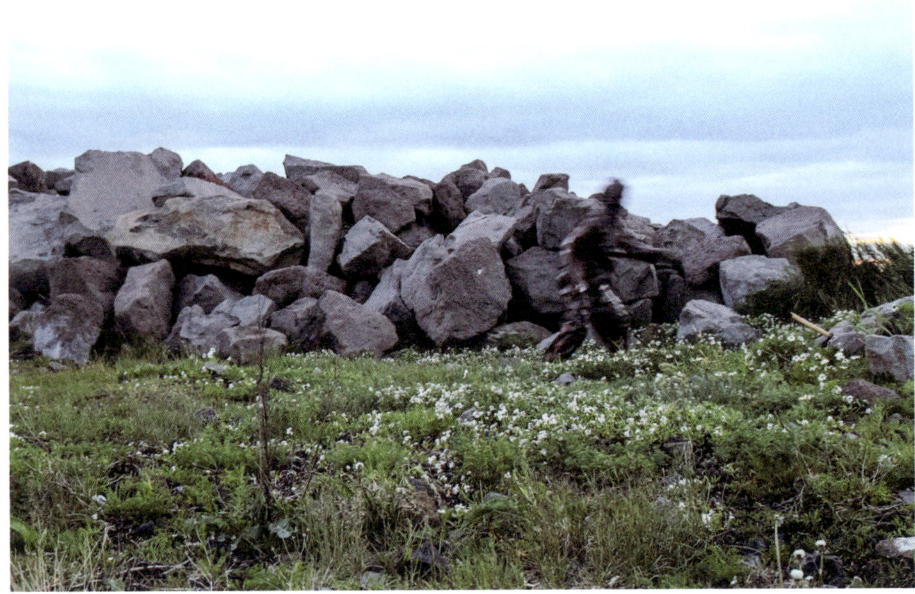

n. 1972, Buenos Aires, Argentina; vive y trabaja en Hallandale Beach, Florida

¿Cómo estás?

Estoy bien, pero el año ha sido agotador. En estos tiempos precarios, mi rutina diaria de pintura—que abarca el curso de la luz del día y exige enfoque, constancia y paciencia—se ha sentido como un ancla.

¿Cuál es el proyecto/obra que estás presentando?

Estoy presentando una serie de pinturas basadas en chaquetas *vintage* de lentejuelas de la década de 1980. Las composiciones son acercamientos muy cerrados que crean densos campos de lentejuelas llenando casi el plano de la imagen y bordeando en lo abstracto. Las chaquetas—una esquina cerca del dobladillo, el área alrededor de la cremallera de cuello, los extremos de las mangas—están pintadas desde una observación cercana y directa en la escala real. Llamativo y lujoso, el campo brillante de lentejuelas atrae al espectador, sin embargo, los discos reflectantes hacen que su mirada rebote hacia afuera. Envuelto sobre el plano de la imagen, los tejidos pesados de lentejuelas son seductores atuendos y a la vez escudos protectores. Al igual que en los cuerpos de trabajo anteriores, esta nueva serie continúa explorando los circuitos de deseo que conlleva la relación entre pintura y espectador. Las obras sugieren la identificación implícita de la superficie de la pintura como femenina, poniendo en perspectiva la asociación tradicional de género que está incrustada en la propia experiencia pictórica.

¿Cómo es el futuro?

El futuro, siempre por delante, es lo posible. Pero en esos momentos en que lo posible se hace realidad, se siente por un instante que el futuro es ahora.

VICTORIA GITMAN

b. 1972, Buenos Aires, Argentina;
lives and works in Hallandale Beach, Florida

¿Cómo estás?

I'm OK, but the past year has certainly been exhausting. In these precarious times, my daily painting routine—spanning the course of daylight and demanding focus, constancy, and patience—has felt like an anchor.

What is the project/work you are presenting?

I'm presenting a series of paintings based on vintage sequined jackets from the 1980s. The tightly cropped compositions depict dense sequin fields that nearly fill the picture plane and verge on the abstract. The jackets—a corner near the hemline, the area around a collar zipper, the ends of the sleeves—are painted from close, direct observation in actual scale. Bold and lavish, the shimmering fields of sequins pull the viewer in, yet the reflective disks deflect back the gaze. Draped over the picture plane, the heavily sequined fabrics are at once seductive garb and protective shield. As in previous bodies of work, this new series continues to explore the circuits of desire that the painting-viewer relationship entails. The works point to the implicit identification of painting's surface as feminine, bringing to the fore the traditional gendering that is embedded in the pictorial experience itself.

What is the future?

The future, always ahead, is the possible. But in those moments when the possible becomes real, it feels for an instant that the future is now.

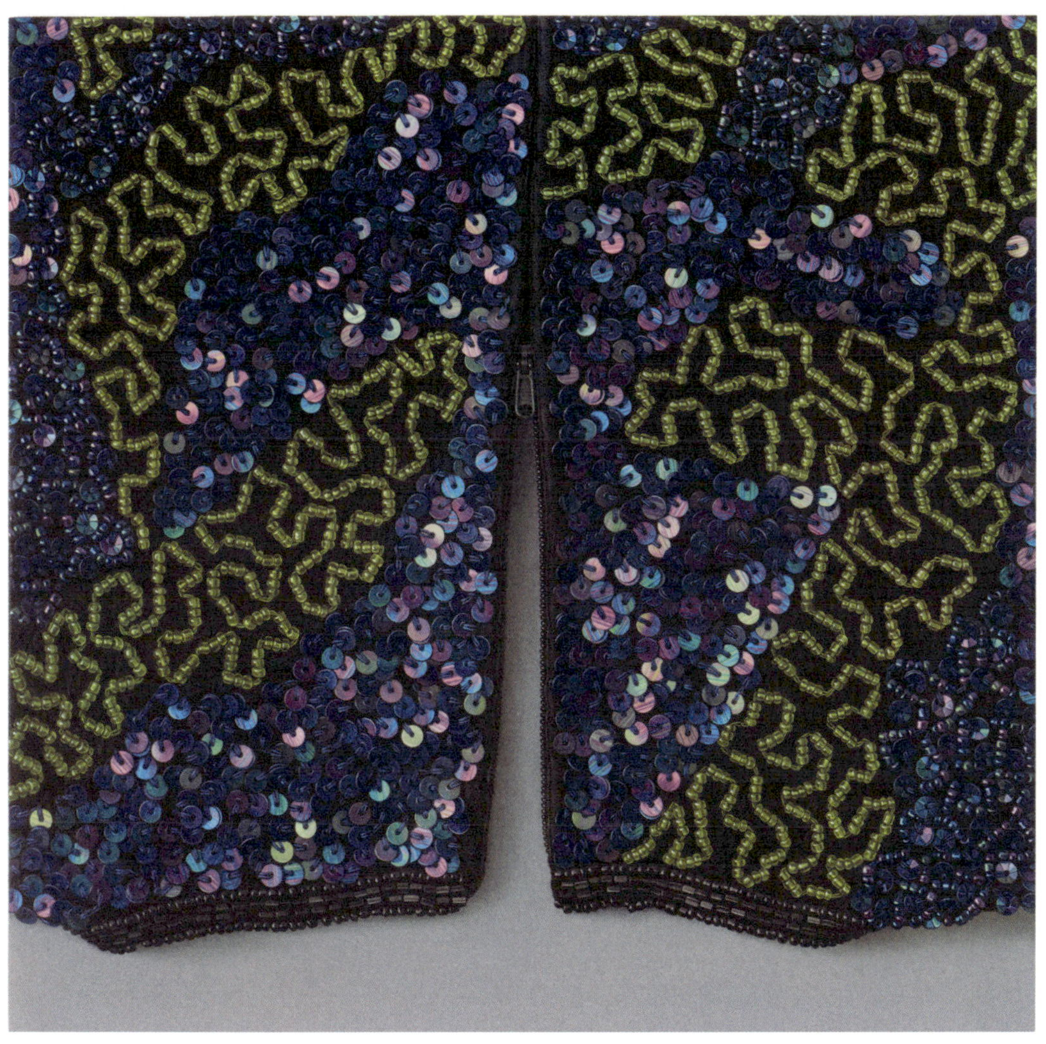

Untitled, 2020. Oil on board,
8 × 8 ⅛ in. Courtesy the Artist; Garth
Greenan Gallery, New York

Sin título, 2020. Óleo sobre tabla
de madera, 20 × 20 cm. Cortesía de
la artista; Garth Greenan Gallery,
Nueva York

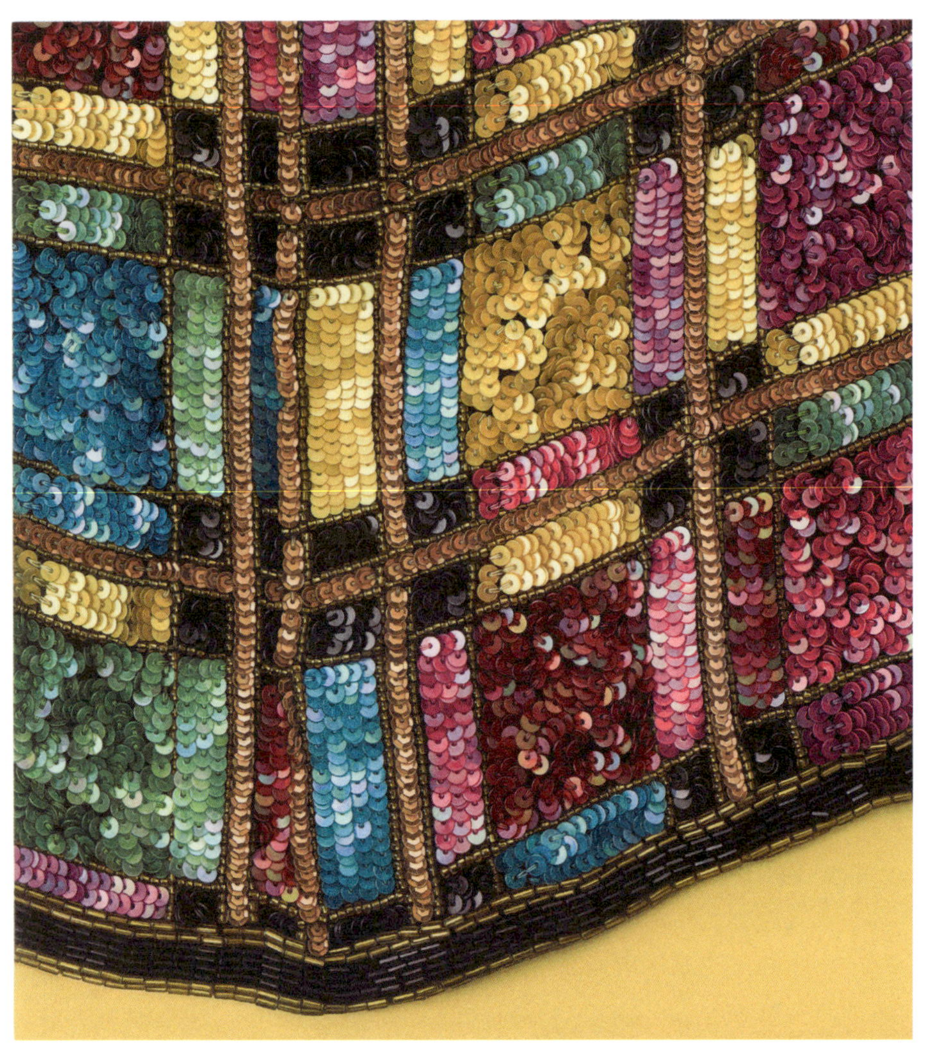

Untitled, 2020. Oil on board,
8 ½ × 7 ½ in. Courtesy the Artist;
Garth Greenan Gallery, New York

Sin título, 2020. Óleo sobre tabla
de madera, 21 × 19 cm. Cortesía de
la artista; Garth Greenan Gallery,
Nueva York

n. 1967, México;
vive y trabaja en Las Vegas, Nevada

¿Cómo estás?

Al borde de la locura y más confundido que nunca. Me pregunto cómo llegamos a este punto. Decepcionado e intrigado de por qué amigos y familiares, (incluso los inteligentes), eligen creer todo lo que ven y escuchan en sus redes sociales, y a la vez están dispuestos a ignorar las acciones y palabras de ciertos líderes gubernamentales. Esperanzado de que saldremos de esta locura más inteligentes, más fuertes y con un mejor entendimiento de lo que es ser miembro de la raza humana, lo que es ser un ciudadano del mundo y lo que es ser verdaderamente feliz y estar vivo.

¿Cuál es el proyecto/obra que estás presentando?

Las Aventuras del Blue Demon es una mirada autobiográfica a las experiencias de mi juventud. A mis catorce años vine a Estados Unidos desde México como inmigrante. Esta nueva vida que me vi obligado a adoptar fue aterradora y llena de soledad. Para transmitir estos sentimientos quise usar como modelo a alguien cercano y querido para mí, mi hijo. Al tener a mi propia carne y sangre, usando la máscara de luchador de mi héroe de la infancia, soy capaz de explorar algunos de mis recuerdos más atormentadores. Es una exploración de quién era y en quién me convertí, con la esperanza de sanar y de poder traer clausura y paz a mi pasado.

¿Cómo es el futuro?

Incierto, aterrador, emocionante y esperanzador al mismo tiempo. Es una oportunidad para aprender y ser mejor.

b. 1967, Mexico;
lives and works in Las Vegas, Nevada

JOSÉ ANTONIO GÓMEZ

¿Cómo estás?

Near the edge of insanity and as confused as ever. Wondering how we got to this point. Disappointed and intrigued as to why friends and family members (even the smart ones) choose to believe everything they see and hear on social media venues and at the same time willing to ignore the actions and words from certain government leaders. Hopeful that we will come out of this insanity smarter, stronger, and with a better understanding of what it is to be a member of the human race, what it is to be a citizen of the world, and what it is to be truly happy and alive.

What is the project/work you are presenting?

Las Aventuras del Blue Demon is an autobiographical look at experiences from my youth. At the age of fourteen, I came to the United States from Mexico as an immigrant. This new life I was forced to adapt into was frightening and filled with loneliness. In order to convey these feelings, I wanted to use someone close and dear to me as a model, my son. Having my own flesh and blood wear the *luchador* mask of my childhood hero, I am able to explore some of my most tormenting memories. An exploration of who I was and who I became, and the hope for healing and hope that I can bring closure and peace to my past.

What is the future?

Uncertain, scary, exciting, and hopeful all at the same time. It is an opportunity to learn and be better.

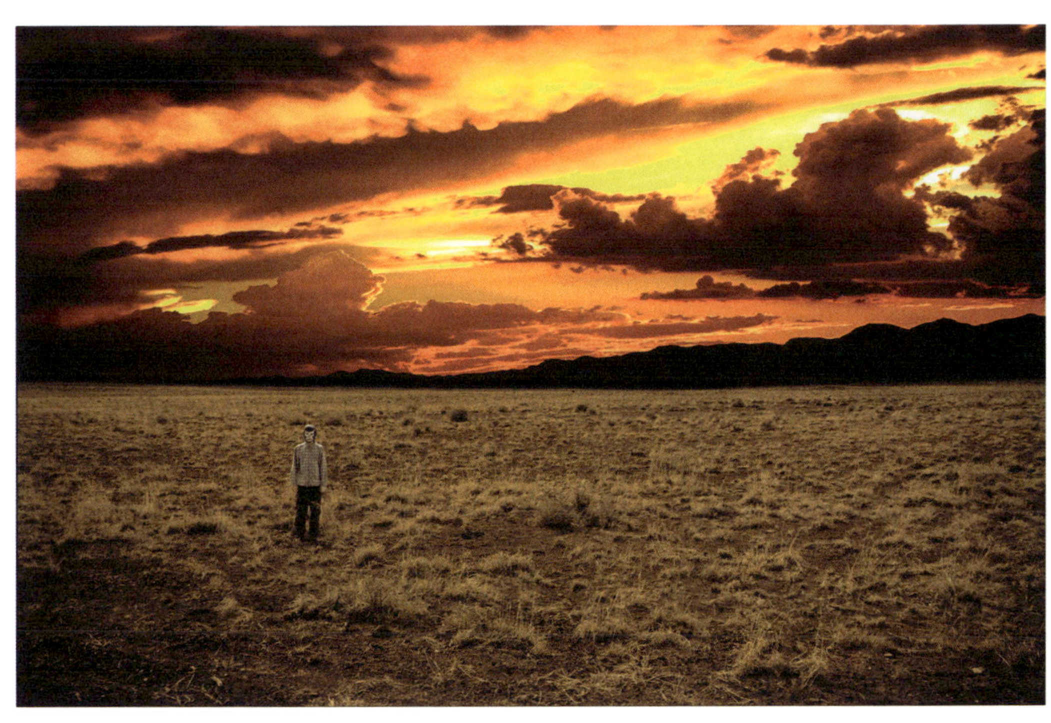

Crossing the Desert, 2009. Archival pigment inkjet print, 20 × 30 in., from *Las Aventuras del Blue Demon* series, 2009–ongoing. Courtesy the Artist

Cruzando el desierto, 2009. Impresión inkjet de pigmento de archivo, 51 × 76 cm., de la serie *Las Aventuras del Blue Demon*, 2009–ongoing. Cortesía del artista

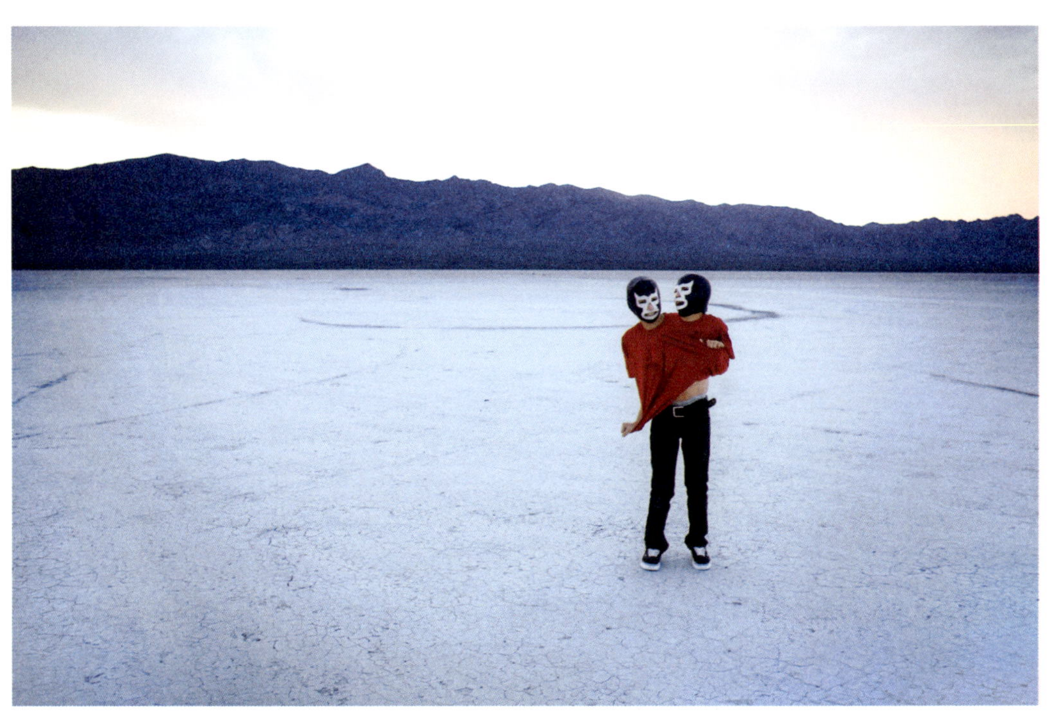

Stuck Between Two Cultures,
2010. Archival pigment inkjet print.
20 × 30 in., from *Las Aventuras del
Blue D*emon series, 2009–ongoing.
Courtesy the Artist

Atrapado entre dos culturas, 2010.
Impresión inkjet de pigmento de
archivo. 51 × 76 cm., de la serie w*Las
Aventuras del Blue Demon,* 2009–
ongoing. Cortesía del artista

n. 1983, Miami, Florida; criada en Medellín, Colombia; vive y trabaja en Nueva York, Nueva York

¿Cómo estás?

Encerrada en mi departamento.
Preocupada por el rumbo que toma este mundo.
Aliviada por el resultado de las elecciones.
Decepcionada por la falta de solidaridad que veo a mi alrededor.
Esperanzada por la solidaridad que veo a mi alrededor.
Atenta a toda la información que se revela día a día.
Ausente porque a veces es imposible seguir mirando.
Desconcentrada porque, ¿para dónde miro primero?
Preocupada porque esto sigue y sigue...
Encerrada otra vez.
Bien, porque, ¿qué más te digo?

¿Cuál es el proyecto/obra que estás presentando?

Como parte de *ESTAMOS BIEN* estoy presentando cuatro pinturas recientes, parte de un cuerpo de obra que he trabajado en los últimos años sobre objetos textiles en collage y acolchado. En estas piezas exploro la relación entre el lenguaje visual de los quehaceres del hogar y la historia de la abstracción, particularmente a finales del siglo XX, pensando críticamente en sus respectivos legados, y en las implicaciones sociopolíticas de su separación.

¿Cómo es el futuro?

El futuro es una restauración del equilibrio entre lo que históricamente hemos pasado por alto y lo que sobrevaloramos. Nos alimenta y lucha por todos. El futuro celebra e investiga lo que no puede categorizar. Se preocupa por aquellos que aún no puede ver, reconoce y honra lo que se apropió anteriormente. El futuro es no verbal, no binario, multimodal, adaptativo, atípico e impaciente. Está sucediendo ahora y puede que nunca lo sea. Es tanto una responsabilidad como una posibilidad. Está hecho de lo que hacemos con el presente y está en nuestras manos mientras hablamos.

b. 1983, Miami, Florida;
raised in Medellín, Colombia;
lives and works in New York, New York

MANUELA GONZÁLEZ

¿Cómo estás?

Stuck in my apartment.
Worried about the
direction this world is
going in.
Relieved about the elec-
tion results.
Disappointed by the lack
of solidarity I see all
around me.
Hopeful because of
the solidarity I see all
around me.
Attentive to all the information that needs to
be consumed.
Absent because some-
times I can't look.
Distracted because,
where do I look first?
Worried because this
appears never-ending.
Stuck inside again.
Fine, because what else
can I say?

What is the project/work you are presenting?

I am presenting four
recent paintings, part
of a body of work I have
made over the last few
years on collaged and
quilted textile objects. In
these pieces, I explore the
relationship between the
visual language of home-
making and the history
of abstraction, particu-
larly in the late twentieth
century, thinking critically
about their respective
legacies and the sociopo-
litical implications of their
separation.

What is the future?

The future is a restoration
of balance between
what we've historically
overlooked and what we
overvalue. It nurtures
all and fights for all.
The future celebrates
and investigates what it
can't categorize. It cares
about those it can't yet
see. It acknowledges
and honors what was
previously appropriated.
The future is nonverbal,
nonbinary, multimodal,
adaptive, atypical, and
impatient. It is happening
now, and it might never
be. It is a responsibility as
much as a possibility. It is
made of what we do with
the present and is in our
hands as we speak.

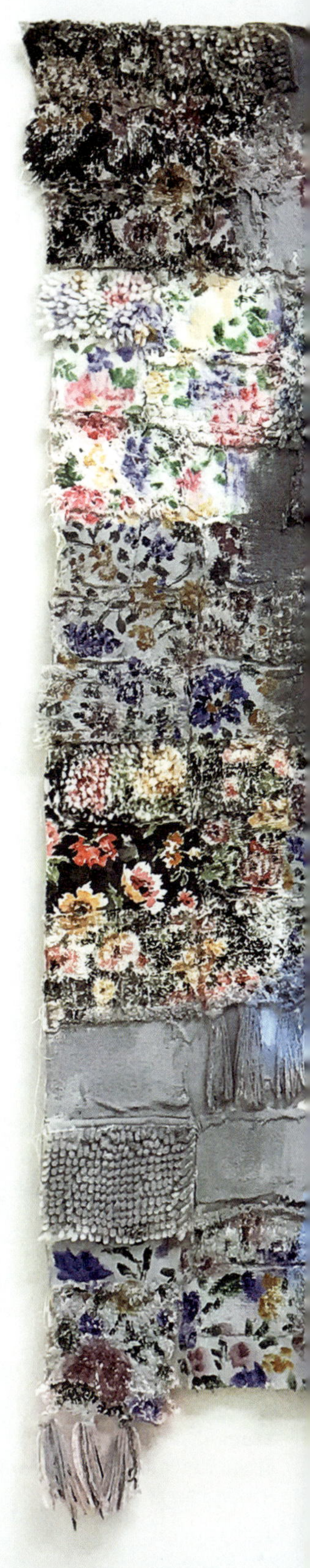

Untitled, 2020. Acrylic on
mixed textiles, 57 × 65 in.
Courtesy the Artist

Sin título, 2020. Pintura acrílica
sobre textiles variados, 144 × 165 cm.
Cortesía de la artista

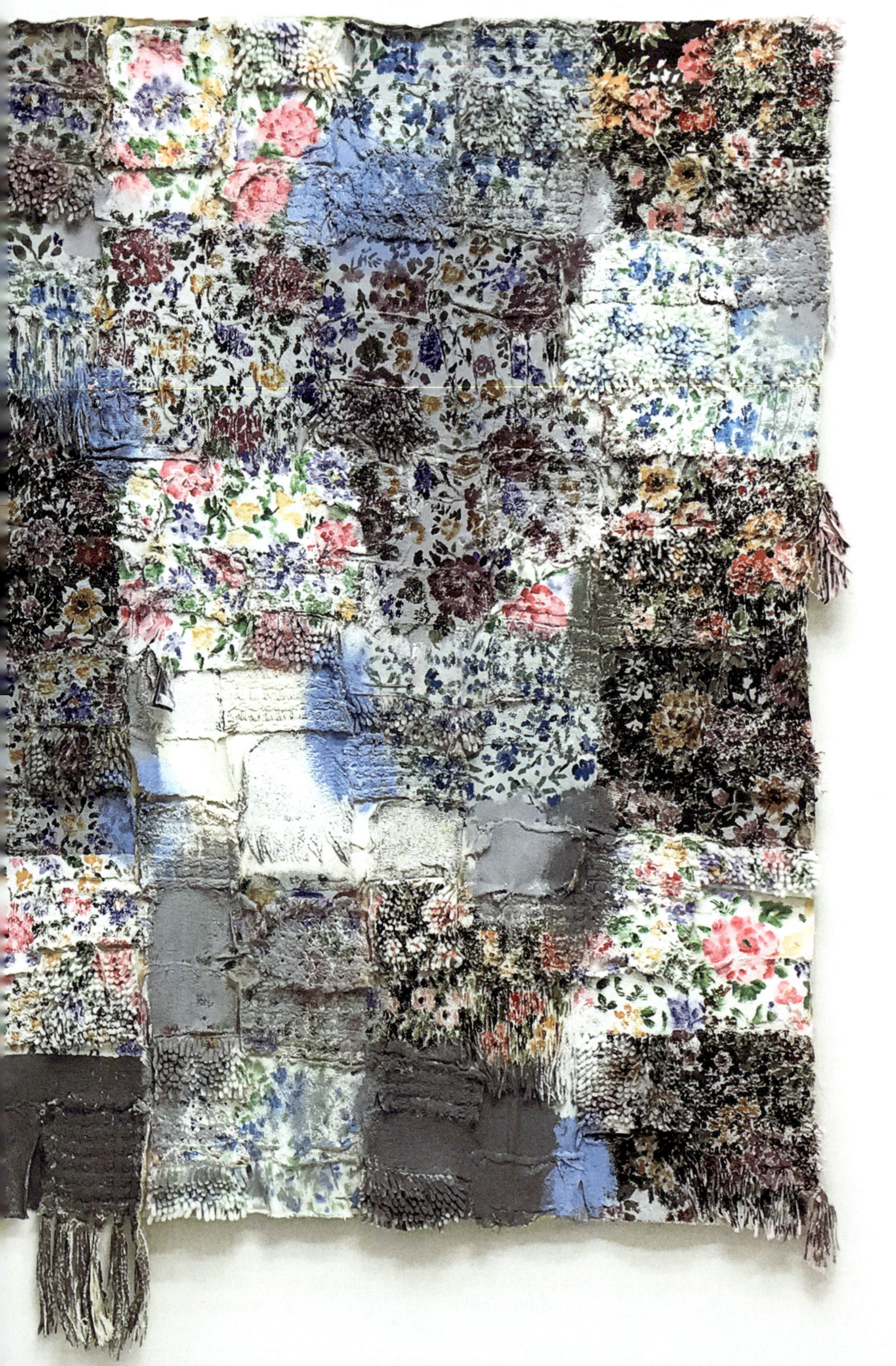

n. 1987, Nueva York, Nueva York; vive y trabaja en Nueva York

¿Cómo estás?

Como diría mi madre "Gracias a Dios…" estoy bien. He tenido la suerte de tener un techo sobre mi cabeza, mi familia está saludable y el trabajo ha sido lento pero seguro. Más importante aún, he podido ayudar a los necesitados tanto como puedo. Las artes me han ayudado a superar este momento.

¿Cuál es el proyecto/obra que estás presentando?

Voy a presentar una obra de mi serie *Racks* (Estantes), que son estantes de papas fritas de 12 pies de altura construidos de aluminio con pintura electrostática, montados con bolsas de papas fritas hechas de impresiones digitales en tela, y rellenas de cacahuates de poliestireno.

¿Cómo es el futuro?

Eso parece estar en el aire en este momento, pero tengo un montón de proyectos emocionantes en la costa oeste de EE. UU. que todavía no puedo mencionar. Espero alcanzar estos proyectos con buena salud. Por ahora estoy emocionada de presentar nuevas esculturas en mi primera exposición individual en un museo: *Marginal Costs* en el Aldrich Contemporary Art Museum en junio.

LUCIA HIERRO

b. 1987, New York, New York; lives and works in New York

¿Cómo estás?

Como diria mi Madre, "Gracias a Dios…," estoy bien. I have been lucky to have a roof over my head; my family is healthy, and work has been slow and steady. More importantly, I've been able to help those in need as much as I can. The arts have seen me through this moment.

What is the project/work you are presenting?

I will be presenting work from my *Racks* series, twelve-foot-tall potato chip racks constructed from powder-coated aluminum, with chip bags made from digital prints on fabric, filled with packing peanuts.

What is the future?

That seems so up in the air at the moment, but there are a lot of projects I still can't mention that I'm looking forward to taking place on the West Coast. I hope to see them through in good health. Right now, I'm looking forward to unveiling new sculptures at my first museum solo show, *Marginal Costs*, at the Aldrich Contemporary Art Museum in June.

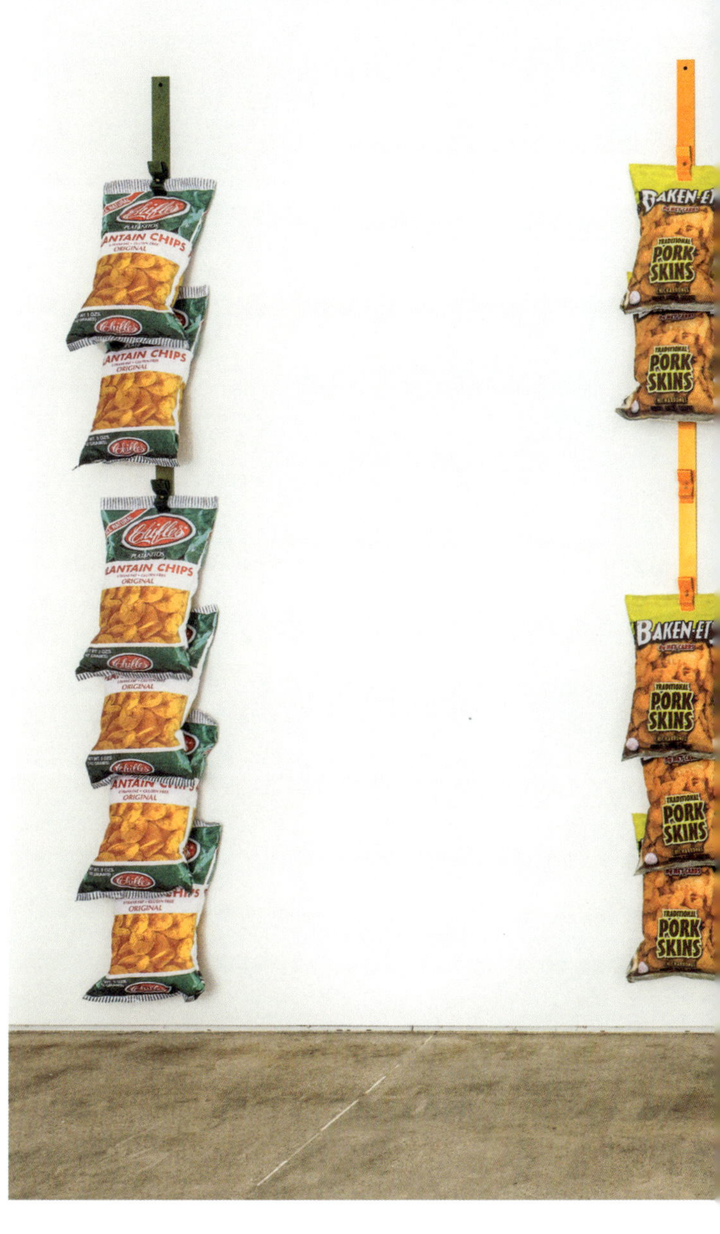

Rack: Platanitos, 2019. Rack: Chicharrones, 2019. Rack: Corn Chips, 2019. Rack: Takis, 2019. Digital print on brushed nylon, foam, and powder-coated aluminum, 96 × 12 × 7 in. Courtesy the Artist; Charlie James Gallery, Los Ángeles

Estante: Platanitos, 2019. Estante: Chicharrones, 2019. Estante: Corn Chips, 2019. Estante: Takis, 2019. Impresión digital en nailon cepillado, espuma y aluminio con pintura electrostática, 243 × 30 × 18 cm. Cortesía de la artista; Charlie James Gallery, Los Ángeles

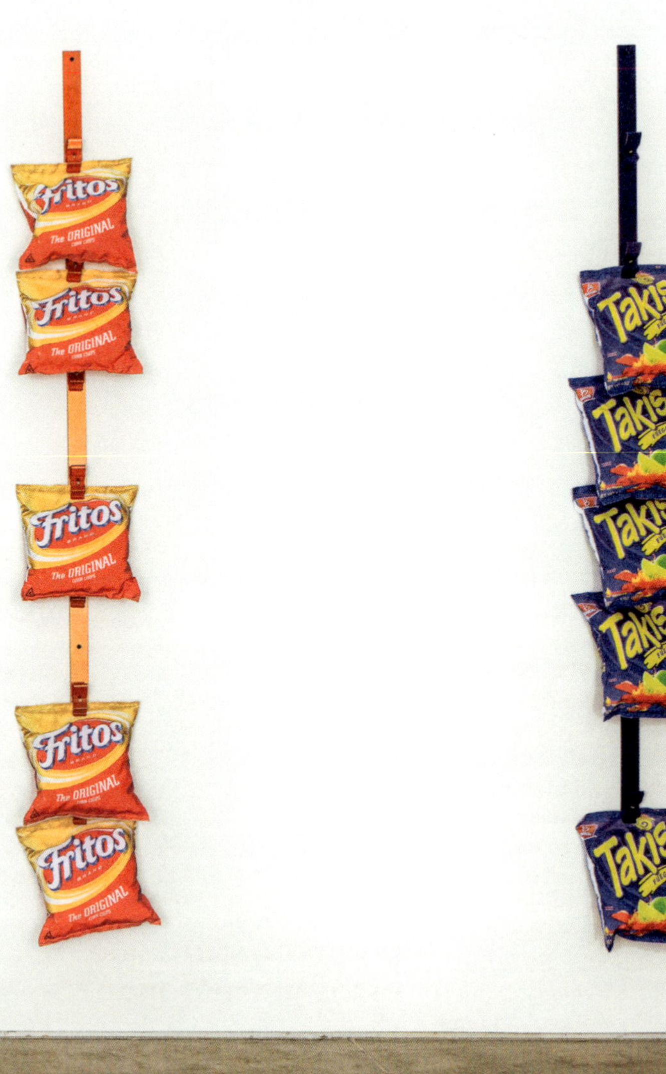

n. 1992, Lima, Perú;
vive y trabaja en Nueva York,
Nueva York y Lima

¿Cómo estás?

Estoy en Perú. Con el corazón destrozado, rabiose y exhauste. Hemos estado tomando las calles durante casi un mes y, si bien ha sido increíble vernos despiertes y dándolo todo en las calles, el costo ha sido alto. Con varies muertes, herides, desaparecides, detenides bajo el pretexto de "terrorismo". Ante la inestabilidad política y la violencia a este grado, es difícil concentrarse en mucho más, pero encuentro que también está dando lugar a un estallido de creatividad y expresión. Entonces, ¿cómo estoy? Soy todas estas cosas y más. En constante admiración de mis hermanes maricas, trans, disidencias, de cómo salimos a las calles en un país (mundo) que no nos reconoce, que invalida y violenta nuestras existencias. Estar presentes, vistes, visibles, ocupando espacio en estas condiciones es a la vez enfurecedor y hermoso.

¿Cuál es el proyecto/obra que estás presentando?

se que fue así porque estuve allí, es un proyecto de memoria. Una serie de retratos de mi familia elegida, comenzando en 2017 y en curso. Es un archivo virtual y físico, que documenta la cotidianidad de nuestras vidas y nuestra resistencia, y que muestra la belleza que veo en mis momentos más íntimos con todes mis hermanes feroces, hermoses, Negres y Marronxs, cabras y trans. Es una carta de amor para nosotres, forjada por nuestras propias reflexiones, en nuestras propias voces.

¿Cómo es el futuro?

El futuro es cada vez que soñamos, imaginamos y luchamos. El futuro sólo puede existir con la memoria. Con la memoria podemos construir teniendo en cuenta la vida, experiencias, estrategias y fortalezas de quienes nos precedieron. Con la memoria podemos honrar a quienes nos hicieron posible existir, caminar por la calle; a quienes arriesgaron sus cuerpos por un mundo más justo, libre de miseria, asesinatos y violencia del Estado. Veo a las cabras, trans, Negres y Marronxs, como les agentes de ese futuro. Nuestras vidas son sagradas, nuestros cuerpos son sagrados, nuestra supervivencia es sagrada y somos nosotres les que nos impulsaremos hacia el futuro, como siempre lo hemos hecho. Somos el plano maestro, y mantener viva y registrada esa memoria es nuestro mapa y luz guía.

b. 1992, Lima, Peru; lives and works in New York, New York and Lima

XIME IZQUIERDO UGAZ

¿Cómo estás?

I am in Peru. I am heartbroken, angry, and exhausted. We have been in an uprising for almost a month, and while it's been energizing to see us wake up and take the streets, the cost has been high. With several dead, wounded, disappeared, arrested under the guise of "terrorism." In the face of political instability and violence to this degree, it is difficult to focus on much more, but I find that it is also making space for a burst of creativity and expression. So, *cómo estoy?* I am all these things and more. In constant awe of my queer and trans siblings taking to the streets in a country (world) that does not acknowledge us, that invalidates and violates our existence. To be present, seen, visible, to take up space under these conditions is equal parts enraging and beautiful.

What is the project/work you are presenting?

se que fue así porque estuve allí (i know it was so, i was there), is a project of memory. A series of portraits of my chosen family in the United States and Peru, beginning in 2017 and ongoing. It is a virtual and physical archive, documenting the everydayness of our lives and our resilience, showcasing the beauty that I see in my most intimate moments with all of my fierce, gorgeous, Black and Brown, queer and trans kin. It is a love letter to us, forged by our own reflections, in our own voices.

What is the future?

The future is every time we dream, imagine and fight. The future can exist only with memory. With memory we can build, taking into account the lives, experiences, strategies and strengths of those who came before us. With memory we can honor those that made it possible for us to exist, to walk down the street, who put their bodies on the line for a more just world, free of misery, murder and violence by the state. I see queer, trans Black and Brown people as the agents of that future. Our lives are sacred, our bodies are sacred, our survival is sacred, and it is us that will propel us into the future, as we always have done. We are the blueprint, and keeping that memory alive and archived is our map and guiding light.

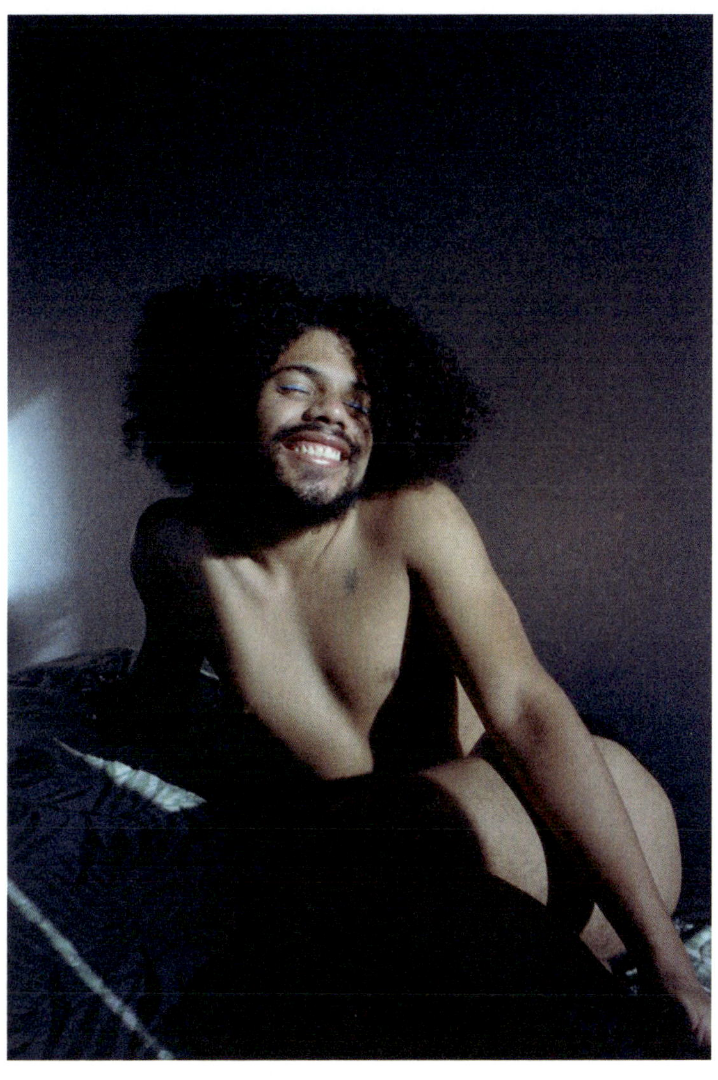

Prince in Quarantine, Lima, April,
2020, 2020. C-print, 6 × 4 in., from
i know it was so, i was there series,
2017—ongoing. Courtesy the Artist

Prince en cuarentena, Lima, abril
2020, 2020. C-print, 15 × 10 cm,
de la serie se que fue así porque
estuve allí, 2017—en curso.
Cortesía del artista

Vianca Overlooking the City,
Brooklyn, July 2019, 2019. C-print,
6 × 4 in., from i know it was so, i
was there series, 2017—ongoing.
Courtesy the Artist

Vianca con vista de la ciudad,
Brooklyn, julio 2019, 2019. C-print,
15 × 10 cm., de la serie se que fue así
porque estuve allí, 2017—en curso.
Cortesía del artista

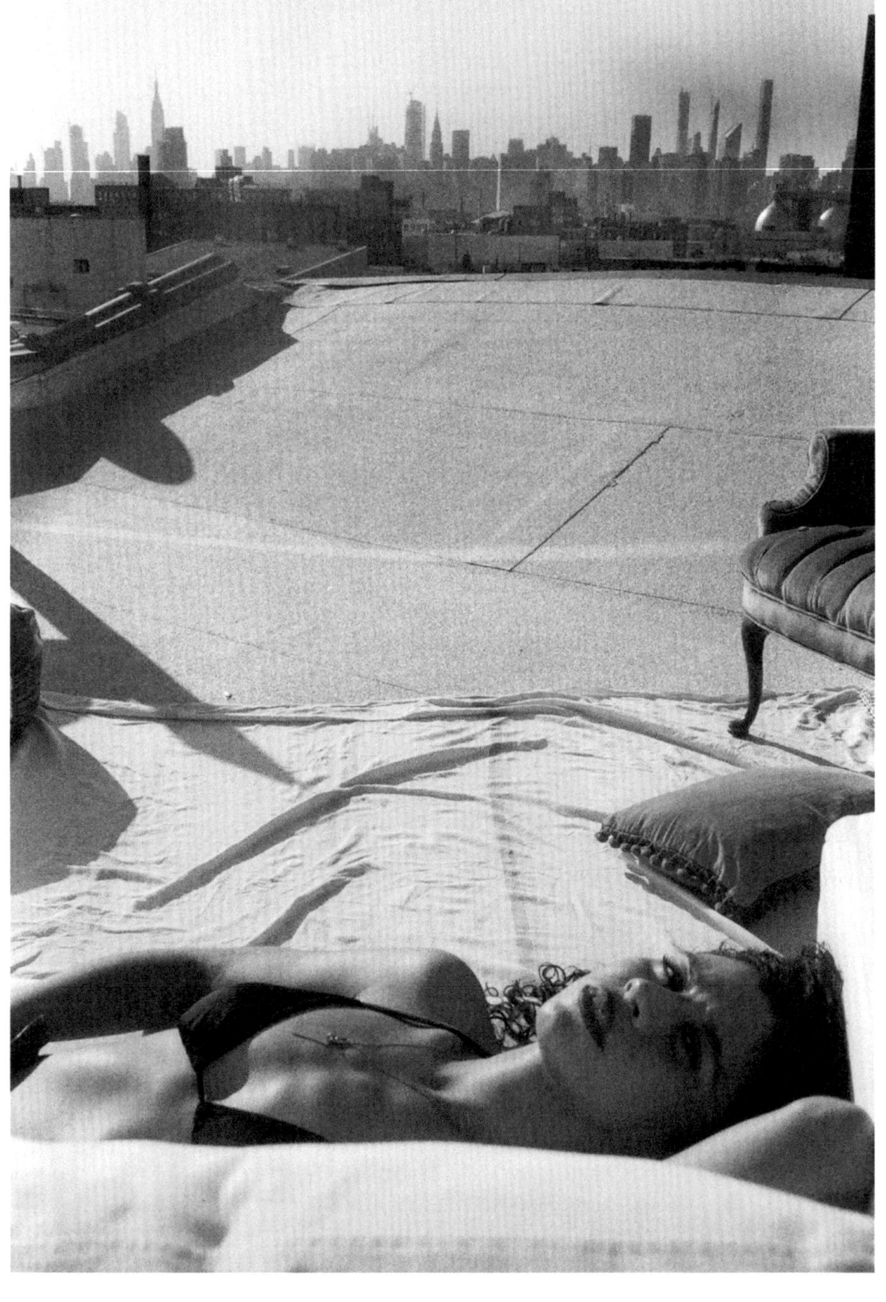

n. 1989, Nueva York, Nueva York; vive y trabaja en Nueva York

¿Cómo estás?

¡Agradecido! El 2020 ha sido un año increíblemente difícil a nivel mundial, pero he tenido la bendición de tener familiares y amigos sanos, un estudio en el que puedo seguir trabajando y oportunidades para mostrar mi trabajo. He podido continuar ganándome la vida mientras muchos de mis amigos han perdido sus trabajos o fuentes de ingresos. No tengo nada de qué quejarme.

¿Cuál es el proyecto/obra que estás presentando?

Estoy mostrando una instalación que representa un departamento en el que me alojé en París mientras investigaba el museo Petit Palais. El departamento pertenece a amigos de la familia y el edificio estaba por recibir una renovación de fachada, por lo cual en aquel momento todo estaba envuelto en plástico para protegerse del polvo de la construcción. Las muñecas representadas son reliquias familiares y me quedé fascinado por la decisión de envolver las pinturas, pero no las muñecas. Si las muñecas se hubieran puesto en una caja dentro del armario, nunca las habría visto; pero en vez se quedaron afuera en la habitación, meticulosamente ordenadas y cuidadas. Las muñecas se valoran, pero no de la misma manera que las pinturas a su alredededor; éstas tienen un valor artístico y las muñecas un valor personal. Las muñecas tienen historias complejas y las pinturas son bastante directas, simples. Estoy interesado en la manera en que lidiamos con la historia cultural, especialmente con historias incómodas, y creo que esta instalación enfrenta esas preguntas desde un ángulo familiar.

¿Cómo es el futuro?

¿Quién sabe? Ciertamente estamos viviendo en una distopía mientras escribo esto, pero muchos de los problemas actuales que enfrentamos son el resultado de décadas de desigualdad de ingresos y programas sociales inadecuados. A nivel macro, mi esperanza es que el 2020 genere un verdadero cambio en nuestras vidas. A nivel micro, sólo quiero seguir haciendo mi trabajo, y tal vez adoptar un perro.

ESTEBAN JEFFERSON

b. 1989, New York, New York;
lives and works in New York

¿Cómo estás?

Thankful! 2020 has been an incredibly difficult year globally, but I've been blessed to have healthy family and friends, a studio I can continue to make work in, and opportunities to show my work. I've been able to continue making a living while many of my friends have lost their jobs or sources of income. I have nothing to complain about.

What is the project/work you are presenting?

I'm showing an installation depicting an apartment I stayed at in Paris while researching the Petit Palais museum. The apartment is owned by family friends, and there was about to be a facade renovation done on the building, so at the time everything in the apartment was wrapped in plastic to protect it from construction dust. The dolls depicted are family heirlooms, and I was fascinated by the decision to wrap up the paintings, but not the dolls. If the dolls were put in a box in the closet, I never would have seen them; instead, they were left out in the room, meticulously arranged and cared for. The dolls are valued, but not in the same way as the paintings nearby; the paintings have art value, and the dolls have personal value. The dolls have complex histories, and the paintings are pretty straightforward. I'm interested in how we deal with cultural history, especially uncomfortable histories, and I think this installation confronts those questions from a family angle.

What is the future?

Who knows? We are certainly living in a dystopia while I'm writing this, but a lot of the current problems we face are the results of decades of income inequality and inadequate social programs. On a macro level, my hope is that 2020 will lead to true change within our lifetimes. On a micro level, I just want to keep making my work, and maybe get a dog.

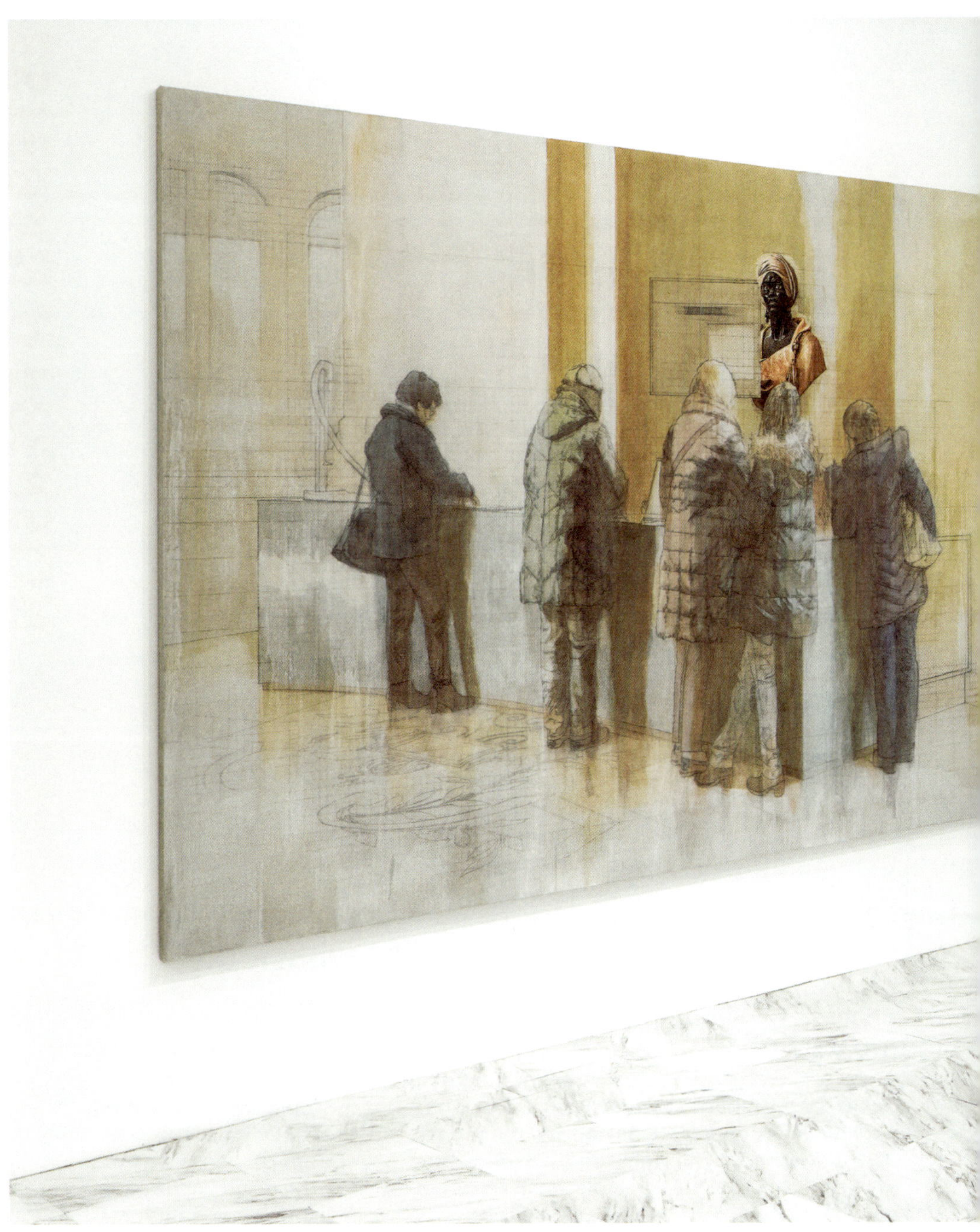

Petit Palais, exhibition view at Tanya
Leighton, Berlin, 2020. Courtesy the
Artist; Tanya Leighton, Berlin

Petit Palais, vista de la exposición
en Tanya Leighton, Berlín, 2020.
Cortesía del artista;
Tanya Leighton, Berlín

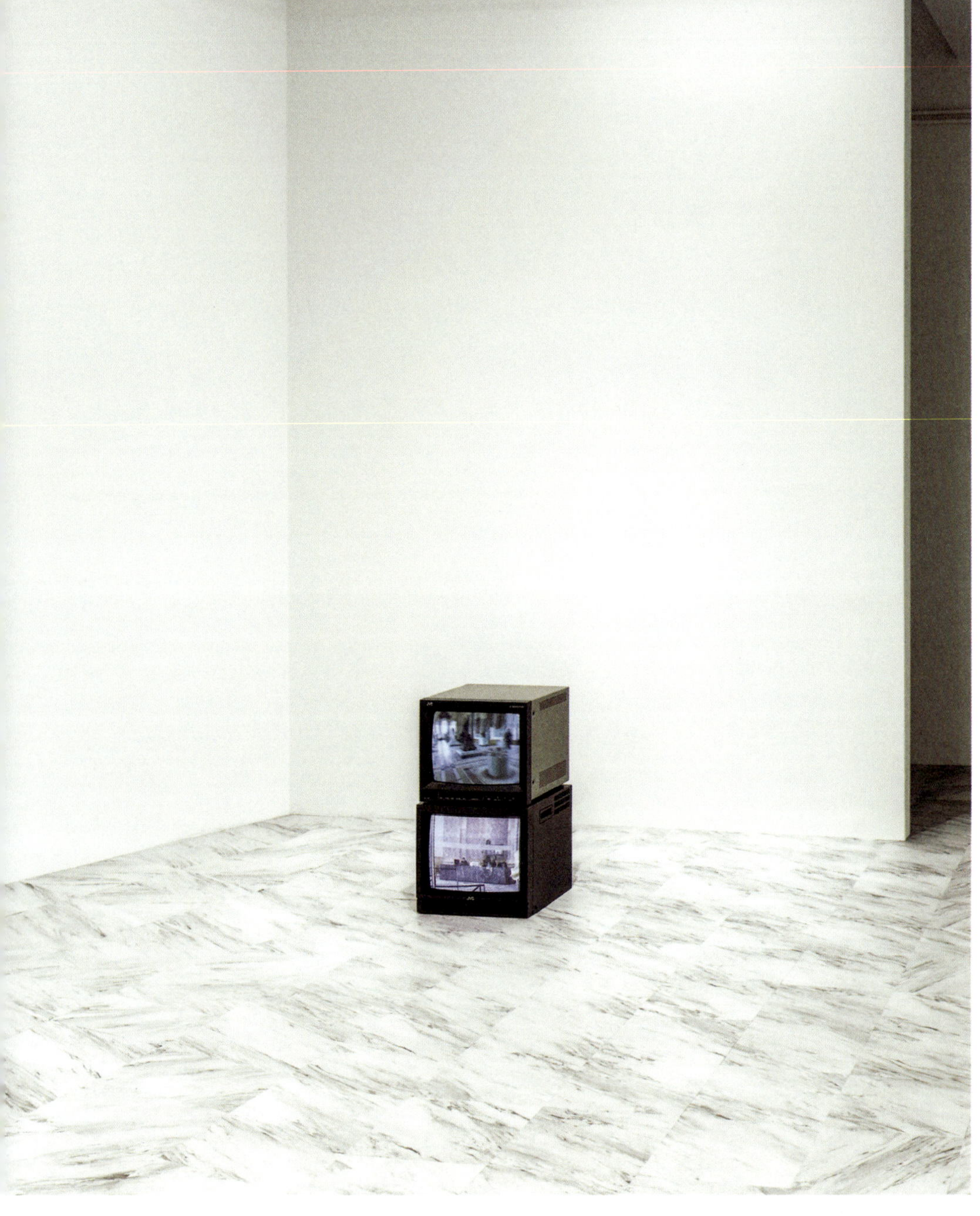

n. 1981, Filadelfia, Pensilvania; vive y trabaja en Filadelfia

¿Cómo estás?

Estoy bien, creo. A pesar de que estamos pasando por una pandemia, siento que mi vida me ha preparado para esto. Estoy acostumbrado a pasar por tiempos difíciles. Siento que muchas personas están cultivando su propia comida en caso de escasez alimentaria. Siento que yo estoy preparado para el trauma de la misma manera.

¿Cuál es el proyecto/obra que estás presentando?

Esta obra se trata sobre el perpetuo comportamiento depredador de los sistemas penitenciarios estadounidenses. Continúan con la esclavitud y nos convencen que nos la merecemos.

¿Cómo es el futuro?

El futuro son hombres puertorriqueños tejiendo gorros mientras esperan el autobús. El futuro son niños pequeños tomando ballet y niñas jugando béisbol sin nadie diciéndoles que no es para ellas. El futuro debe de apoyar a las mujeres y todo lo que han hecho por nosotros, y debe de reconocer lo poco que hemos hecho por ellas.

ROBERTO LUGO

b. 1981, Philadelphia, Pennsylvania;
lives and works in Philadelphia

¿Cómo estás?

I'm good—I think. Even
though we are going
through a pandemic, I feel
like my life has prepared
me for this. I'm accus-
tomed to living through
difficult times. I feel like
many people are growing
their food in case of food
famine. I feel like I'm
prepared for trauma in
the same way.

What is the project/work you are presenting?

This work is about the
perpetual predatory
behavior of Amer-
ican prison systems.
Continuing slavery and
convincing us that we
deserve it.

What is the future?

The future is Puerto Rican
men crocheting beanies
while they wait for the
bus. The future is little
boys taking ballet, and
girls playing baseball and
no one telling them that it
is not for them. The future
needs to be in support of
women and all that they
have done for us and
acknowledging what little
we have done for them.

A Century of Shrine, 2019.
Porcelain, china paint and luster,
18 ½ × 14 ½ × 11 in. Courtesy the Artist;
Wexler Gallery, Philadelphia

Un siglo de santuario, 2019.
Porcelana, pintura china y lustre,
47 × 36 × 28 cm. Cortesía del artista;
Wexler Gallery, Filadelfia

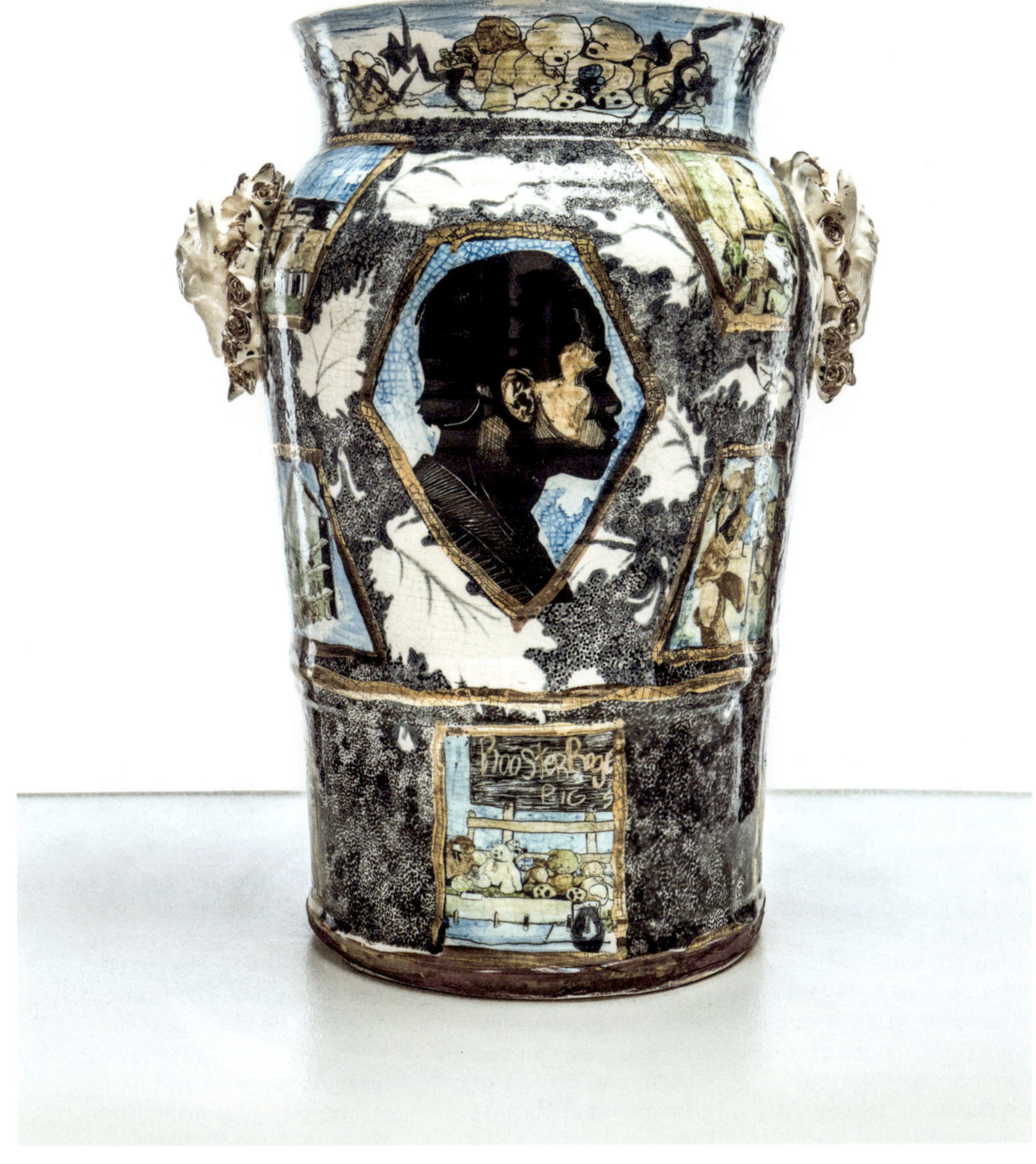

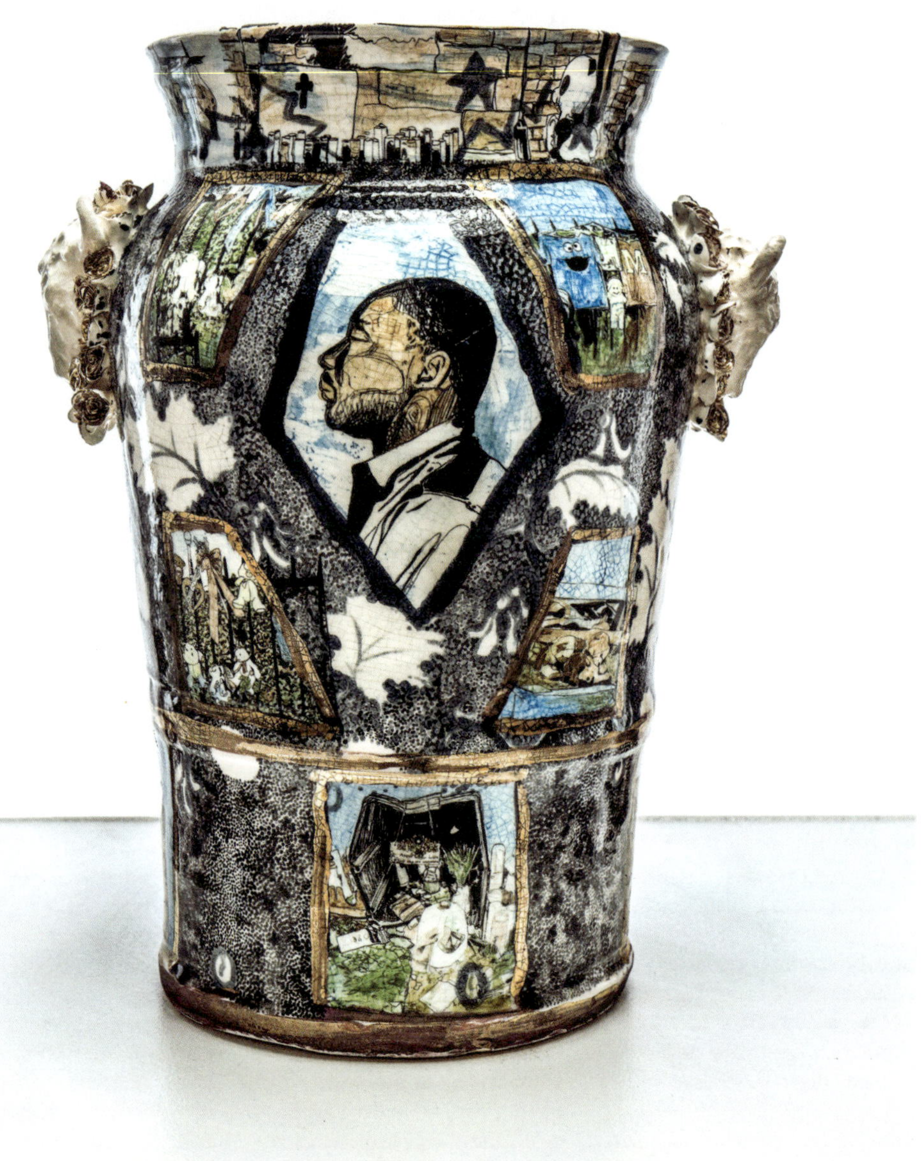

n. 1992, Caguas, Puerto Rico;
vive y trabaja en San Juan, Puerto Rico

¿Cómo estás?

Estoy tantas cosas. Todos los días la contestación a esta pregunta es distinta. Estoy en una multiplicidad de procesos de crecimiento, una búsqueda continua de soluciones, y navegando ser humana entre otrxs humanxs. Siempre aspiro a estar bien, y a veces lo estoy. Lo importante es que estoy y que mi ambición es permanecer estando.

¿Cuál es el proyecto/obra que estás presentando?

Estoy presentando una selección de fotografías, creadas tan lejos como el 2012 y tan recientemente como el 2020. Así como con la pregunta "¿cómo estás?", tampoco puedo contestar "¿quién eres?" como artista con un puñal de palabras ni con un puñal de fotografías. Soy muchas cosas: fotógrafa, poeta, performera, música, diseñadora, activista, madre y guerrera—seguramente me olvidé de algo. Pero, en esta exhibición, estaré presentando mi fotografía.

¿Cómo es el futuro?

Uf. Ciertamente hay muchísimas cosas que quisiera que fuera. Le temo a escribir lo que creo que va a ser, porque lo primero que me viene a la mente no es placentero. Pero, contentamente les comparto lo que estoy trabajando duro por ver en la futura: un espacio seguro para que artistas puertorriqueñxs negrxs, trans, no-binaries, femeninxs, inmigrantes, y pobres vivan, sanen, trabajen, y prosperen.

MARIA JOSÉ

b. 1992, Caguas, Puerto Rico;
lives and works in San Juan, Puerto Rico

¿Cómo estás?

I am many things. Every day the answer to this question is different. I am in a multiplicity of growth processes, in a continuous search for solutions, and navigating being human amongst other humans. I always aspire to be OK, and sometimes I am. What is important is that I am and that my ambition is to remain being.

What is the project/work you are presenting?

I am presenting a selection of photographs made as long ago as 2012 and as recently as 2020. As with the question "How are you?", I can neither answer "Who are you?" as an artist with just a handful of words and only a handful of photographs. I am many things: photographer, poet, performer, musician, designer, activist, mother, and warrior—I'm sure I'm missing something. But, in this exhibition, I am presenting my photography.

What is the future?

Oof. There are certainly many things I would like it to be. I'm too afraid to write what I believe it will be, for the first thing that comes to mind isn't pleasant. But, I am glad to share what I am actively working hard to see in the future: a safe space for Black, trans, nonbinary, feminine, immigrant, poor, Puerto Rican artists to live, heal, work, and thrive.

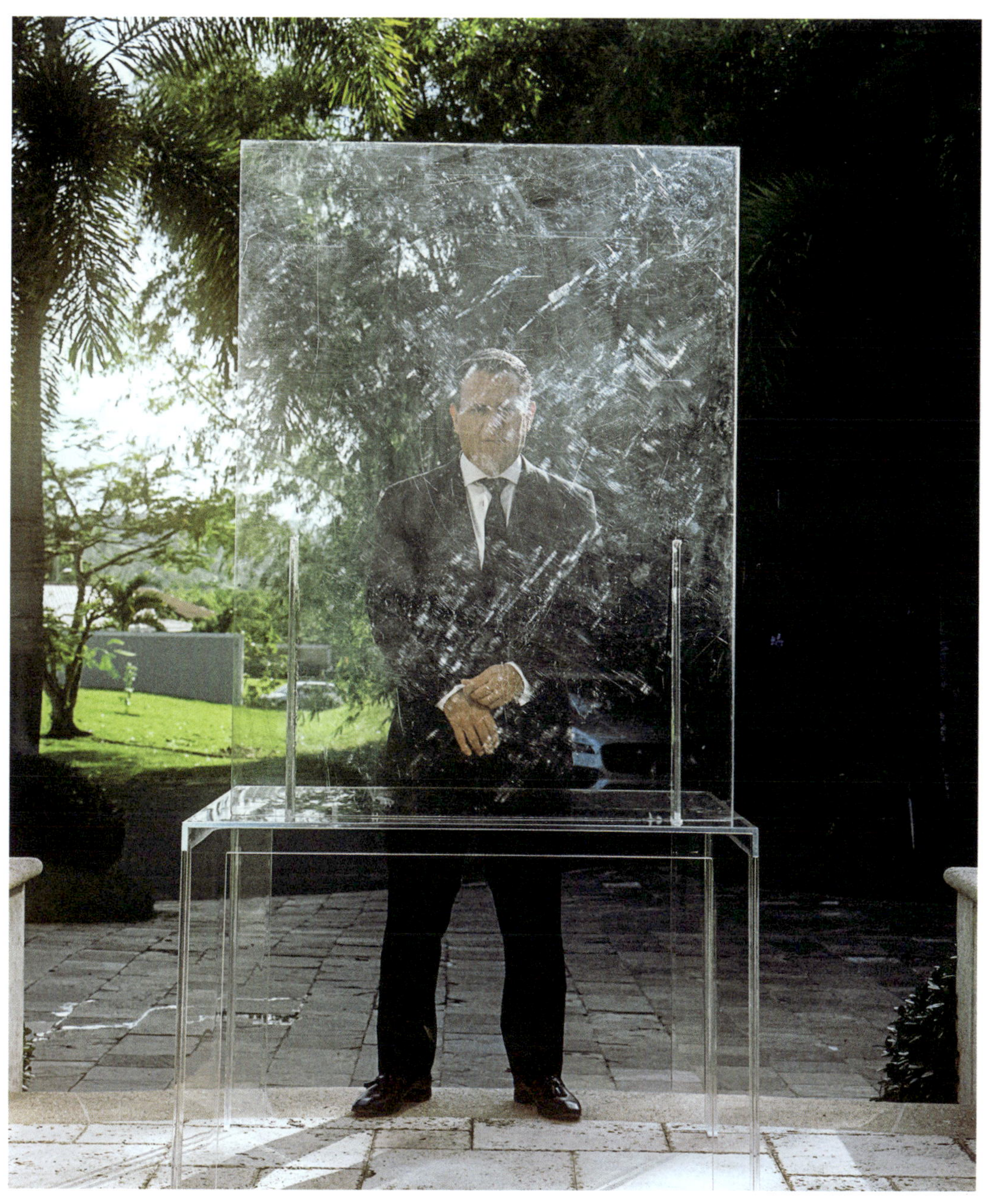

Papi, 2020. Archival ink jet print,
24 × 18 in. Courtesy the Artist

Papi, 2020. Impresión inkjet de
pigmento de archivo, 61 × 45 cm.
Cortesía de la artista

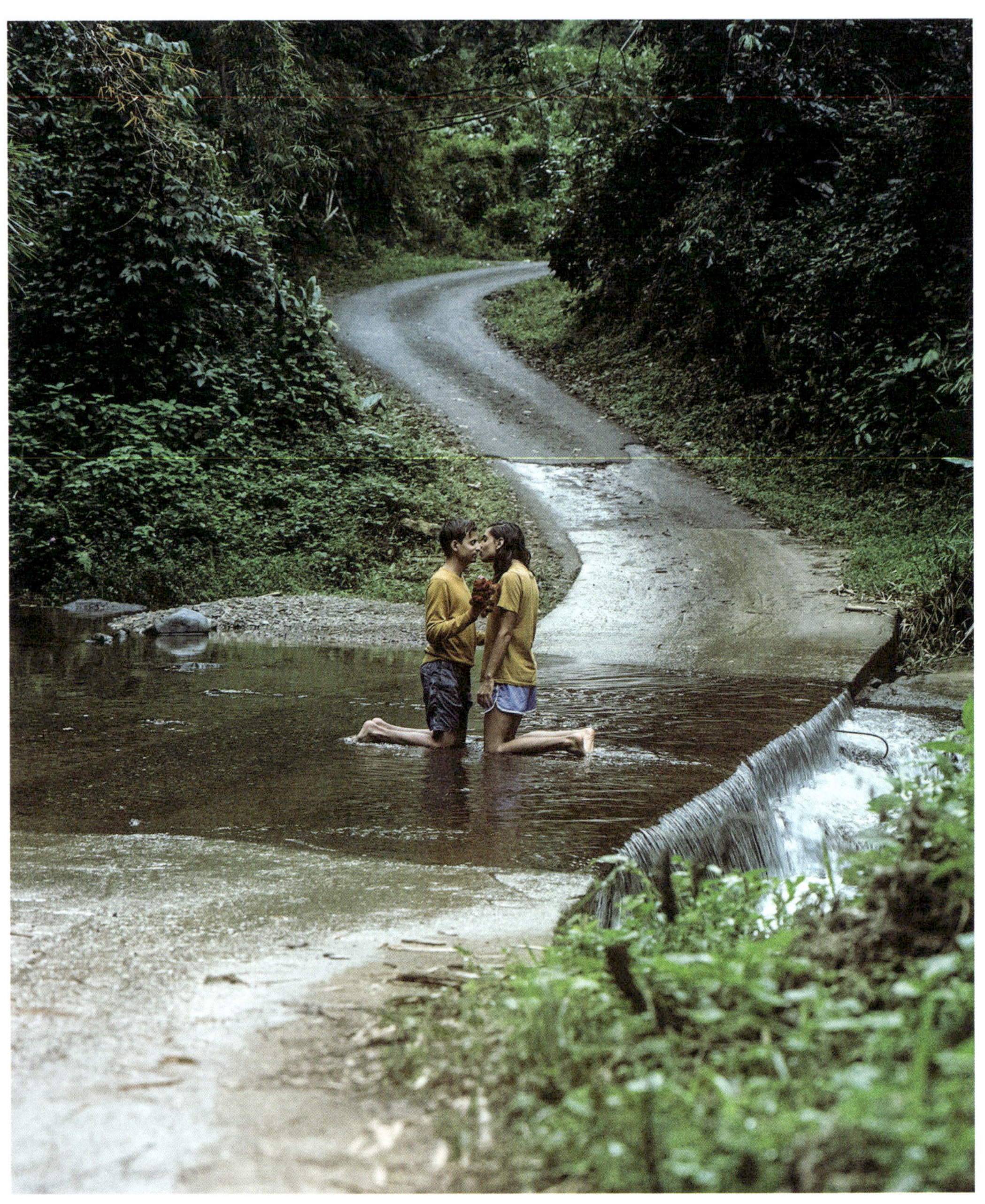

Love, 2019. Archival ink jet print,
24 x 18 in. Courtesy the Artist

Amor, 2019. Impresión inkjet de
pigmento de archivo, 61 × 45 cm.
Cortesía de la artista

n. 1989, La Habana, Cuba; vive y trabaja en Nueva York, Nueva York

¿Cómo estás?

Vivo y con ganas de seguir viviendo.

¿Cuál es el proyecto/obra que estás presentando?

Lo ideal sería realizar un performance. Compartí tres propuestas con el equipo curatorial de la Trienal pero aún no decidimos cuál ejecutar, ni cuándo, dadas las restricciones que están sufriendo los museos en Nueva York en relación al COVID-19.

Nuestra preferencia es realizar *Monumento*. Este performance propone mi cuerpo como un monumento temporal a los cuerpos que históricamente han sido y siguen siendo discriminados, oprimidos, y excluidos por los discursos hegemónicos eurocentristas.

¿Cómo es el futuro?

A juzgar por lo que ha sido el 2020 y desde mi experiencia personal, creo que los únicos términos adecuados para referirse al futuro son "inquietante incertidumbre" y "permanente transformación"...

b. 1989, Havana, Cuba;
lives and works in New York, New York

CARLOS MARTIEL

¿Cómo estás?

Vivo y con ganas de seguir viviendo. [Alive, with the desire to keep living.]

What is the project/work you are presenting?

Ideally, I would like to stage a performance piece. I shared three proposals with the Trienal's curatorial team, but we still haven't decided on which one to do or when due to the COVID-19 restrictions for museums in New York.

Our preference goes to *Monument.* This performance offers up my body as a temporary monument to the bodies that have been and keep being discriminated against, oppressed, and marginalized by Eurocentric, hegemonic discourse.

What is the future?

Judging from how the year 2020 has turned out and my personal experience, I believe the only adequate terms to refer to the future are preoccupying uncertainty and permanent transformation…

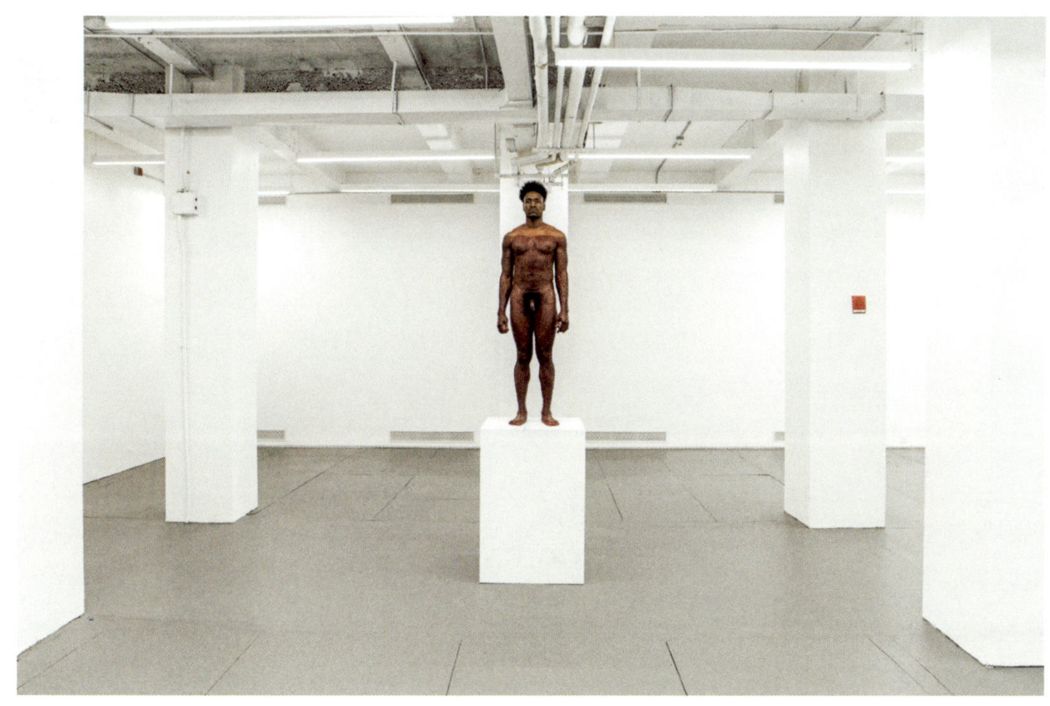

Monument I, 2021. Performance
at El Museo del Barrio. Photographed
by Walter Wlodarczyk.
Courtesy the Artist

Monumento I, 2021.
Performance en El Museo del Barrio.
Fotografiada por Walter Wlodarczyk.
Cortesía del artista

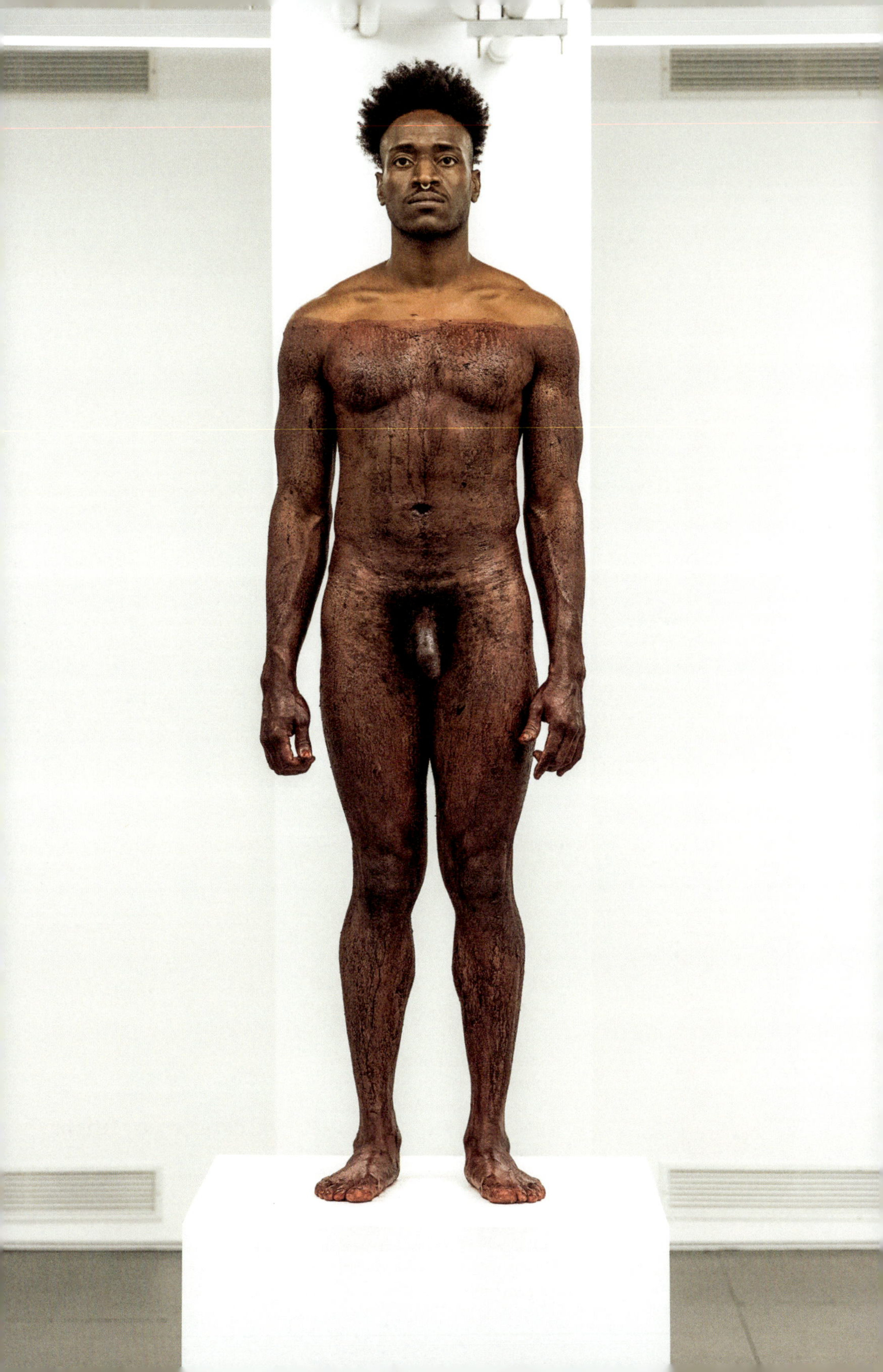

n. 1980, Pasadena, California; vive y trabaja en Los Ángeles, California

¿Cómo estás?

¡Cansado! Pero me siento bien y saludable.

¿Cuál es el proyecto/obra que estás presentando?

La obra que estoy presentando es una continuación de mi exploración del paisaje de Los Ángeles, que es mi ciudad natal. Mi acercamiento a este proyecto es prácticamente uno de pintura paisajista tradicional pero utilizando nuevos materiales provenientes de la ciudad.

¿Cómo es el futuro?

Espero que sea mejor que el 2020 [sacudo mi cabeza de lado a lado]. Espero que sea honesto, brillante y pacífico. Espero continuar con mi práctica artística.

PATRICK MARTINEZ

b. 1980, Pasadena, California;
lives and works in Los Angeles, California

¿Cómo estás?

Tired! But I feel good
and healthy.

What is the project/work you are presenting?

The work I'm presenting
is a continuation of my
exploration of the Los
Angeles landscape, which
is my hometown. The way
I approach these works is
almost like a traditional
landscape painting but
using new materials that
come from the city.

What is the future?

I hope it's better than
2020, SMH [shake my
head]. I hope it's honest,
bright, and peaceful.
I hope to continue my
art practice.

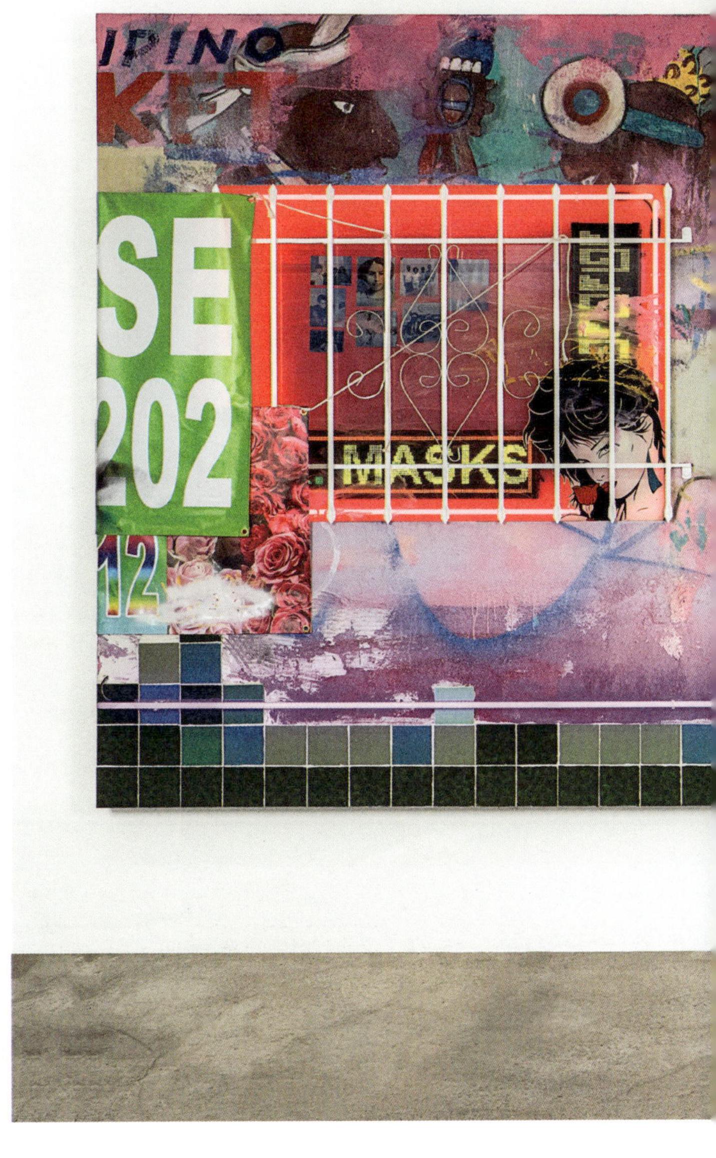

Defeat and Victory, 2020. Stucco, neon, Mean Streak, ceramic, acrylic paint, spray paint, latex house paint, banner tarps, ceramic tile, tile adhesive, plexiglass, vinyl decal, family archive photo collage, and LED sign on panel, 84 × 192 in. Courtesy the Artist; Charlie James Gallery, Los Angeles

Derrota y victoria, 2020. Estuco, neón, Mean Streak, cerámica, pintura acrílica, pintura en aerosol, pintura látex, lona para pancartas, baldosa de cerámica, adhesivo para baldosa, calcas de vinilo, collage de fotos de archivo familiar y letrero LED sobre panel, 213 × 487 cm. Cortesía del artista; Charlie James Gallery, Los Ángeles

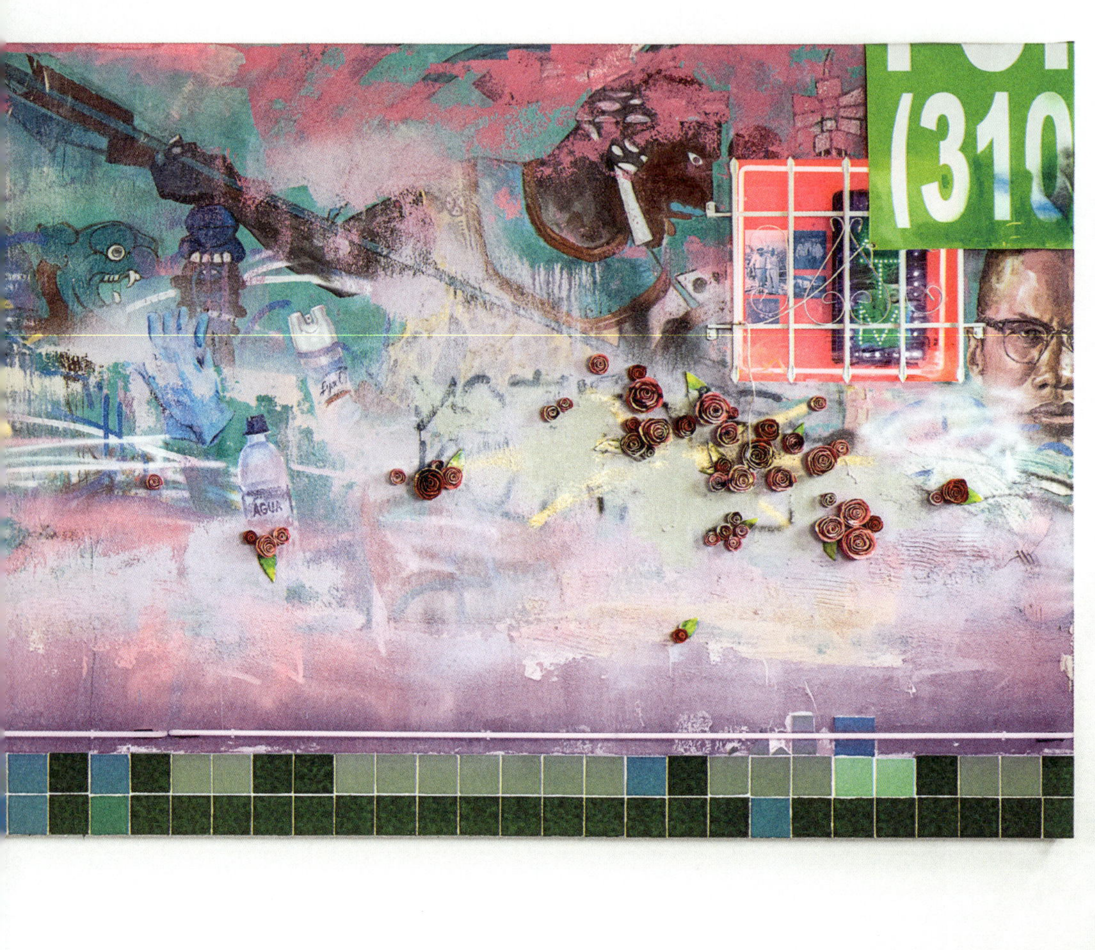
310
AGUA

n. 1991, Silvis, y criada en Moline, Illinois; vive y trabaja en Chicago, Illinois

¿Cómo estás?

"Hoy me levanté contenta, hoy me levanté feliz." Estoy agradecida por mi sanación, mi salud, por estar rodeada de mis seres queridos (virtualmente) y por crear durante este tiempo; es un privilegio que no doy por sentado.

¿Cuál es el proyecto/obra que estás presentando?

The Procession (La procesión), hace referencia a los bodegones del siglo XVII y las exhibiciones de banquetes de azúcar que revelan los deseos coloniales encontrados en objetos consumistas contemporáneos y el labor explotado de inmigrantes que los construyen. Un coche trucado conduce en una procesión para mi primo de la otra pandemia (ICE), una mesa llena de esculturas de azúcar, adornos de novios para un pastel *à la féte galante*, 100% pollo, platos rococó, cuchillos, teléfonos deshechables, papas fritas, hamburguesas, cerezas, frutas peladas como las uñas de mi prima, gorras con aplicaciones de Bedazzler, cadenas que restringen, cepillos de dientes, latas de atún, un espejo de mano para ver tu lugar, manchas de labios, batería baja por una búsqueda agotada de COVID-19, manos de los trabajadores que pizcaron tu comida, con guantes esmaltados con acrílico, pidiéndote que no mires a lo que deseas.

La serie *A Vase of the Century* (Un jarrón del siglo) se inspira en el *Century Vase*, un jarrón que celebra los cien años de América. Las viñetas patrióticas se sustituyen por la historia contemporánea de Estados Unidos de aprehensiones, cruces y jaulas. La iconografía consumista son gestos irónicos de placer en medio de la militarización.

¿Cómo es el futuro?

El futuro es sin fronteras, BIPOC, LGBTQ+, lidereado por los jóvenes para desmantelar las instituciones opresivas y reconstruir de nuevo.

YVETTE MAYORGA

b. 1991, Silvis and raised in Moline, Illinois; lives and works in Chicago, Illinois

¿Cómo estás?

"Hoy me levanté contenta, hoy me levanté feliz." I am thankful for my healing, health, to be surrounded by my loved ones (virtually), and to create during this time; it's a privilege that I don't take for granted.

What is the project/work you are presenting?

The Procession references seventeenth-century still lifes and sugar banquet displays, uncovering colonial desires found in contemporary consumerist objects and the exploited immigrant labor that constructs them. A tricked-out car drives in a procession for my *primo* of the other pandemic (ICE), a table with sugar sculptures, cake toppers *à la fête galante*, 100 percent chicken, Rococo plates, knives, burner phones, fries, burgers, cherries, fruit peeled like my *prima's* nails, bedazzled caps, chains that restrain, toothbrushes, tuna cans, a hand mirror to see your place, lip stains, low battery of an exhausted search of COVID-19, hands of labor who picked your food with gloves glossed with acrylics, asking you to not look at what you desire.

A Vase of the Century series is inspired by the *Century Vase*, a vessel celebrating one hundred years of America. The patriotic vignettes are replaced with contemporary U.S. history of apprehensions, crossings, and cages. The consumerist iconography are ironic gestures of pleasure amidst militarization.

What is the future?

The future is border-less, BIPOC, LGBTQ+, youth-led to dismantle oppressive institutions and rebuild anew.

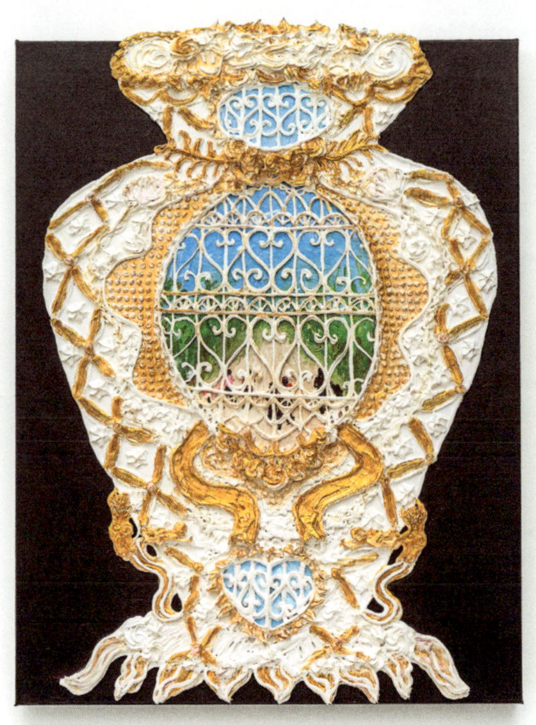

American Urn 4 (After Rocco
Porcelain Urn 19th c.), 2019. Acrylic
piped on canvas, 24 × 18 in. Courtesy
the Artist

Urna Americana 4 (A partir de urna
de porcelana Rocco siglo XIX), 2019.
Pintura acrílica aplicada con manga
pastelera sobre lienzo, 60 × 45 cm.
Cortesía de la artista

The Procession (After 17th-century
Vanitas) – In loving memory of MM,
2020. Acrylic nails, decals, collage,
piteado, rhinestones and acrylic
piped on canvas, 72 × 72 in. Courtesy
the Artist

La procesión (A partir de vanitas del
siglo XVII) – En memoria amorosa
de MM, 2020. Uñas acrílicas, calcas,
collage, piteado, pedrería y pintura
acrílica aplicada con manga
pastelera sobre lienzo, 182 × 182 cm.
Cortesía de la artista

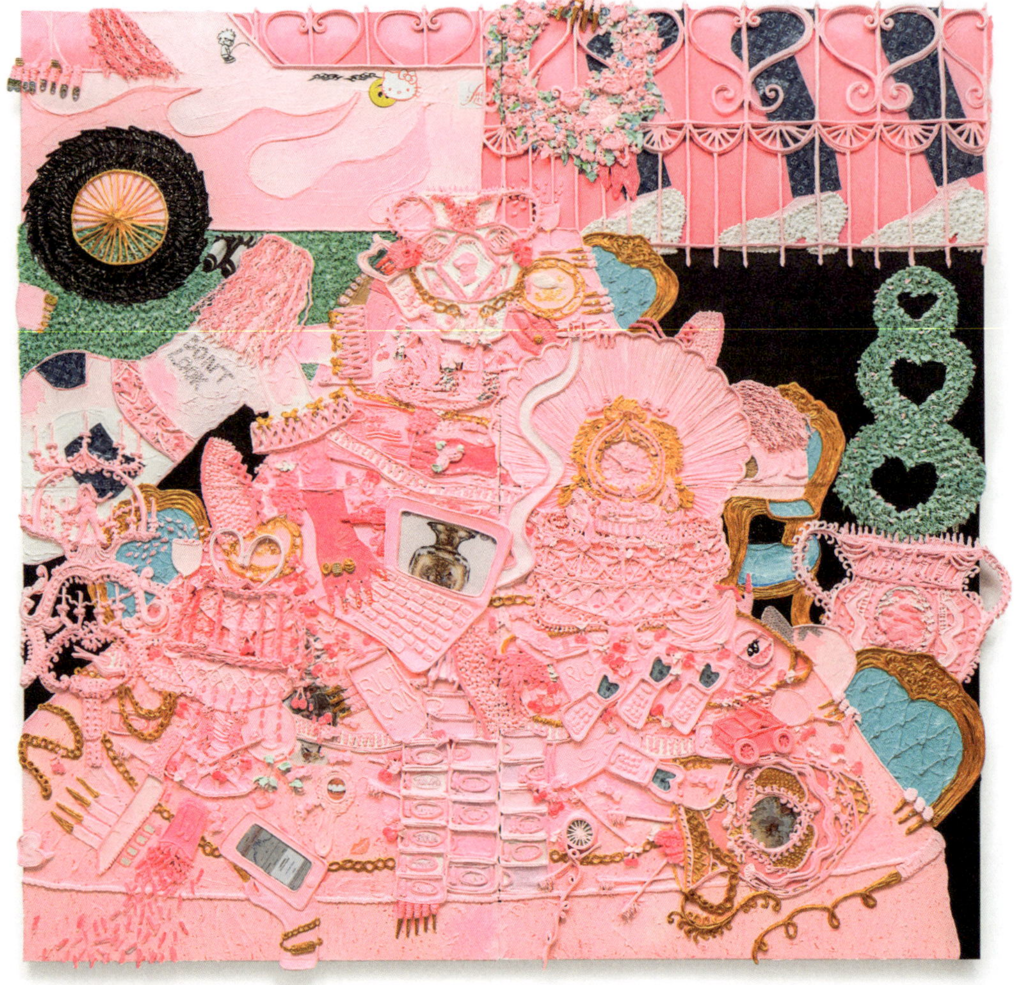

n. 1984, Brooklyn, Nueva York; criada entre Nueva York y Santo Domingo, República Dominicana; vive y trabaja en el Bronx, Nueva York

¿Cómo estás?

Este año ha volcado las cosas para mí—como lo ha hecho para tantas personas en el mundo— pero también creó la oportunidad para pensar de manera diferente sobre el camino a seguir. Estoy bien, pero eso viene con tantas condiciones. Tengo la esperanza de que surja algún aprendizaje colectivo a partir de los desafíos que todos hemos enfrentado: que avancemos hacia nuevos paradigmas y nuevas maneras de relacionarnos con el mundo y entre nosotros.

¿Cuál es el proyecto/obra que estás presentando?

Ni aquí, ni allá es una serie de retratos de mi familia extendida en la ciudad de Nueva York y en Santo Domingo. Incapaz de rastrear mi linaje más allá de mis abuelos, utilizo el retrato para revincular una historia familiar y explorar las complejas relaciones de generaciones fracturadas por la emigración. A través de mi proceso creo nuevas relaciones y enriquezco las existentes. Observo la conexión entre mi familia, la República Dominicana y Estados Unidos.

¿Cómo es el futuro?

Tengo la esperanza de un futuro en el cual las vidas negras no sean atacadas sistemáticamente. Pero también me preocupan los impactos e interrupciones de largo plazo ocasionados por la pandemia de COVID-19 y los temores que surgieron a causa de ella. Además me pregunto ¿cómo aceptará Estados Unidos la responsabilidad y enmendará las políticas inhumanas de inmigración de la era de Trump, que afectaron desproporcionadamente a las comunidades latinas? ¿Qué impacto están teniendo esas políticas en las familias e individuos? ¿Qué historias están a la espera de ser contadas?

b. 1984, Brooklyn, New York; raised between New York City and Santo Domingo, Dominican Republic; lives and works in the Bronx, New York

GROANA MELENDEZ

¿Cómo estás?

This year has upended things for me—as it has for so many people all over the world—but it also created an opportunity to think differently about the way forward. I'm doing well, but it comes with so many stipulations. I'm hopeful there is some collective learning that comes out of the challenges we all faced: moving toward new paradigms and new ways of relating to the world and to each other.

What is the project/work you are presenting?

Ni aquí, ni allá [Neither Here, Nor There] is a series of portraits of my extended family in NYC and Santo Domingo. Unable to trace my heritage beyond my grandparents, I use portraiture to relink a family history and explore the complex relationships of generations fractured by emigration. Through my process, I create new relationships and enrich existing ones. I look at my connection between my family, the Dominican Republic, and the United States.

What is the future?

I'm hopeful for a future where Black lives are no longer systematically targeted. But I'm also worried about the lasting impacts and disruptions left by the COVID-19 pandemic and fears born out of it. Additionally, how will the United States accept responsibility and make amends for the inhumane immigration policies of the Trump era that disproportionately affected Latinx communities? What impact are those policies having on families and individuals? What stories are waiting to be told?

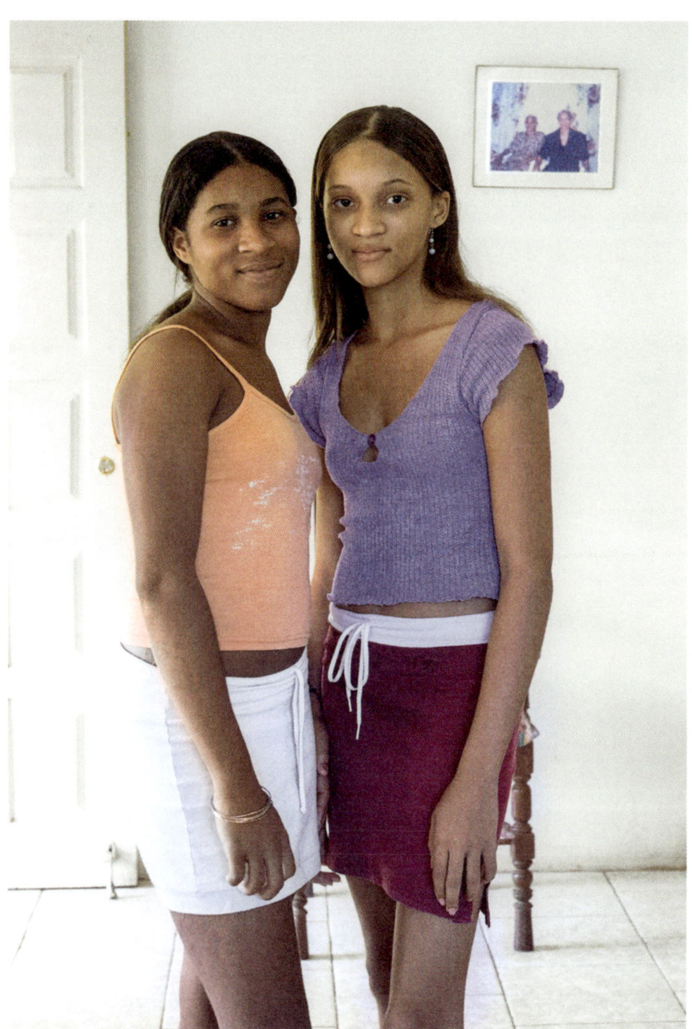

Cousins I (Mendoza, Santo Domingo, D.R.), 2006. Archival pigment inkjet print, 16 × 20 in., from *Neither Here, Nor There* series. Courtesy the Artist

Primas I (Mendoza, Santo Domingo, R.D.), 2006. Impresión inkjet de pigmento de archivo, 41 × 51 cm., de la serie *Ni aquí, ni allá*. Cortesía de la artista

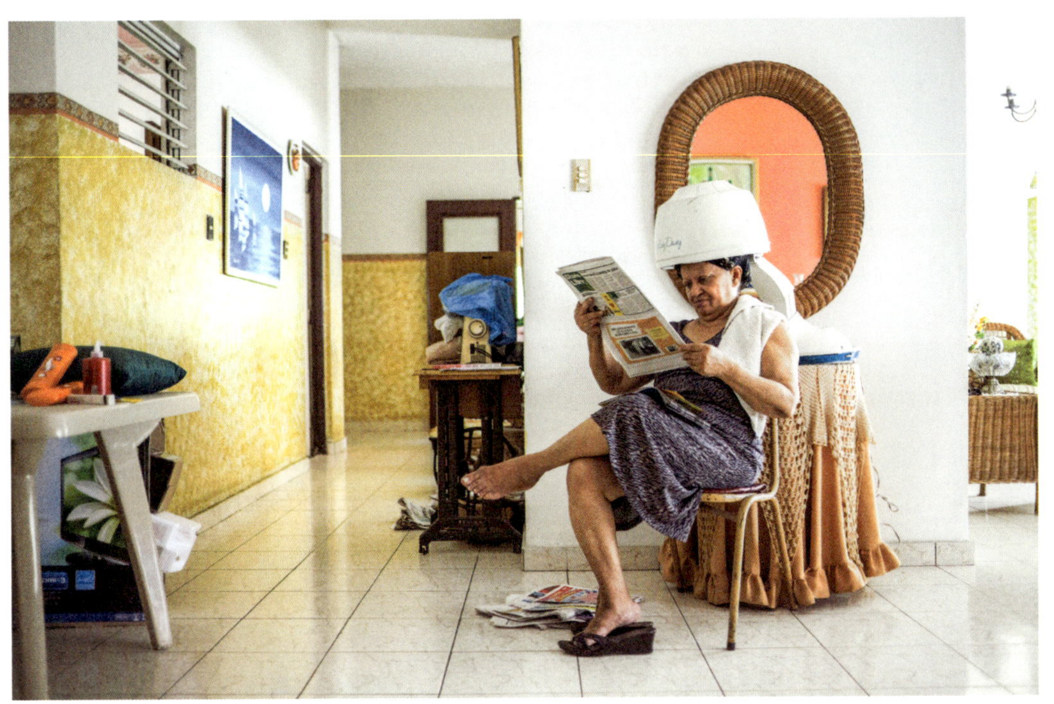

Aunt Chea in the Dryer (Gazcue, Santo Domingo, D.R.), 2010. Archival pigment inkjet print, 16 × 20 in., from *Neither Here, Nor There* series. Courtesy the Artist

Tía Chea en la secadora (Gazcue, Santo Domingo, R.D.), 2010. Impresión inkjet de pigmento de archivo, 41 × 51 cm., de la serie *Ni aquí, ni allá.* Cortesía de la artista

¿Cuál es el proyecto/obra que estás presentando?

The Wall (El muro) y *A Cage without Borders* (Una jaula sin fronteras) son obras en video que deconstruyen ideas racistas sobre la gente latinx. *The Wall* se centra en la principal promesa de la campaña presidencial del 45° presidente de Estados Unidos. Inicialmente se iba a presentar como una instalación de video in situ, pero, a causa de la pandemia, fue reinventada como un proyecto a realizarse en línea. Trabajé con Lizette Ayala, una talentosa diseñadora web, para armar un sitio específico (heisthewall.com) que se adapta a la apariencia y carácter de la animación. *A Cage without Borders* es una nueva pieza hecha para *ESTAMOS BIEN*. Se trata de una instalación de video de tres canales que aborda cómo las empresas de *Big Tech* marginan a las comunidades negras y morenas a través de la vigilancia estatal y corporativa, reforzando y automatizando las desigualdades raciales existentes a través de algoritmos sesgados. Esta pieza fue concebida a partir de investigaciones en curso sobre cómo la industria tecnológica utiliza *Big Data* para crear un panóptico digital invisible con el fin de colonizar el comportamiento humano.

n. 1985, San Antonio, Texas; vive y trabaja en San Antonio

¿Cómo estás?

Convaleciente.

¿Cómo es el futuro?

Llámalo multicultural, híbrido, multifacético, interseccional. Yo lo llamo XicanX.

MICHAEL MENCHACA

b. 1985, San Antonio, Texas; lives and works in San Antonio

¿Cómo estás?

Convalescing.

What is the project/work you are presenting?

The Wall and *A Cage without Borders* are video works that deconstruct racist ideas about Latinx people. *The Wall* focuses on the forty-fifth U.S. President's central campaign promise. It was initially going to be presented as a video installation on site but was reimagined as an online project because of the pandemic. I worked with Lizette Ayala, a talented web designer, to put together a dedicated website (heisthewall.com) to match the look and feel of the animation. *A Cage without Borders* is a new piece made for *ESTAMOS BIEN*. It's a three-channel video installation addressing how Big Tech companies marginalize Black and Brown communities through state and corporate surveillance, reinforcing and automating existing racial inequities via biased algorithms. This piece was conceived from ongoing research on how the tech industry uses Big Data to create an invisible digital panopticon in order to colonize human behavior.

What is the future?

Call it multicultural, hybrid, multifaceted, intersectional. I call it XicanX.

A Cage without Borders,
2020—21. 3-channel digital
animation, color, sound, variable
dimensions. Courtesy the Artist

Una jaula sin fronteras, 2020—21.
Animación digital en 3 canales,
color, sonido, dimensiones variables.
Cortesía del artista

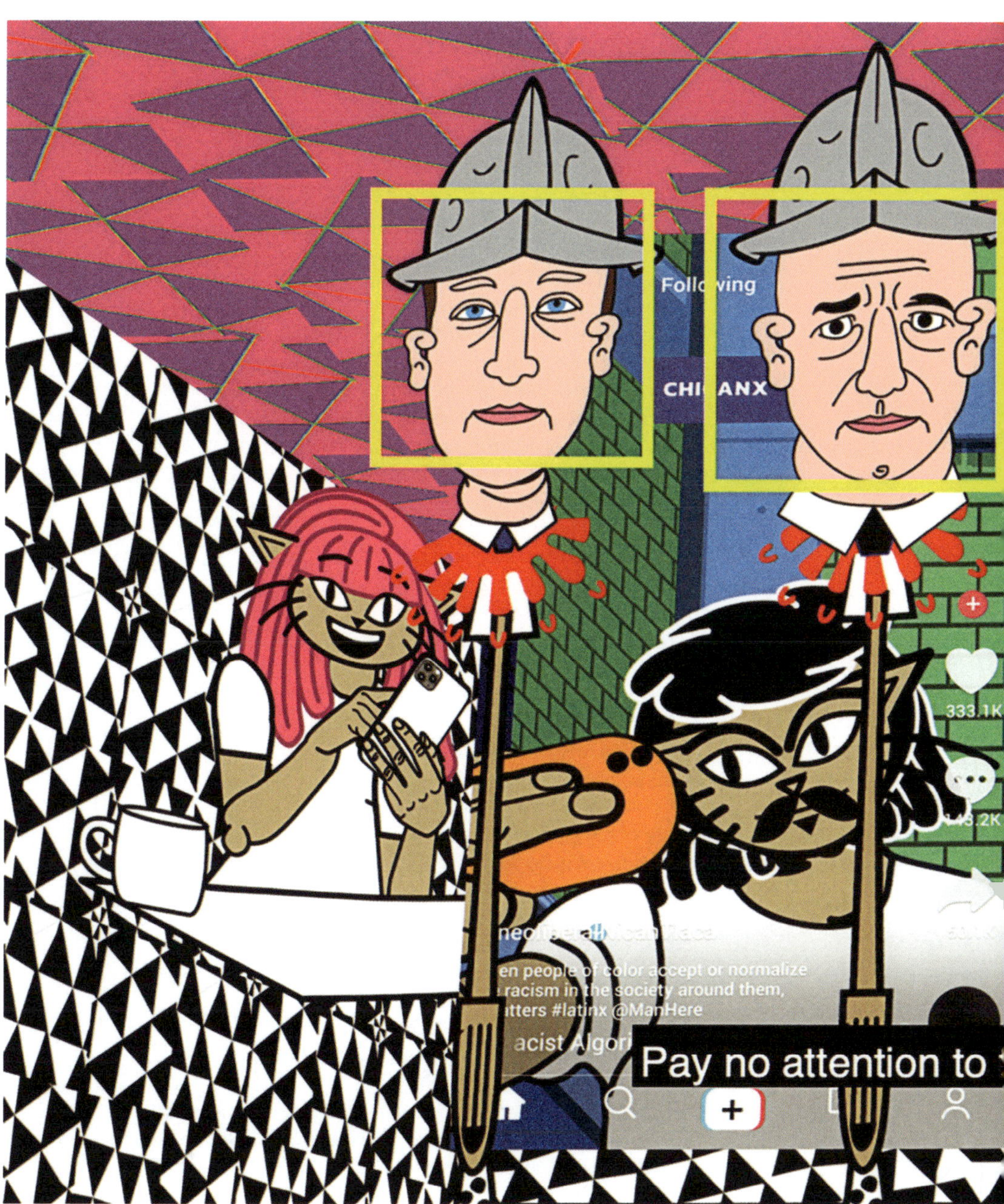

Following
CHICANX
333.1K
neoliberal racist face
en people of color accept or normalize
racism in the society around them,
tters #latinx @ManHere
acist Algori
Pay no attention to

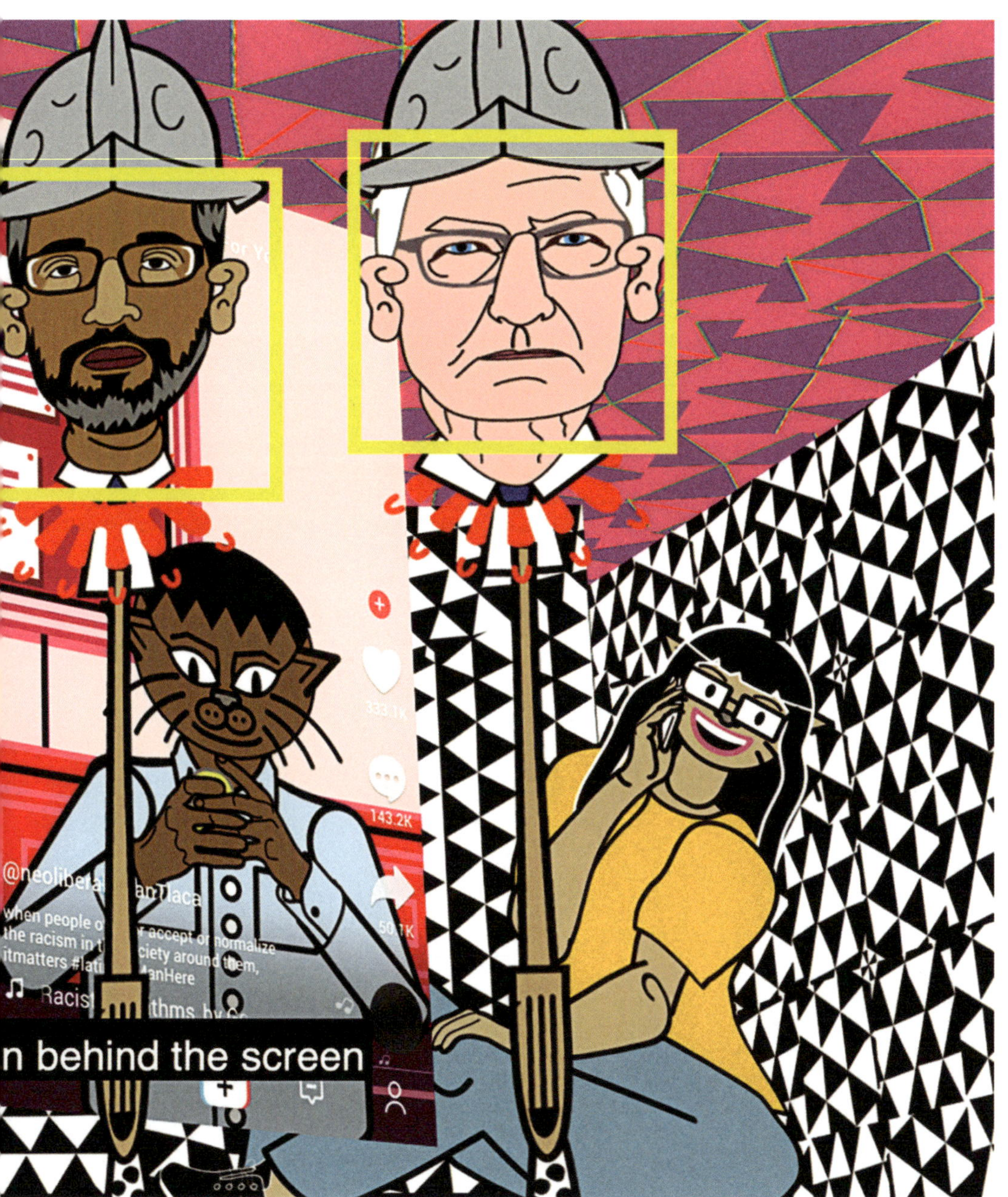
n behind the screen
@neolibera anTlaca
when people o accept or normalize
the racism in t ciety around them,
itmatters #lati anHere
Racis thms by
333.1K
143.2K
50.1K

¿Cuál es el proyecto/obra que estás presentando?

Fundé el Museum of Pocket Art [Museo de Arte de Bolsillo; MoPa] hace dieciséis años con la idea de que todo el mundo debería llevar consigo una pequeña obra de arte en el bolsillo para enriquecer su día y compartir con los demás. Utilizando el MoPA como plataforma de arte visual, desarrollé esta idea y la organicé en un lugar formal para artistas y mecenas contemporáneos. MoPA presenta obras de arte de artistas contemporáneos de una manera íntima y personal. El museo muestra obras de arte creadas para caber en el bolsillo, generalmente alrededor del tamaño de una tarjeta de presentación, en "galerías" seleccionadas para enmarcar mejor el trabajo, que van desde carteras hasta dispositivos móviles. MoPA se presenta en la apertura de otras exposiciones de arte como un parásito en la recepción. En la recepción, un representante del MoPA se acerca a las personas individualmente y les pregunta si les gustaría visitar el museo, luego les comparte las obras en exhibición. Actualmente MoPA organiza dos exposiciones al año.

Establecido en 2004 en El Paso, Texas; basado en Austin, Texas

Robert Jackson Harrington, Diretctor ejecutivo

¿Cómo estas?

Todo bien por estos lados. Aquí nomás.

¿Cómo es el futuro?

Para mí, el futuro pide un diálogo abierto, haciendo obras de arte y cuestionándolo todo. Para MoPA es poder continuar compartiendo la plataforma con tanta gente como se pueda y dar un espacio para que los artistas compartan sus voces.

MUSEUM OF POCKET ART

What is the project/work you are presenting?

I founded the Museum of Pocket Art (MoPA) sixteen years ago with the idea that everyone should carry with them a small artwork in their pocket to enrich their day and share with others. Using MoPA as a visual art platform, I developed this idea and organized it into a formal venue for contemporary artists and patrons. MoPA introduces artwork from contemporary artists in an intimate and personal way. The museum displays works of art created to fit in the pocket, usually around the size of a business card, in "galleries" selected to best frame the work, which range from wallets to mobile devices. MoPA presents shows at the openings of other art exhibits, or "leeches" on to their receptions. At the reception, a MoPA representative approaches people individually and asks if he or she would like to visit the museum, and then shares the works on display. Currently MoPA hosts two shows a year.

Established 2004, El Paso, Texas; based in Austin, Texas
Robert Jackson Harrington, Executive Diretctor

¿Cómo estás?

All good in these parts, I'm getting by.

What is the future?

For me, the future asks for open dialogue, making artwork, and questioning everything. For MoPA, a continuation of sharing the platform with as many people as I can and giving a space for artists to share their voices.

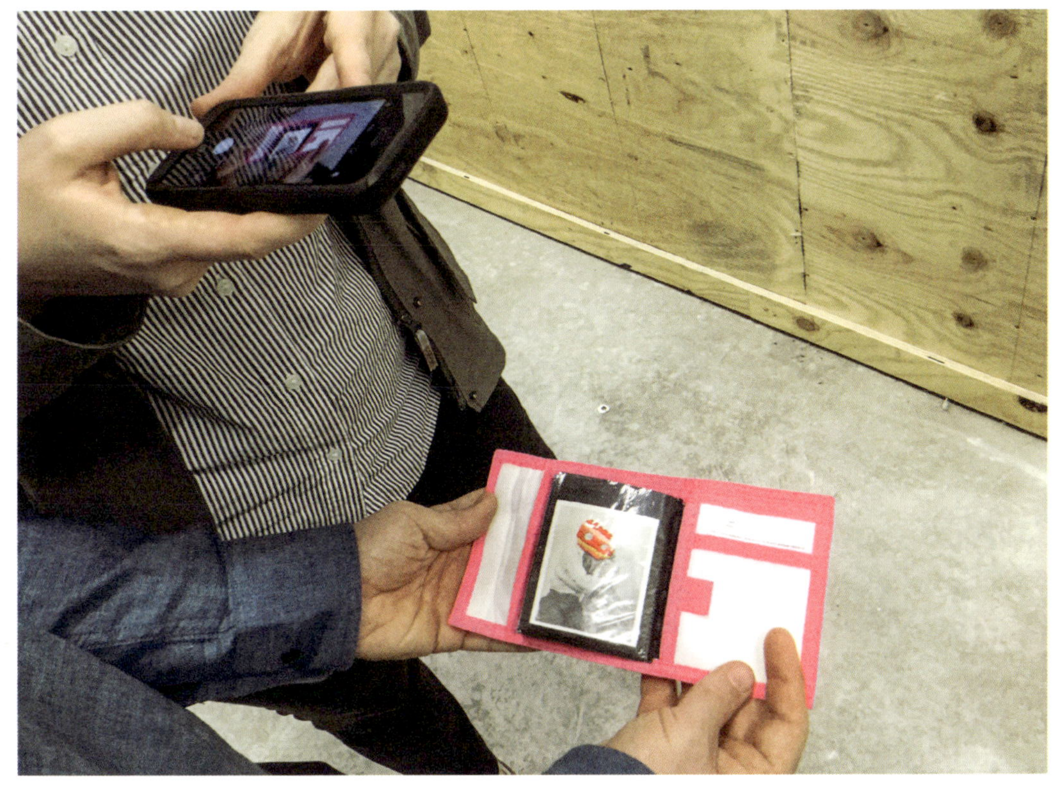

Visitors viewing a MoPA exhibition,
2018. Courtesy the Museum of
Pocket Art

Visitante asistiendo a una
exposicíon de MoPA, 2018. Cortesía
del Museum of Pocket Art

Exhibition view, *Heartfelt* by Jade
Walker at Museum of Pocket Art,
2019–20. Courtesy the Museum of
Pocket Art.

Vista de exposición, *Heartfelt*
(De corazón) Jade Walker en MoPA,
2019–20. Cortesía del Museum of
Pocket Art.

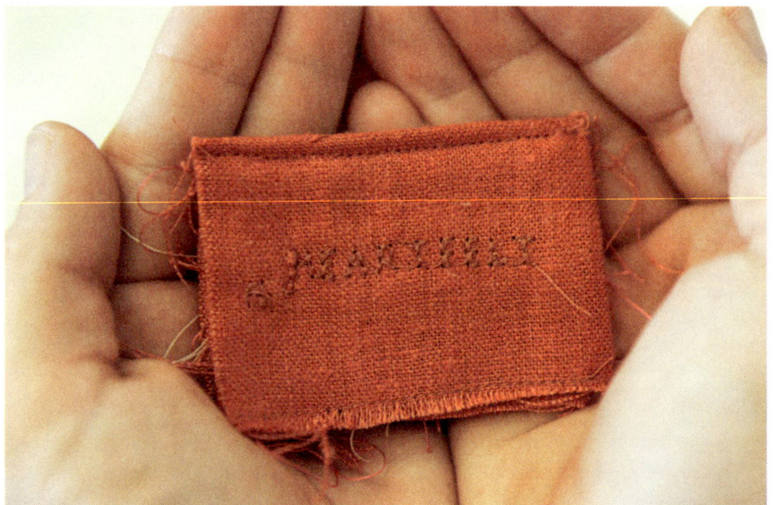

n. 1979, Harlem, Nueva York;
vive y trabaja en Washington Heights,
Nueva York

¿Cómo estás?

Estoy bien, me siento agradecido de estar respirando, viendo, escuchando, probando y sintiendo el suelo sobre el que camino. La vida en cuarentena me permitió pulsar el botón de reinicio en la vida. Pasé tiempo meditando y reflexioné sobre la paternidad, sobre ser un hijo, un artista y un maestro. Me volví consciente del tipo de alimentos que doy a mi cuerpo y pasé algún tiempo en los parques respirando el aire y haciendo ejercicio. Con todo el caos que está sucediendo en mi vida, en la ciudad y en todo el mundo, me inspiré para desarrollar nuevos entendimientos de palabras como compasión, empatía, amor y felicidad. Reconecté y cultivé viejas amistades y le di valor a su sabiduría sobre la vida, la salud, el arte y Dios.

¿Cuál es el proyecto/obra que estás presentando?

Estoy presentando una pieza de losas de vinilo a gran escala yuxtapuesta con elementos abstractos pintados. Creé patrones con las losas de vinilo en forma de un rombo que irradia luz y combiné gestos pintados con pintura de esmalte.

¿Cómo es el futuro?

Creo que el futuro es brillante e increíble porque con cada gran desafío en la vida, hay una bendición disfrazada. Si bien es cierto que no puedo esperar a que termine la pandemia de COVID-19, estoy agradecido por el momento presente porque siento que estoy presenciando mi propio crecimiento como padre, hijo, artista y maestro, y eso es emocionante. Cuando salgo de mi casa o me conecto en línea, quiero que la luz que estoy generando en mi vida inspire a nuestra juventud.

b. 1979, Harlem, New York; lives and works in Washington Heights, New York

DIONIS ORTIZ

¿Cómo estás?

I am well, feeling grateful to be breathing, seeing, hearing, tasting, and feeling the ground that I walk on. Quarantine life allowed me to hit the reset button in life. I spent time in meditation and reflected on fatherhood, on being a son, an artist, and a teacher. I became mindful of the kind of foods I give my body and spent some time in the parks breathing in the air and exercising. With all the chaos happening in my life, the city, and across the world, I was inspired to develop new understandings for words like compassion, empathy, love, and happiness. I reconnected and nurtured old friendships and found myself giving value to their wisdom about life, health, art and god.

What is the project/work you are presenting?

I am presenting a large-scale, vinyl-tile floor piece juxtaposed with painted abstract elements. I created patterns with the vinyl tiles in the form of a rhombus shape radiating light and combined painted gestures with enamel paint.

What is the future?

I think the future is bright and incredible because with every great challenge in life, there is a blessing in disguise. As much as I can't wait for the COVID-19 pandemic to be over, I am grateful for the present time because I feel like I am witnessing my own growth as a father, son, artist, and teacher, and it's exciting. When I step outside my home or connect online, I want the light that I am generating in my life to inspire our youth.

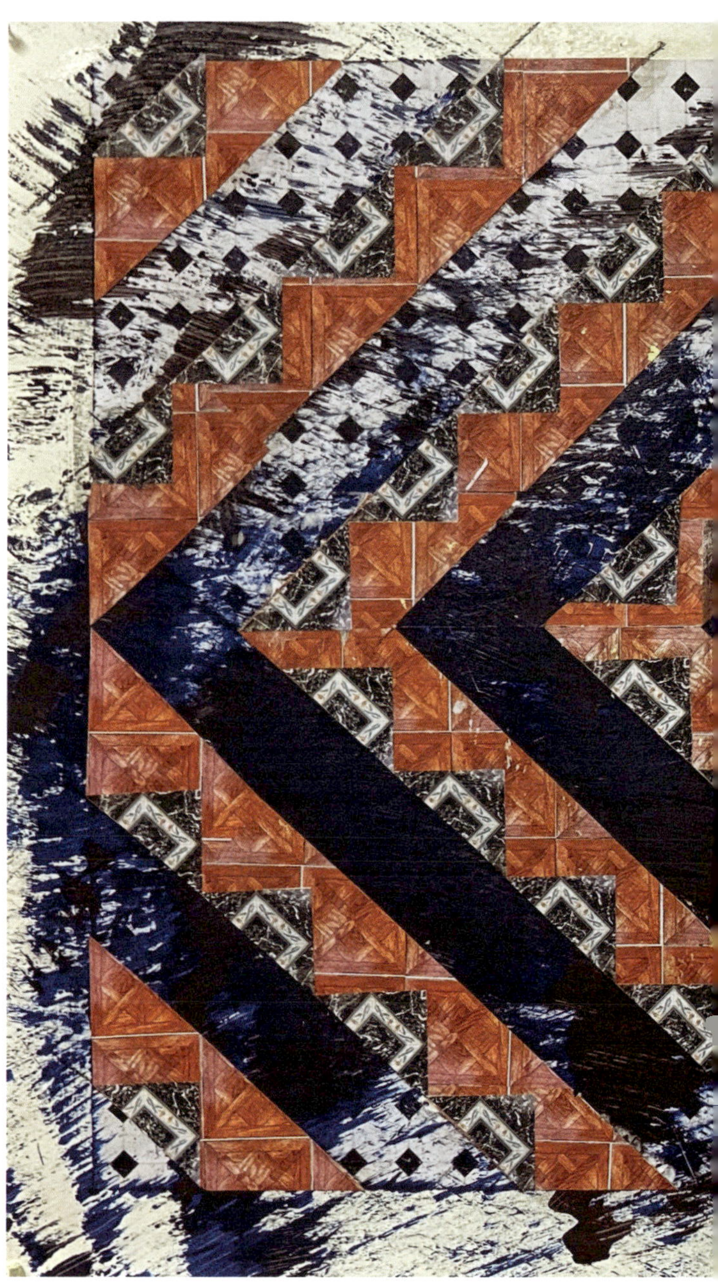

Let There Be Light, 2020.
Mixed media on paper, 24 × 36 in.
Courtesy the Artist

Que se haga la luz, 2020. Técnica
mixta sobre papel, 61 × 91 cm.
Cortesía del artista

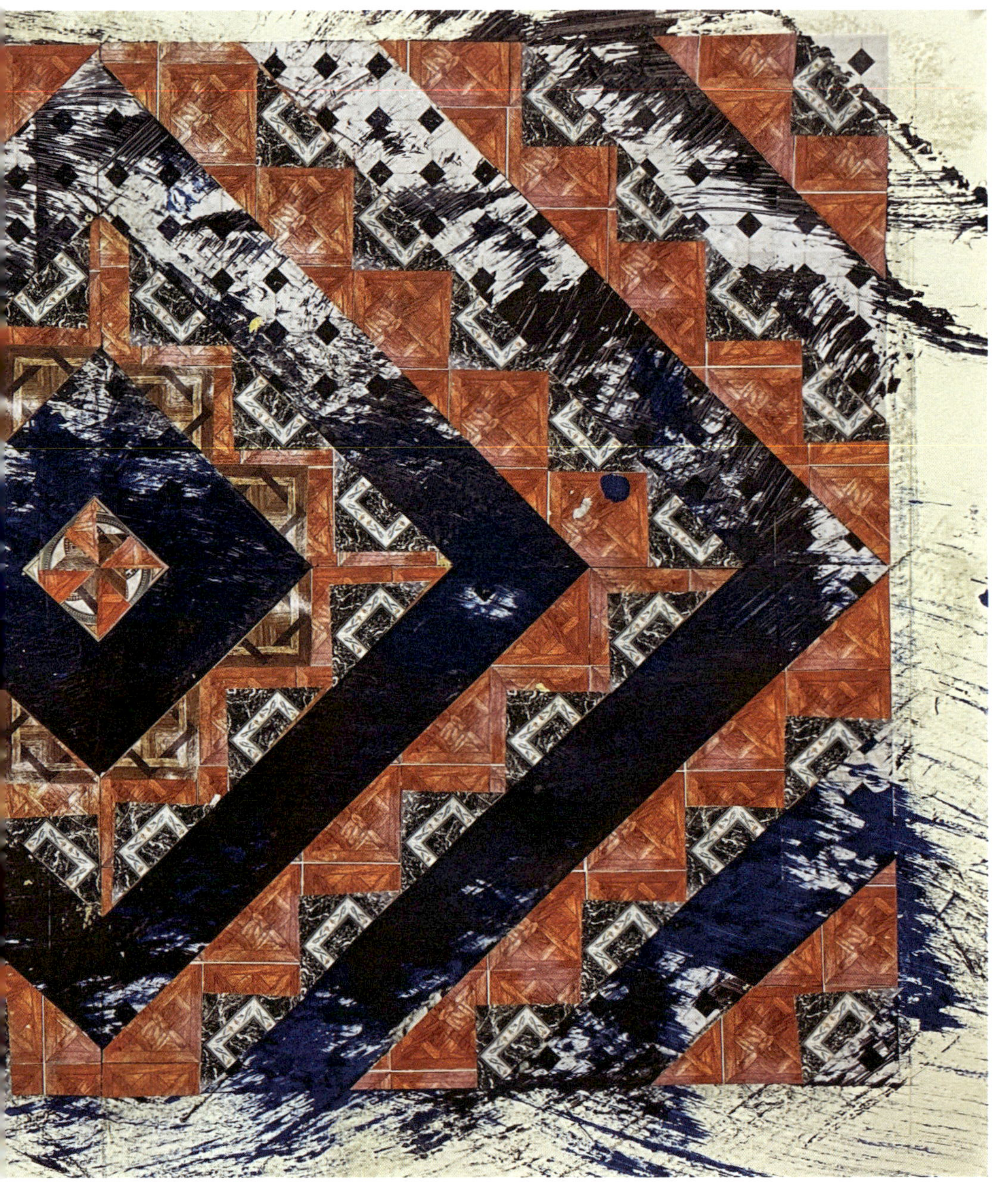

Establecido 2012; basados en San Juan, Puerto Rico

¿Cómo están?

Estamos activos y en alerta, como mucha gente ahora mismo buscando y creando nuevas formas de comunicación frente a estos tiempos tumultuosos. Nos estamos enfocando en crear un movimiento de arte accesible que pueda impactar tanto como alegrar a cualquiera que lo mire de una manera responsable dentro de esta nueva realidad.

¿Cuál es el proyecto/obra que están presentando?

Para *ESTAMOS BIEN* preparamos una protesta masiva representada por títeres cuyas pancartas exponen los grandes reclamos de Puerto Rico del siglo XXI. La pieza—compuesta de una estructura atada a un cuerpo— servía como un espectáculo andante para todo aquel que lo viera pasar por la calle, como un respiro de la realidad gris que nos arropa en estos tiempos. La intención de la pieza fue representar cómo una sola persona puede crear un cambio, o a la vez, encarnar a toda una multitud.

¿Cómo es el futuro?

El futuro es un lugar donde las instituciones finalmente y realmente le devuelven algo a la gente. Es un lugar donde la colaboración y la comunidad están presentes en todos y cada uno de los aspectos de la sociedad. Un lugar donde el arte tiene un papel muy importante de imaginar y construir nuevas realidades colectivas. Es momento de fusionar todos los medios para fusionar todas las prácticas, y es tiempo de que el esfuerzo humano vaya más allá de la individualidad y se invierta en esfuerzos colectivos para dar forma a una nueva realidad y elevar nuestras comunidades.

PONCILI CREACIÓN

Established 2012; based in San Juan, Puerto Rico

¿Cómo están?

We are active and alert, like many people right now, searching and creating new forms of communication in the face of these tumultuous times. We are focusing on creating an accessible art movement that can impact as well as bring joy to anyone who looks at it in a responsible way within this new reality.

What is the project/work you are presenting?

For *ESTAMOS BIEN* we prepared a mass protest represented by puppets, whose banners were filled with the great demands of Puerto Rico in the twenty-first century. The piece, composed of a structure tied to a body, served as a walking spectacle for anyone who saw it pass by on the street, as much as a respite from the gray reality that surrounds us in these times. The intention of the piece was to represent how a single person can create a change or at the same time embody an entire crowd.

What is the future?

The future is a place where institutions finally and truly give back to the people. A place where collaboration and community are present in every single aspect of society. A place where art has a very important role in imagining and creating our new collective realities. It is time to fuse all mediums, to fuse all practices. A time for human endeavor to go beyond individuality and into collective efforts to shape our new reality and uplift our communities.

Protest to Out La Comay, 2020.
Photographic documentation by
Fiama Morales. Courtesy Poncili
Creación

Protesta para denunciar La Comay,
2020. Documentación fotográfica
por Flama Morales. Cortesia Poncili
Creación

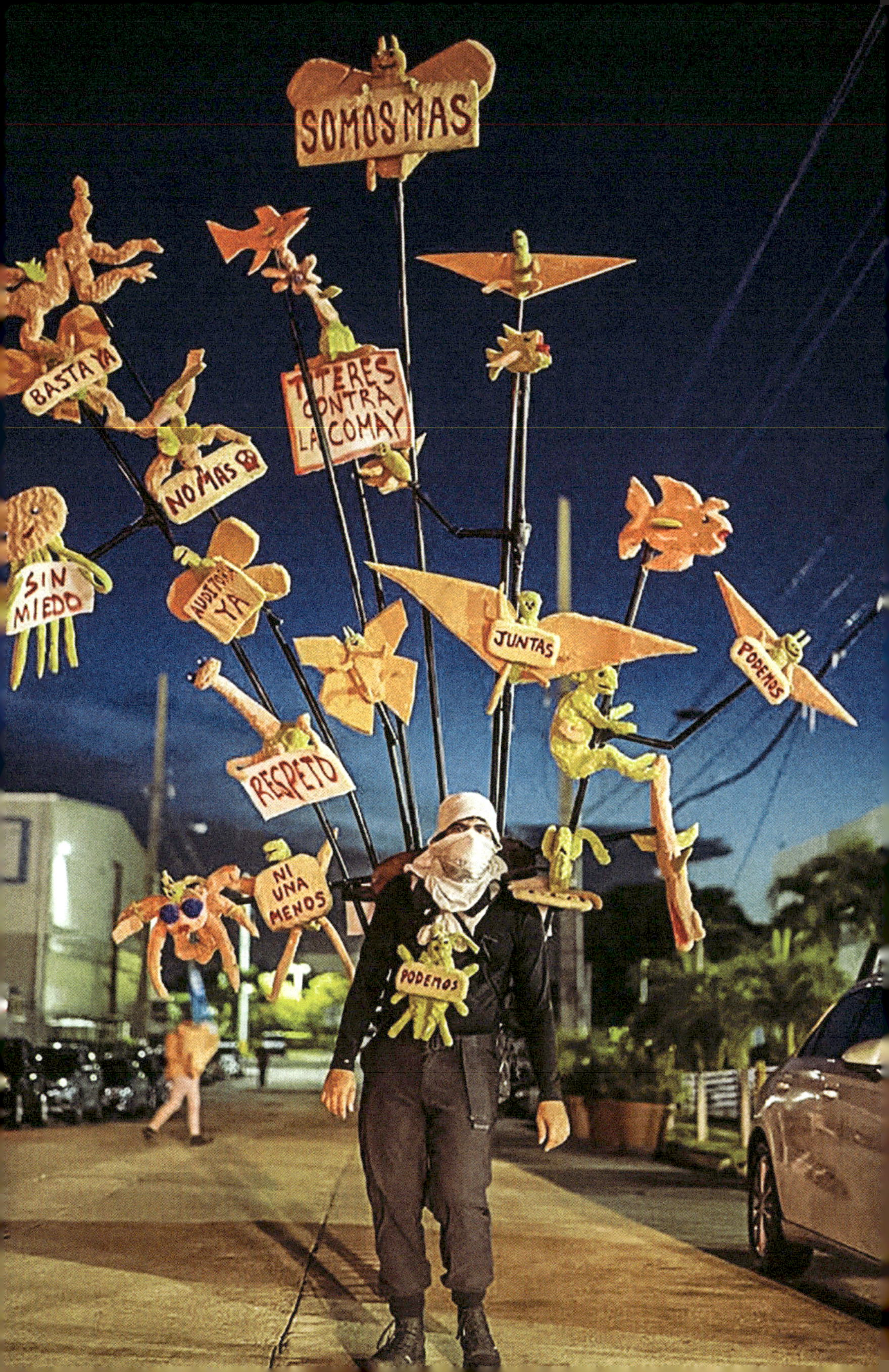

SOMOS MAS
BASTA YA
NO MAS
TITERES CONTRA LA COMAY
SIN MIEDO
AUDITORIA YA
JUNTAS
PODEMOS
RESPETO
NI UNA MENOS
PODEMOS

n. 1982, Ontario, Canadá;
vive y trabaja en Nueva York, Nueva York

¿Cómo estás?

A pesar de todo lo que
ha ocurrido este año,
estoy bien.

¿Cuál es el proyecto/obra que estás presentando?

El proyecto que estoy presentando en *ESTAMOS
BIEN* es una pieza de un
nuevo cuerpo de obra en
el que estoy explorando
y desafiando algunas de
las ideas románticas pre-
concebidas del Caribe. Es
un trabajo a gran escala
sobre papel que lleva el
grafito como medio para
dibujar a su límite, especialmente cuando se combina
con collage y grabado. La
narrativa de esta pieza
comenta las consecuencias
humanas socioeconómicas
y el impacto general que la
producción de azúcar tuvo
y sigue teniendo en ciertos
países del hemisferio occidental. Su narrativa también
refleja algunas de las experiencias prematuras que mi
difunto abuelo sufrió como
niño obrero trabajando en
los campos azucareros de
Guyana a la edad de diez
años, y cómo ellas inadverti-
damente afectaron mi experiencia infantil.

¿Cómo es el futuro?

El futuro está lleno de incertidumbre, pero también
está lleno de aspiración,
curiosidad y emoción por lo
que viene. Lo acepto porque
ha creado una sensación
de desconocimiento en un
mundo que alguna vez fue
aparentemente familiar,
y creo firmemente que
momentos como éste pue-
den convertirse en cataliza-
dores para el crecimiento y
fomento de nuevas ideas.

b. 1982, Ontario, Canada; lives and works in New York, New York

SIMONETTE QUAMINA

¿Cómo estás?

Despite everything that has transpired this year, I am doing well.

What is the project/work you are presenting?

The project that I am presenting in *ESTAMOS BIEN* is a piece from a new body of work in which I am exploring and challenging some of the preconceived, romanticized ideas of the Caribbean. It's a large-scale work on paper that pushes the boundaries of graphite as a drawing medium, especially when it is combined with collage and printmaking. The narrative in this piece comments on the socio-economic and human consequences, as well as the overall historical impact of the production of sugar that still persists in countries in the Western Hemisphere. Its narrative also mirrors some of the coming-of-age experiences my late grandfather endured as a child laborer working in the sugarcane fields of Guyana at the age of ten and how that inadvertently affected my childhood experience.

What is the future?

The future is full of uncertainty, but it is also lined with aspiration, curiosity, and excitement for what is to come. I'm accepting of it because it has created a sense of unfamiliarity in a world that was once seemingly familiar, and I strongly believe that moments such this can become catalysts for growth that foster new ideas.

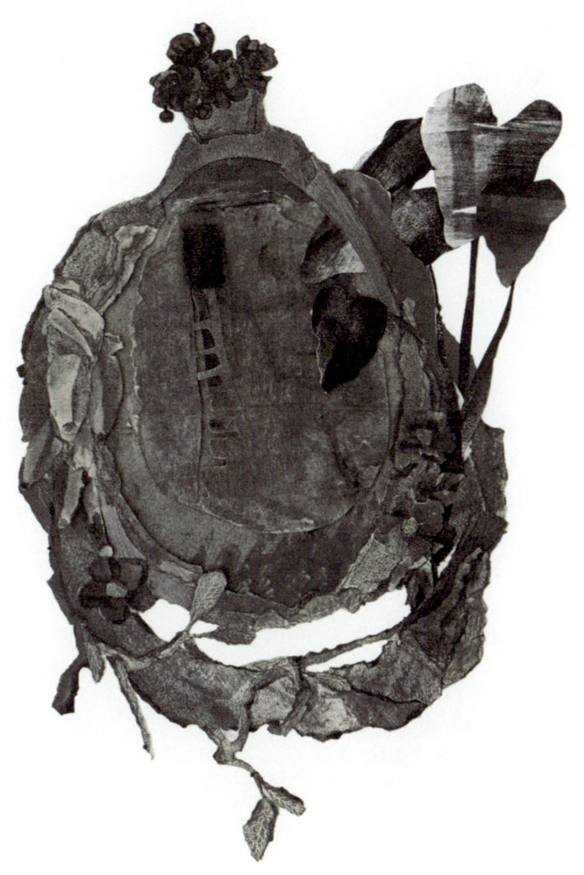

Crest Piece, 2020. Graphite, embossment and monoprint on archival board, 21 × 31 in. Courtesy the Artist

Pieza de cresta, 2020. Grafito, relieve y monoimpresión sobre carton de archivo, 53 × 78 cm. Cortesía de la artista

Sing a Song My Little Kiskadee, 2018. Graphite and multiple relief print, collaged on paper, 48 × 63 in. Courtesy the Artist

Canta una canción mi pequeño bienteveo, 2018. Collage de grafito y multiplos relieves sobre papel, 121 × 160 cm. Cortesía de la artista

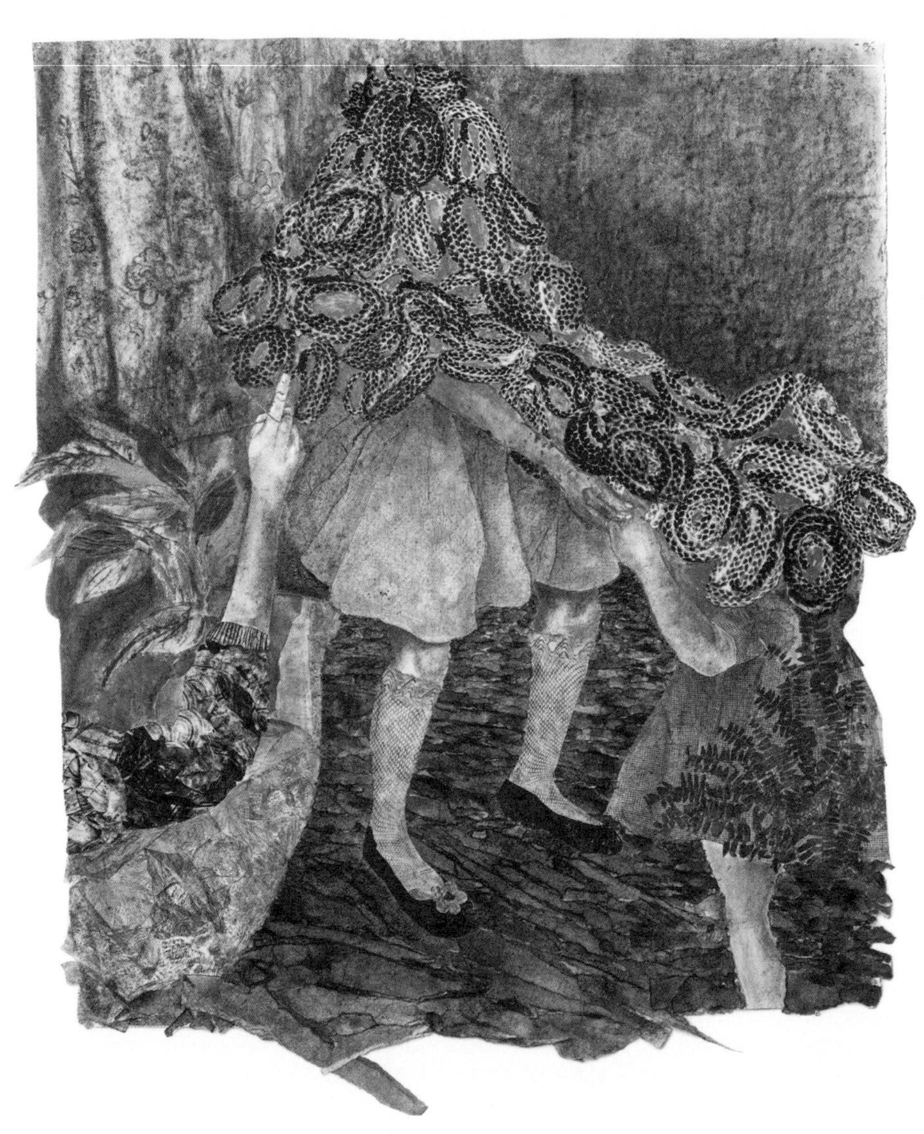

n. 1979, El Paso, Texas; vive y trabaja en Northampton, Massachusetts

¿Cómo estás?

Depende del día, pero en general, estoy bien. He tenido el privilegio de quedarme en casa durante la pandemia, sin embargo, como muchos, yo también he pasado por toda la gama de emociones. Por más difícil que haya sido, también ha sido un tiempo de reflexión, reevaluación y aceptación de las cosas, tal como son. Tengo mucho por qué estar agradecido. También estoy agradecido por mi compañero, un perro de ochenta y seis libras llamado Fonz.

¿Cuál es el proyecto/obra que estás presentando?

Tabled Remains (Restos de mesa). Las bandejas de cafetería estándar, producidas en masa, que generalmente utilizamos en escuelas, prisiones y otras instituciones. Históricamente, el papel que desempeñan las instituciones es reproducir valores culturales mediante el refuerzo de prácticas disciplinarias. Por ejemplo, la educación de la población indígena-amerindia se justificaba para dar paso al proyecto colonial de los colonos. Estas prácticas se fomentaron/fomentan como un medio de asimilación. En *Tabled Remains*, las bandejas de cafetería de arcilla se hacen a mano con un molde, luego se cuecen tanto en horno como en pozo. La política de la tierra y la subjetividad indígena están presentes y mediadas a través del alma animada inherente tanto a la arcilla como a la cerámica.

¿Cómo es el futuro?

Siendo realistas, esta es una pregunta difícil, pero puedo decirles lo que no es el futuro—antropocéntrico. Con optimismo, el futuro es un destino donde la reestructuración de los sistemas de valor social, político y económico, todas las formas de vida y la Tierra están al frente y en el centro, junto con las reparaciones y la redistribución de la riqueza.

VICK QUEZADA

b. 1979, El Paso, Texas; lives and works in Northampton, Massachusetts

¿Cómo estás?

Depende del día, but in general, I am okay. I've had the privilege to stay home through the pandemic, however, like many others, I too have felt the strong range of emotions. As difficult as it has been, it's also been a time of reflection, reevaluation, and accepting things just as they are. I have a lot to be grateful for. I'm also grateful for my companion, an eighty-six-pound dog named Fonz.

What is the project/work you are presenting?

Tabled Remains. The standard, mass-produced, cafeteria trays we use in schools, prisons, and other institutions. Historically, the role that institutions play is to reproduce cultural values through reinforcing disciplinary practices. For example, the education of the Indigenous Amerindian population was justified to make way for the settler colonial project. These practices were/are still encouraged as a means of assimilation. In *Tabled Remains*, the clay cafeteria trays are hand pressed from a mold, then both kiln and pit fired. The politics of land and Indigenous subjectivity are present and mediated through the animated soul inherent in both clay and ceramics.

What is the future?

Realistically, this is a difficult question, but I can tell you what the future isn't: anthropocentric. Optimistically, the future is a destination where the restructuring of social, political, economic value systems, all life forms, and earth are front and center along with reparations and wealth redistribution.

Tabled Remains, 2018. Ceramic
trays and cafeteria tables draped
in linen, variable dimensions.
Courtesy the Artist

Restos de mesa, 2018. Bandejas
cerámicas y mesas de cafetería
envueltas en lino, dimensiones
variables. Cortesía de le artista

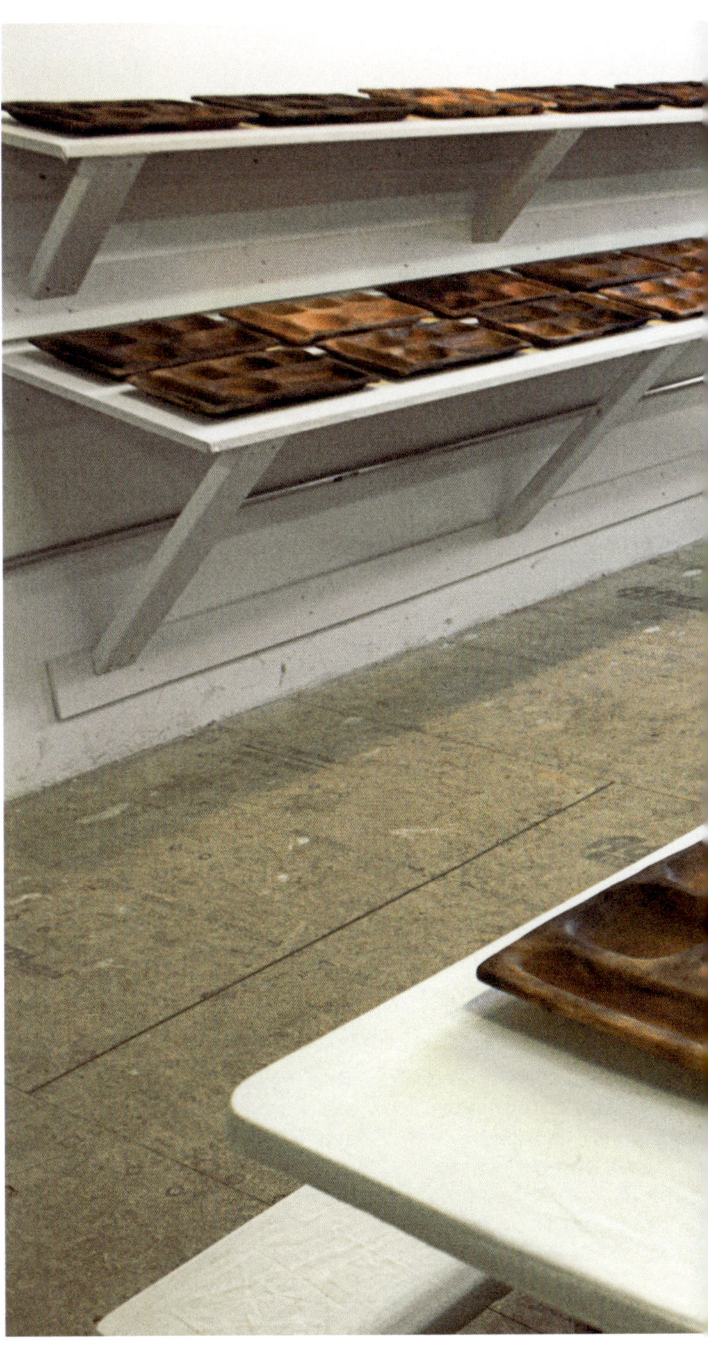

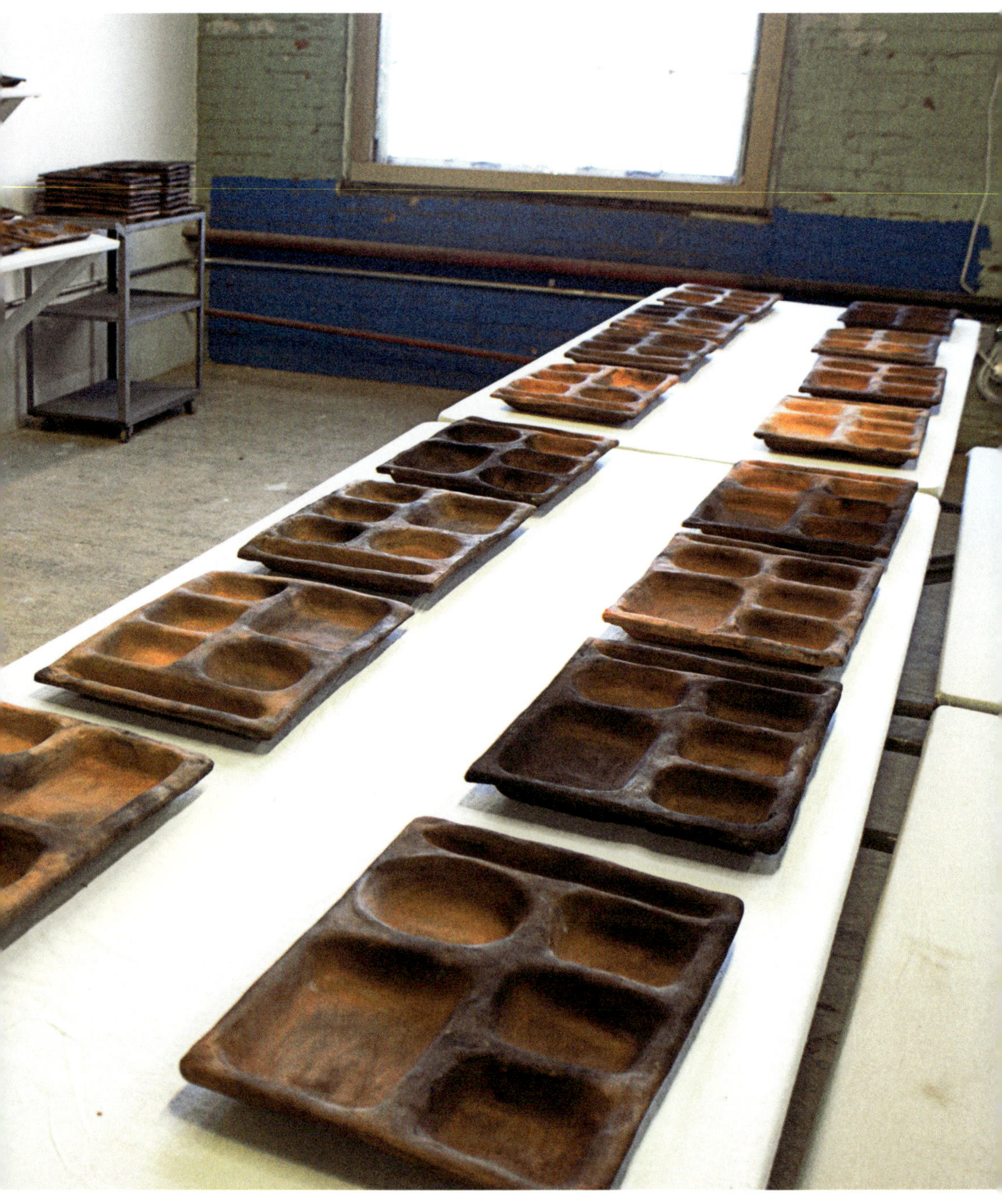

n. 1975, National City, California; vive y trabaja en Los Ángeles, California

¿Cómo estás?

Bien, pues cansadísima. Tengo un sueño que parecen dos. Estoy sana, feliz, ocupada, inspirada y agradecida por el apoyo de El Museo y el equipo curatorial por incluir mi trabajo como parte de *ESTAMOS BIEN: LA TRIENAL 20/21*.

¿Cuál es el proyecto/obra que estás presentando?

Estoy presentando selecciones recientes del *Codex Rodriguez-Mondragón* que incluyen estudios de plantas, paisajes fronterizos y retratos. Se incluye una serie de pinturas de plantas nativas utilitarias y medicinales para cada una de las cuatro estaciones, con nombres en tongva, español, latín e inglés común para demostrar el conocimiento herbolario a lo largo del tiempo. Estos folios están acompañados por retratos a tamaño natural de eruditas (Diana Magaloni, Ella Díaz y Ananda Cohen-Aponte), representadas como curanderas del Códice Florentino, preparando tratamientos para enfermedades respiratorias y dolores del corazón. Completando esta selección de ocho obras, incluí un paisaje *Borderlands* (Zona fronteriza) del 2020.

¿Cómo es el futuro?

El futuro estará determinado por lo bien que nos cuidemos los unos a los otros. Este invierno soy la artista en residencia y profesora de Cultura Visual para el 2020/2021 Caltech-Huntington Art + Research Residency. Recientamente fui premiada con el Creative Capital Award y me siento honrada de contar con su apoyo para seguir adelante con la siguiente fase del *Codex Rodriguez-Mondragón*. Permanezcan atentos a mi próxima exposición individual que será en el Art + Design Museum de la Universidad de California, Santa Barbara con exposiciones programadas en LACMA, el Denver Art Museum y el Amon Carter Museum of American Art.

SANDY RODRIGUEZ

b. 1975, National City, California; lives and works in Los Angeles, California

¿Cómo estás?

Bien, pues cansadisima. Tengo un sueño que parecen dos [Good, but super tired. Doubly tired]. I'm healthy, happy, busy, inspired, and thankful for the support of El Museo and the curatorial team for including my work as part of *ESTAMOS BIEN: LA TRIENAL 20/21.*

What is the project/work you are presenting?

I am presenting recent selections from the *Codex Rodriguez-Mondragón*, including plant studies, borderland landscapes, and portraits. Included are a series of paintings of native medicinal and utilitarian plants for each of the four seasons with names in Tongva, Español, Latin, and Common English to demonstrate plant knowledge over time. These folios are accompanied by life-size portraits of scholars (Diana Magaloni, Ella Diaz, and Ananda Cohen-Aponte) painted as healers from the *Florentine Codex* preparing treatments for respiratory illness and pain of the heart. Completing this selection of eight works is a 2020 *Borderlands* landscape.

What is the future?

The future is to be determined by how well we take care of each other. This winter I am the artist-in-residence and lecturer in visual culture for the 2020/2021 Caltech-Huntington Art + Research Residency. Most recently, I have been awarded the Creative Capital Award and am honored to have the support to move forward with the next phase of *Codex Rodriguez-Mondragón.* Stay tuned for my upcoming solo exhibition, which will be at the Art + Design Museum at the University of California, Santa Barbara, with scheduled exhibitions at LACMA, the Denver Art Museum, and the Amon Carter Museum.

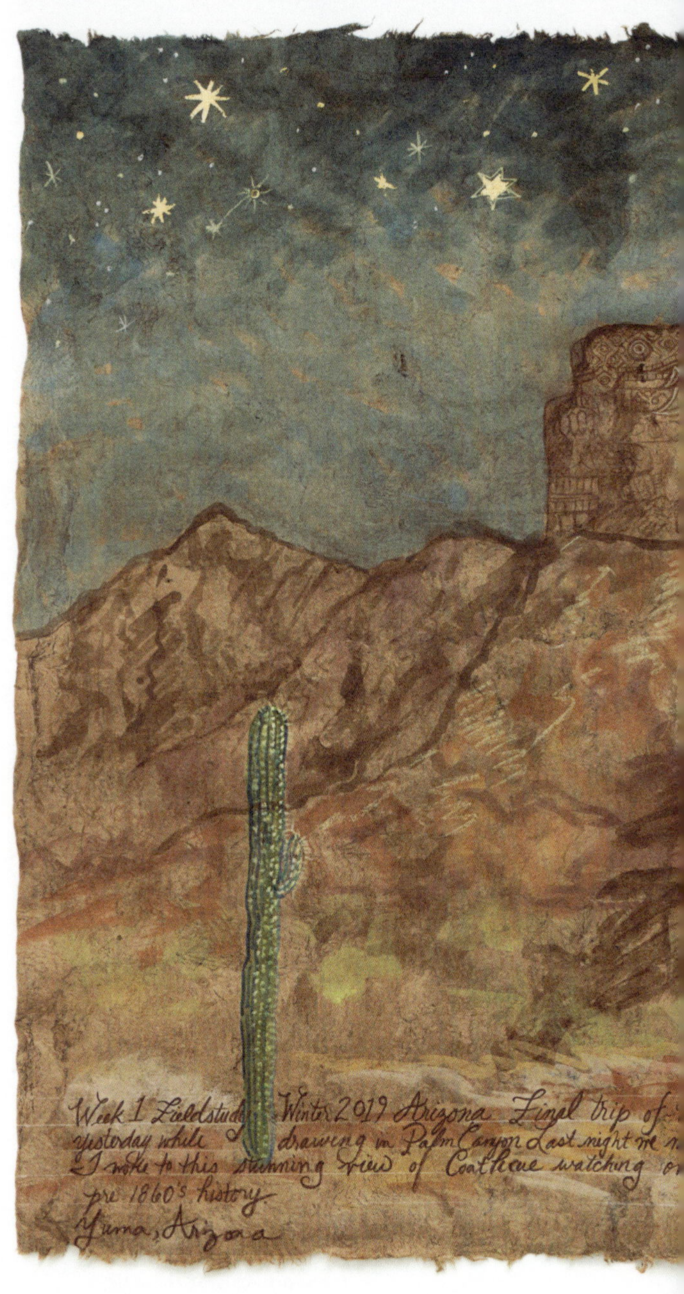

*Borderlands No. 3: Coatlicue
Visions in the Kofa Wilderness*, 2020.
Hand-processed watercolor on
amate paper, 31 1/2 × 47 in.
Courtesy the Artist

*Boderlands n. 3: Visiones de
Coatlicue en Kofa Wilderness*, 2020.
Acuarela hecha a mano sobre
papel amate, 78 × 120 cm.
Cortesía de la artista

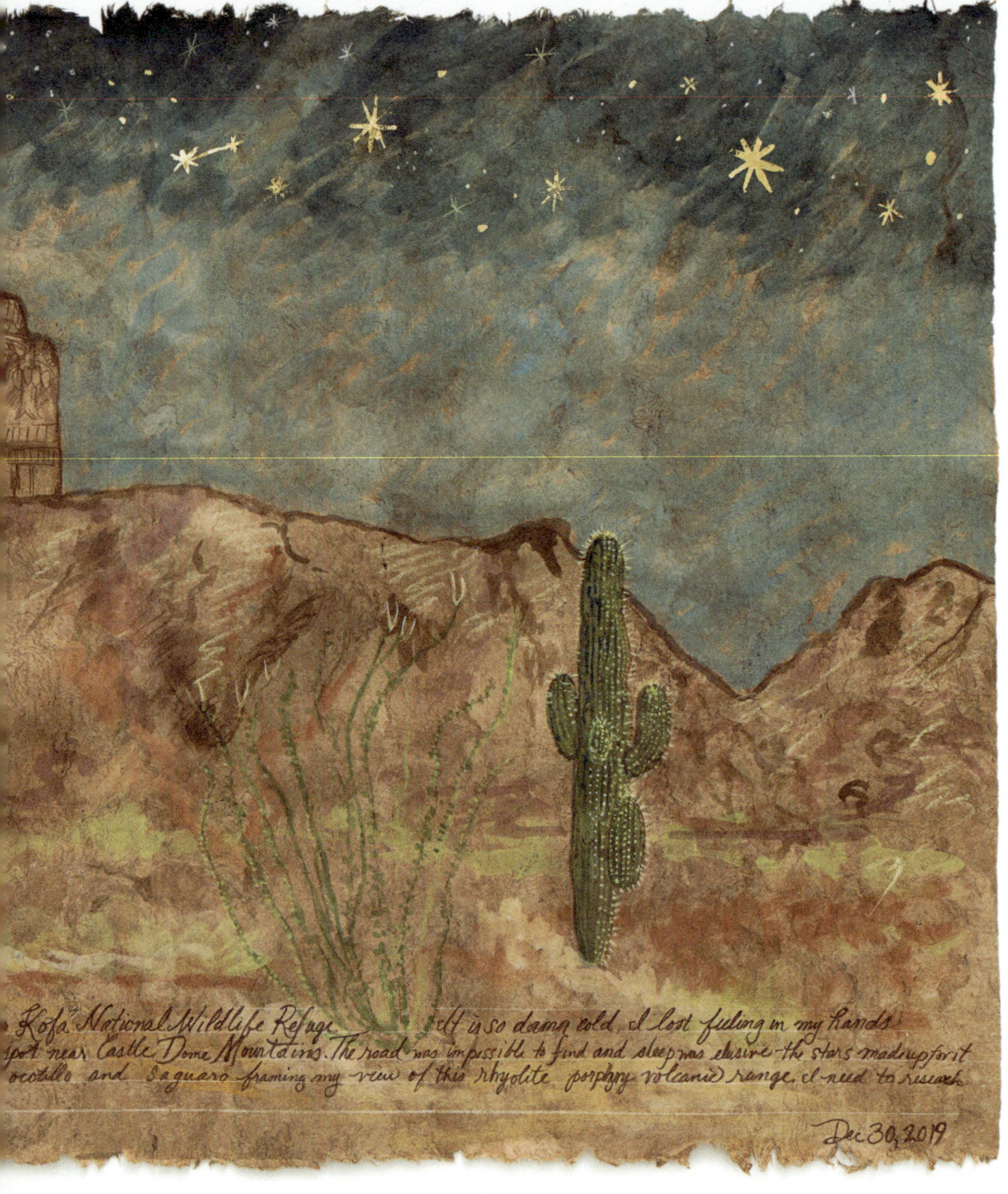

Kofa National Wildlife Refuge   It is so damn cold, I lost feeling in my hands
spot near Castle Dome Mountains. The road was impossible to find and sleep was elusive - the stars made up for it
ocotillo and saguaro framing my view of this rhyolite porphyry volcanic range. I need to research
Dec 30, 2019

n. 1990, el Bronx, Nueva York;
vive y trabaja en el Bronx

¿Cómo estás?

Dadas las circunstancias, estoy bastante bien. Mi familia goza de buena salud y se mantiene económicamente estable durante este desafortunado momento de la historia. Por mi parte, he podido completar mis estudios en la Universidad de Nueva York, concluir mi tesis y construir hermandades más profundas, independientemente de que se requiera hacerlo de forma remota. No muchas personas tienen el lujo de trabajar en proyectos que enriquecen su salud mental o de tener personas a su alrededor que les proporcionan oportunidades para que puedan prosperar.

¿Cuál es el proyecto/obra que estás presentando?

Diseñé un vestido de color caléndula con volantes, adornado con conchas de cauri y una capa tejida a mano con una corona escultórica alusiva a las piedras de tres puntas o trigonolitos, documentadas a través de la fotografía y el video. Para *ESTAMOS BIEN*, estoy presentando este proyecto en formato de instalación. La instalación incluirá un trono digital construido con CRT TVs, acompañado de una proyección de mapeo de un video que hace referencia a vitrales. Conceptualizo arte para vestir y piezas de vestuario inspiradas en mi investigación sobre las religiones y tradiciones Afro-sincréticas de las comunidades de la diáspora africana de Hispañola, como el vudú y la santería. Estas se activan cuando son usadas por personas que imagino que ocupan las características de deidades específicas. Como alguien que se identifica como Afro-Dominicana-Estadounidense, combino las culturas negras del Caribe y Estados Unidos. La subrepresentación de mujeres Afro-Latinxs me lleva a crear imágenes que resaltan y compensan el borrado de las mujeres negras y de color en nuestra cultura visual.

¿Cómo es el futuro?

Debido a la pandemia, hay muchas incertidumbres. Estoy construyendo mi futuro un día a la vez. Como comunidad, debemos aprender a ser flexibles unos con otros.

YELAINE RODRIGUEZ

b. 1990, the Bronx, New York; lives and works in the Bronx

¿Cómo estás?

Under the circumstances, I am doing pretty well. My family is in good health and sustaining financially during this unfortunate time in history. On my end, I have been able to complete my studies at New York University, conclude my thesis, and build more effective kinships despite being required to do it remotely. Not many people have the luxury of working on projects that enrich their mental health or have people around them that are providing opportunities so that they may prosper.

What is the project/work you are presenting?

I designed a marigold-colored ruffled gown adorned by cowrie shells and a handwoven cape with a sculptural crown alluding to the three-pointed stones, or *trigonolitos*, documented through photography and video. For *ESTAMOS BIEN*, I am presenting the installation format of this project. The installation will include a digital throne constructed with CRT TVs, accompanied by a video mapping projection referencing stained glass. I conceptualize wearable art and costume pieces inspired by my research on Afro-syncretic religions and traditions in Hispaniola African diasporic communities, such as Voodoo and Santeria. These are activated when worn by people whom I imagine occupy the characteristics of specific deities. As a self-identified Afro-Dominican-United Statesian, I combine Black Caribbean and American cultures. Afro-Latinx womxn's underrepresentation prompts me to create imagery that highlights and makes up for the erasure of Black and Brown women in our visual culture.

What is the future?

Due to the pandemic, there are a lot of uncertainties. I am constructing my future one day at a time. As a community, we must learn to be flexible with one another.

Oshun, Orisha of Fertility: Help us
Birth Generations of Revolutionary
Womxn, 2020. Archival pigment inkjet
print, 42 × 56 in. Courtesy the Artist

Oshun, Orisha de la fertilidad: ayúdenos
a dar a luz generaciones de mujeres
revolucionarias, 2020. Impresión inkjet
de pigmento de archivo, 106 × 142 cm.
Cortesía de la artista

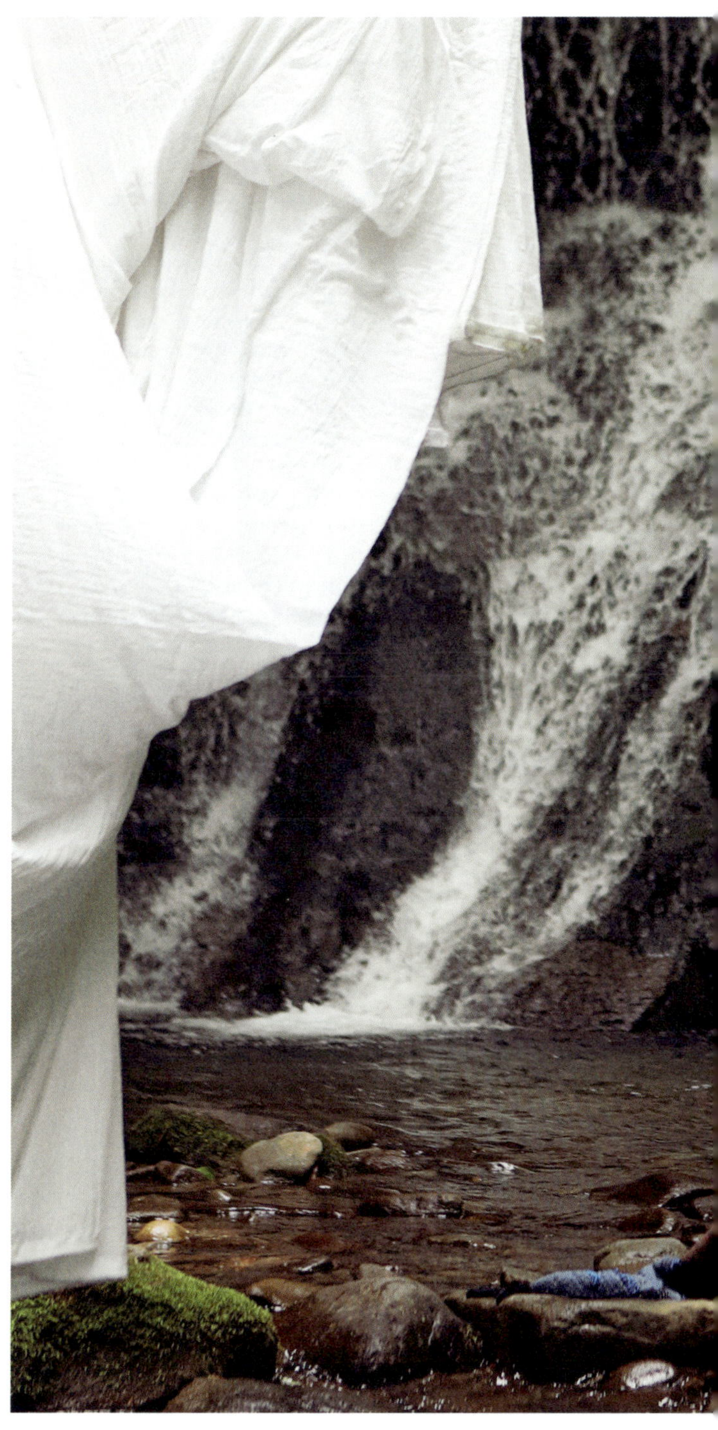

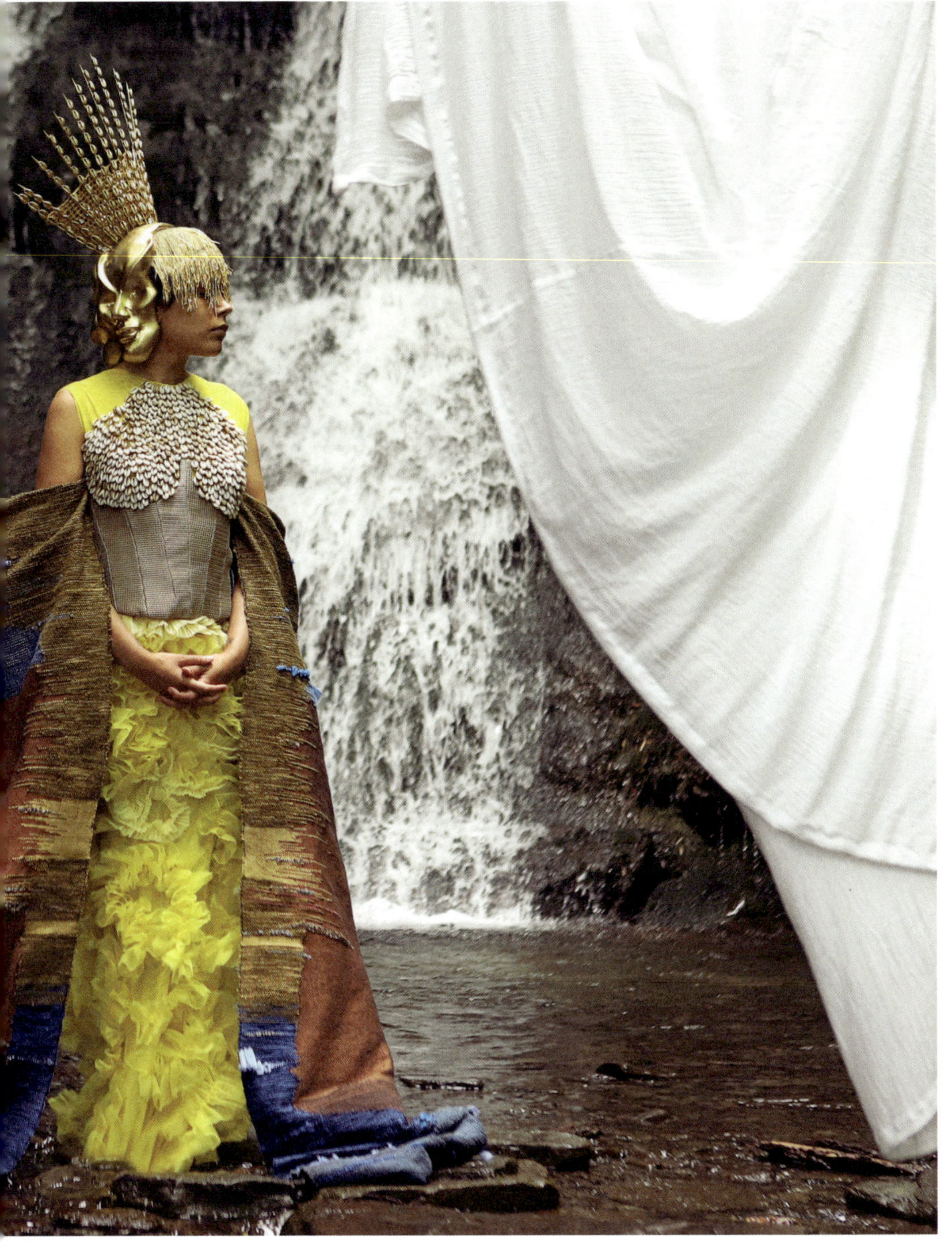

¿Cuál es el proyecto/obra que estás presentando?

Las obras que presento en *ESTAMOS BIEN* son de mi serie *Bundlehouse* (Casabulto). Incluyen *Bundlehouse: Borderlines No.6 (_emembe_)*, un trabajo de medios mixtos en papel que toma la forma de un mapa e incluye una rosa de los vientos (brújula), múltiples cartelas, signos y símbolos. En este mapa, la orientación de la isla de *Ayiti* está girada 90 grados en sentido contrario a las agujas del reloj. Este nuevo posicionamiento ofrece formas alternativas de ver la historia de la isla y nos pide que reconsideremos la tensa relación entre Haití y la República Dominicana.

Las otras dos obras son objetos escultóricos titulados *Bundlehouse (FS Mini No.1)* y *Bundlehouse (FS Mini No.2)*. Estas esculturas se componen principalmente de materiales y objetos desechados. Hablan acerca del ingenio, el cambio climático, la supervivencia, el ritual y el hogar.

n. 1976, Jersey City, Nueva Jersey; vive y trabaja en Jersey City

¿Cómo estás?

Así así en este momento. Pero, doy gracias por cada día que estoy bendecido con vida.

¿Cómo es el futuro?

El futuro es
    aquí, ahora, allí
mañana se fue ayer—
otra vez—

Se abre así para que podamos imaginar.
soñar.

NYUGEN E. SMITH

b. 1976, Jersey City, New Jersey; lives and works in Jersey City

¿Cómo estás?

Así así en este momento. Pero, I give thanks for each day I am blessed with life.

What is the project/work you are presenting?

The works I am presenting in *ESTAMOS BIEN* are from my *Bundlehouse* series. They include *Bundlehouse: Borderlines No. 6 (_emembe_)*, a mixed-media work on paper that takes the form of a map, complete with compass rose, multiple cartouches, signs, and symbols. In this map, the orientation of the island of Ayti is rotated ninety degrees counterclockwise. This new positioning offers alternative ways to view the history of the island and asks us to reconsider the fraught relationship between Haiti and the Dominican Republic.
  The other two works are sculptural objects titled *Bundlehouse (FS Mini No. 1)* and *Bundlehouse (FS Mini No. 2)*. These sculptures are comprised primarily of discarded materials and objects. They speak of ingenuity, climate change, survival, ritual, and home.

What is the future?

The future is
    here now there
tomorrow gone yesterday—
Again—

It opens itself so
we may imagine.
dream.

*Bundlehouse Borderlines # 6
(_emembe_)*, 2018. Pen and ink,
watercolor, thread, colored
pencil, acrylic, graphite, gesso,
metallic marker, tea, Diaspora soil,
sequins, oil pastel, fabric, lace,
and canvas on paper, 85 × 54 in.
Courtesy the Artist

*Bundlehouse Borderlines # 6
(_emembe_)*, 2018. Pluma y tinta,
acuarela, hilo, lápiz de color,
pintura acrílica, grafito, yeso,
rotulador metálico, té, tierra de la
diáspora, lentejuelas, pastel al óleo,
tela, encaje y lienzo sobre papel,
215 × 114 cm. Cortesía del artista

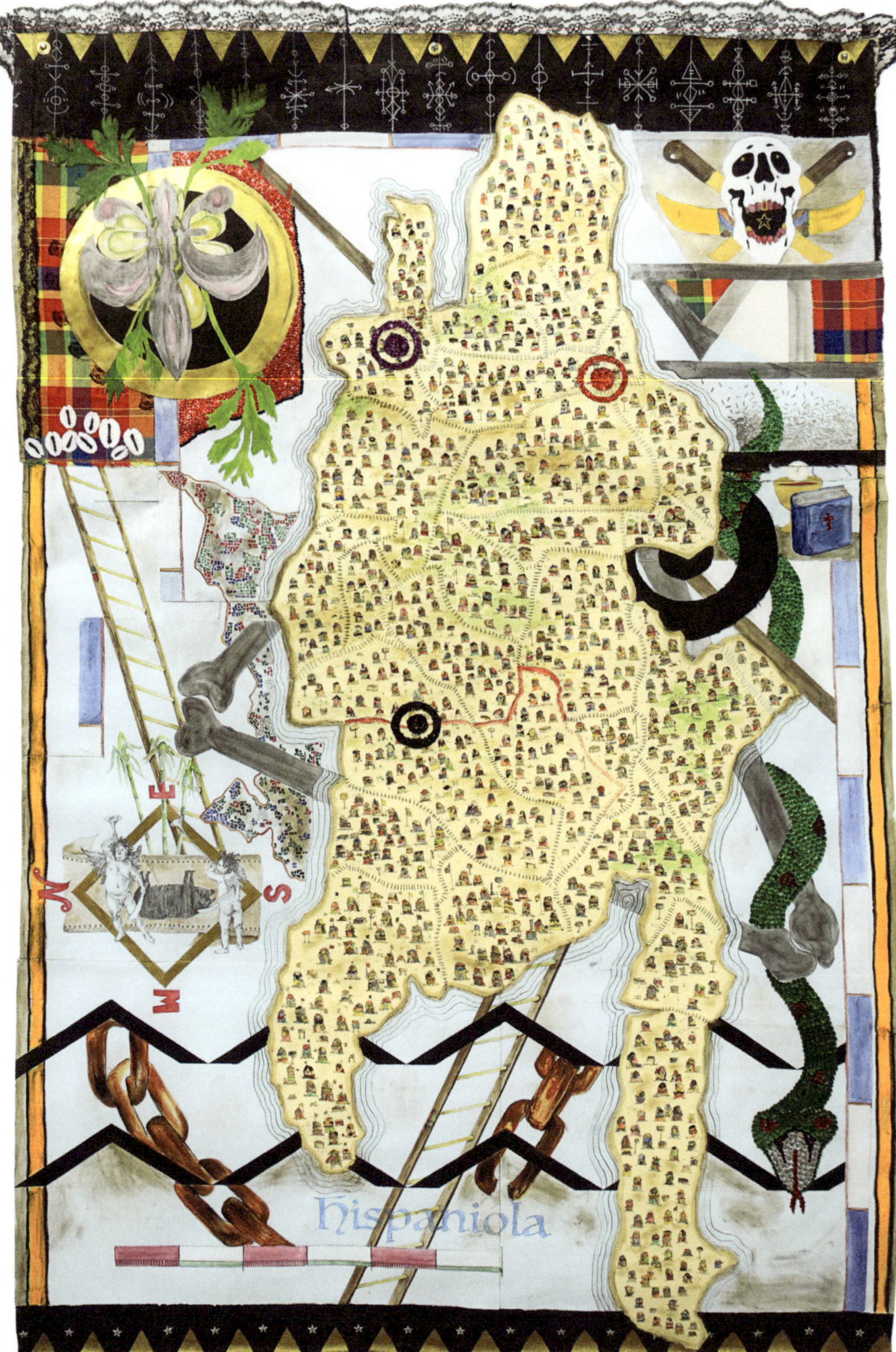

N
S
E
W
Hispaniola

n. 1971, Santurce, Puerto Rico; vive y trabaja en Chicago, Illinois

¿Cómo estás?

Contenta de estar motivada, presente, saludable y trabajando. Triste por nuestro presente estado global, pero con esperanza de vivir momentos de recuperación.

¿Cuál es el proyecto/obra que estás presentando?

Presentaré una intervención arquitectónica titulada *GRAFT*. *GRAFT* es un proyecto continuo que representa intervenciones arquitectónicas vernáculas que toman la forma de instalaciones inmersivas y publicaciones adjuntas. Citando estructuras conocidas como quiebrasoles y rejas encontrados prominentemente en Puerto Rico, *GRAFT* interconecta físicamente esta arquitectura existente con un lugar específico, mientras que conceptualmente representa un trasplante imaginario o gesto migratorio. La naturaleza dúctil de esta arquitectura, que marca el espacio doméstico, permite la representación de múltiples estados de visibilidad e invisibilidad. Estos elementos arquitectónicos impregnaron mi hogar y entorno urbano en Puerto Rico y como resultado la geometría fractal de estas estructuras, inevitablemente se convirtió en una parte de mi léxico visual.

Como una instalación en evolución, la iteración más reciente de *GRAFT* incluye pequeños visores incrustados en los espacios circulares de la estructura. Al mirar a través de los visores es un acto similar a ver a través de los quiebrasoles y rejas que rodean una casa puertorriqueña para vislumbrar una porción de la casa detrás de las paredes, desafiando ideas de privacidad.

¿Cómo es el futuro?

El futuro es el resultado de nuestras acciones. El futuro es ahora.

b. 1971, Santurce, Puerto Rico;
lives and works in Chicago, Illinois

EDRA SOTO

What is the project/work you are presenting?

I will be presenting an architectural intervention titled *GRAFT*. *GRAFT* is an ongoing project representative of vernacular architectural interventions that take the form of immersive installations and accompanying publications. Citing structures known as *quiebrasoles* (literally, sun-breakers) and *rejas* (grills) found prominently in Puerto Rico, *GRAFT* physically interconnects this existing architecture to a site-specific place while conceptually representing an imaginary transplant or migratory gesture. The ductile nature of this architecture, which marks domestic space, allows for the representation of multiple states of visibility and invisibility. These architectural elements permeated my home and urban surroundings in Puerto Rico, and, as a result, the fractal geometry of these structures inevitably became a part of my visual lexicon.

As an evolving installation, the newest iteration of *GRAFT* includes small viewfinders embedded in the circular spaces of the structure. The act of looking through the viewfinders is akin to peering through the *quiebrasoles* and *rejas* surrounding a Puerto Rican home to glimpse a portion of the home behind the walls, challenging ideas of privacy.

¿Cómo estás?

Happy to be motivated, present, healthy, and working. Sad for our current global state, but with hope of experiencing moments of recovery.

What is the future?

The future is the result of our actions. The future is now.

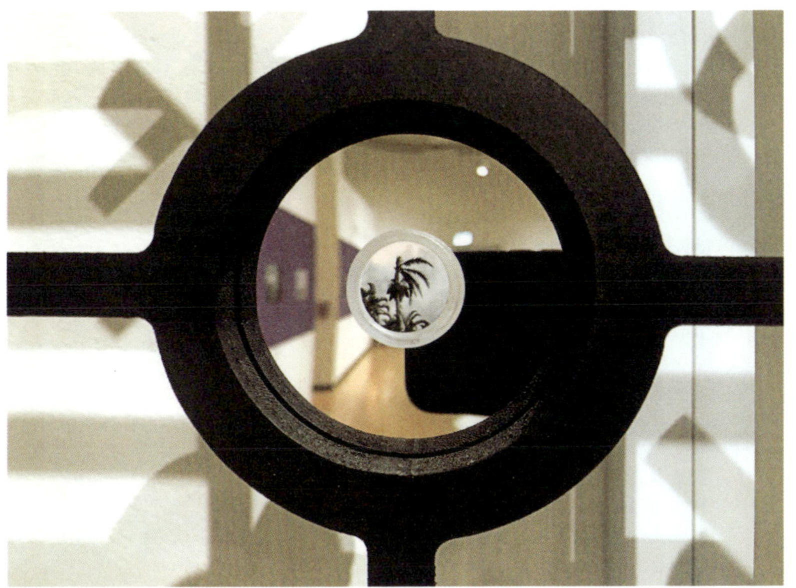

GRAFT, exhibition view, *Temporal:
Puerto Rican Resistance*, at
The Museum of Contemporary
Photography, Chicago, Illinois, 2020.
Courtesy the Artist

GRAFT, vista de la exposición,
*Temporal: Resistencia
Puertorriqueña*, en el Museum
of Contemporary Photography,
Chicago, Illinois, 2020.
Cortesía de la artista

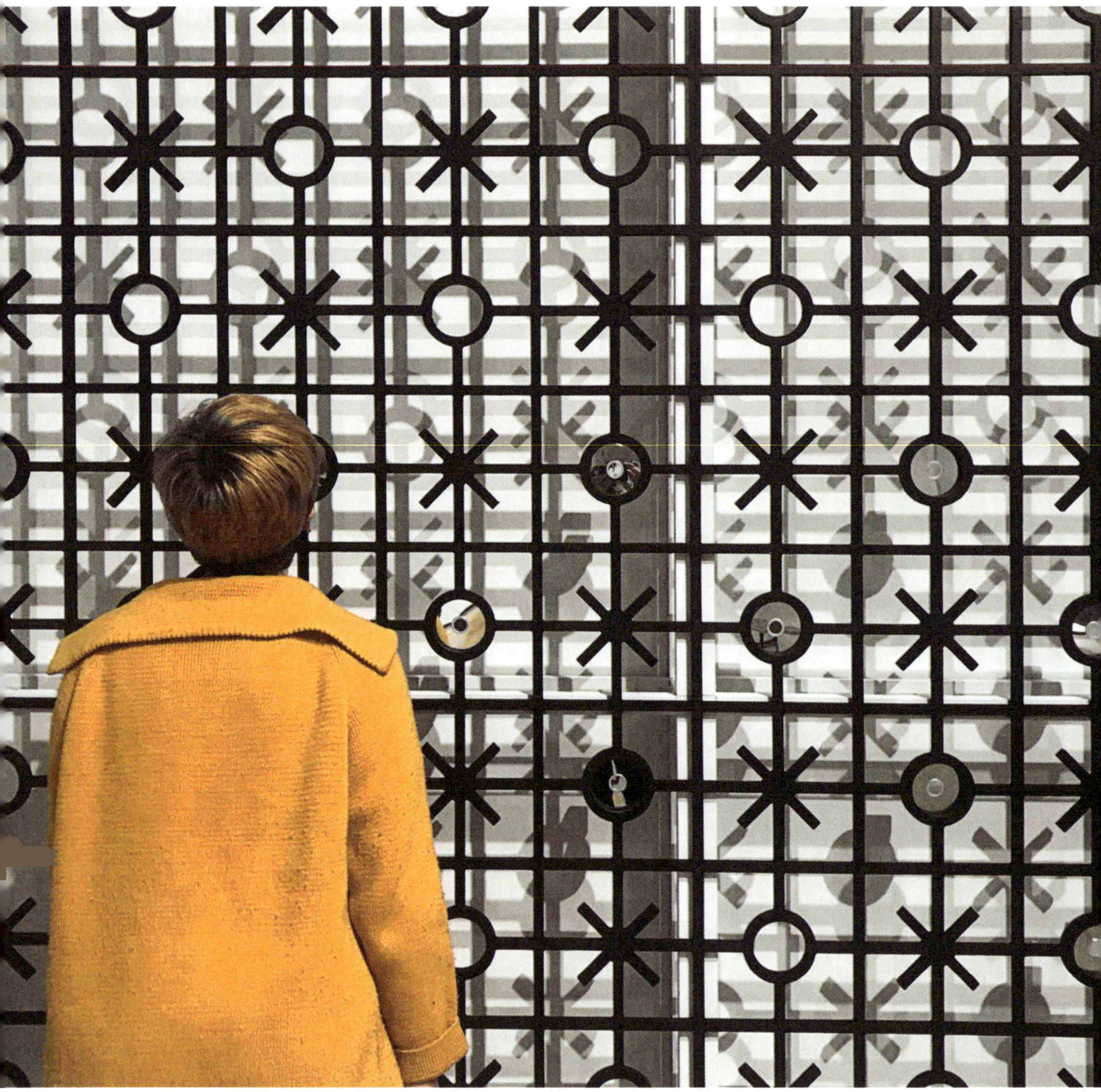

n. 1955, Los Angeles, California; vive y trabaja en Los Angeles

¿Cómo estás?

Estoy bien. Escribo esto durante el último mes del primer año de esta década. 2020 es mi 40° año viviendo con VIH. No doy por sentada mi longevidad y lo que este año me ha enseñado es lo mucho que estoy agradecido por los amigos, la familia y las relaciones que me han ayudado a superar estos últimos doce meses.

¿Cuál es el proyecto/obra que estás presentando?

Mi serie de bodegones, que comencé en 1997. Fue un intento de hacer arte sobre mi ambivalencia con respecto a vivir en la era del cóctel contra el VIH. Aunque estaba feliz de saber que estaba vivo, también reconocí que los medicamentos contra el VIH son "productos" que generan millones de ingresos para la industria farmacéutica. Tomé prestado el tropo de un bodegón de arte pop utilizado por Tom Wesselmann a principios de la década de 1960, que utilizaba imágenes publicitarias para criticar el consumismo estadounidense. Mis versiones son "mexicanizadas" y "*queer*-izadas" y todas contienen medicamentos para el VIH. Figuras masculinas se presentan en entornos domésticos que tienen imágenes sujetas a múltiples interpretaciones y referencias, con un elemento de "rasquachismo." Los interiores domésticos, son a la vez familiares y extraños. Los hombres—con quienes he tenido compromiso sexual—aparecen en las escenas celebrando las drogas que me permiten ser un maricón practicante. La serie continuará hasta que haya una cura.

¿Cómo es el futuro?

El futuro es incierto pero esperanzador. Realmente no sé cuál será el futuro, pero mi deseo es quedarme el tiempo suficiente para presenciarlo y tal vez contribuir a su vitalidad.

b. 1955, Los Angeles, California; lives and works in Los Angeles

JOEY TERRILL

¿Cómo estás?

I am good. As I write this, we are in the last month of the first year of this decade. 2020 is my fortieth year living with HIV. I don't take my longevity for granted, and what this year has taught me is how much I am grateful for friends, family, and relationships that have helped me get through the last twelve months.

What is the project/work you are presenting?

My *Still-Life* series, started in 1997. The series was my attempt to make art about my ambivalence about living in the age of the HIV cocktail. While I was happy to know that I was alive, I also recognized that the HIV drugs are "products" that generate millions in profits for the pharmaceutical industry. I borrowed the Pop-Art, still-life trope used by Tom Wesselmann from the early 1960s that used images from advertisements to critique American consumerism. My versions are "Mexicanized" and "queerized," and all contain HIV medications. Male figures are present in these domestic settings, which have imagery subject to multiple interpretations and references with an element of *rasquachismo* (or the Chicano use of throwaways in artmaking). Domestic interiors, simultaneously familiar but strange. Men with whom I have had sexual engagement are in the scenes celebrating the drugs that allow me to be a practicing *maricón*. The series will continue until there's a cure.

What is the future?

The future is uncertain yet hopeful. I really don't know what the future will be, but my desire is to stay around long enough to witness it and perhaps contribute to its vitality.

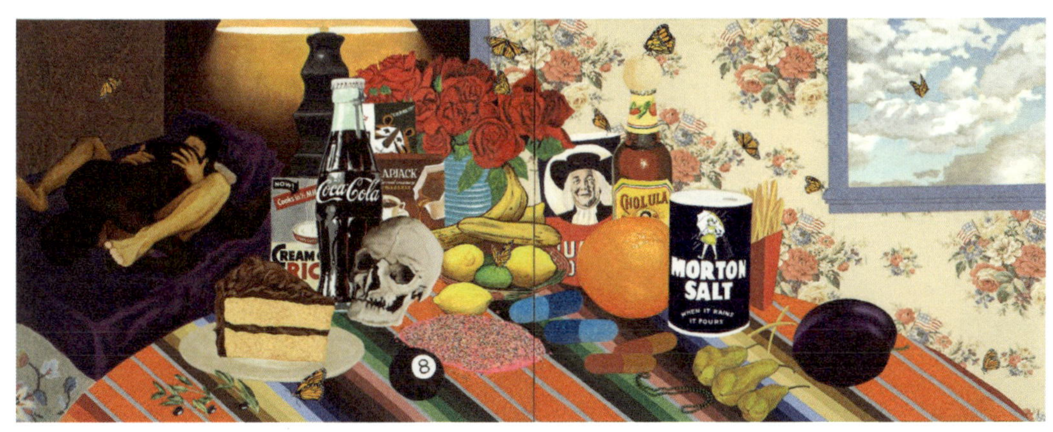

Just What Is It About Today's Homos That Makes Them So Different, So Appealing?, 2009—2011. Mixed media on canvas, 48 × 120 in., diptych. Courtesy the Artist

¿Solo, qué tienen los hombres homosexuales de hoy que los hace tan diferentes, tan atractivos?, 2009-2011. Técnica mixta sobre lienzo, 121 × 305 cm. díptico. Cortesía del artista

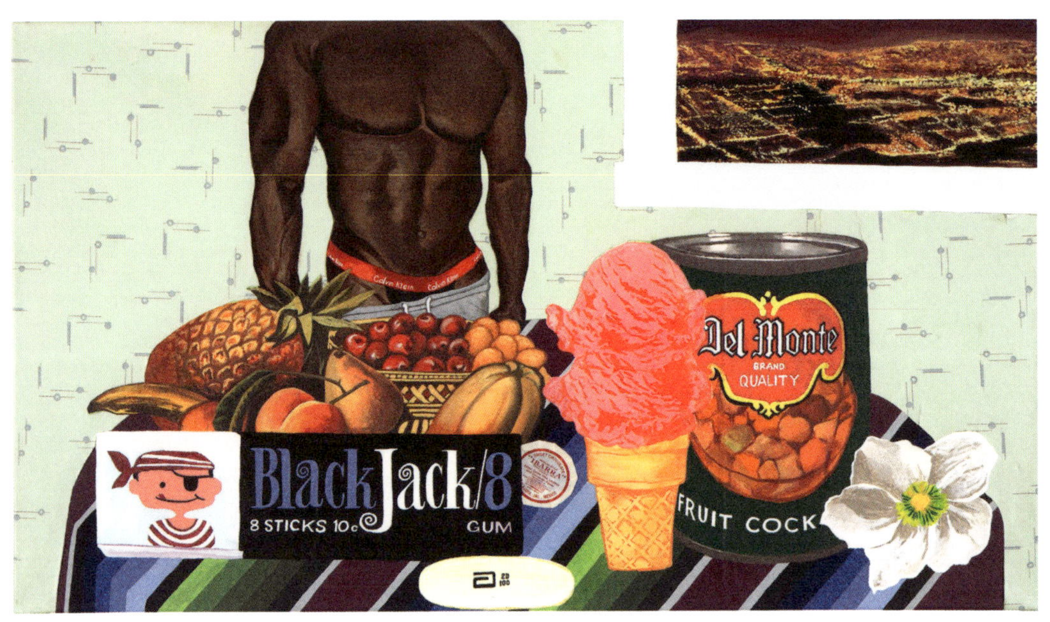

Black Jack 8, 2008.
Mixed media on canvas, 30 × 48 in.
Courtesy the Artist

Black Jack 8, 2008. Técnica
mixta sobre lienzo, 76 × 121 cm.
Cortesía del artista

Activo en 2018

¿Cómo están?

Algunos bien, otros más o menos. Luego del lanzamiento del proyecto, perdimos a Linda Rodriguez. Nunca nos dijo que tenía una enfermedad terminal y dedicó sus últimos días en la Tierra a trabajar por el bien de estas familias separadas de nuestros inmigrantes. Su ejemplo siempre nos acompañará y nos inspirará. El COVID-19 ha afectado a algunos de nosotros directamente y a todos indirectamente. Pero seguimos, y felices cuando podemos.

¿Cuál es el proyecto/obra que están presentando?

Torn Apart/Separados, acesible en línea por: **xpmethod.columbia.edu/ torn-apart/volume/1/**

¿Cómo es el futuro?

El equipo de Torn Apart/ Separados se reunió específicamente para este proyecto. Ahora hemos pasado a otros proyectos y a otros equipos. Creo que el siguiente, y tal vez el último capítulo de la vida de este proyecto será cinematográfico. La directora Pamela Yates está haciendo un documental sobre la agencia de inmigrantes y las respuestas a las políticas y prácticas antiinmigrantes. En el documental, el proyecto juega un papel importante al conducir partes de la narrativa. Un grupo de la Universidad de Nueva York (NYU) parece estar retomando la batuta donde la dejamos, y es posible que se escuche de ellos en el futuro.

Active 2018

¿Cómo están?

Algunos bien, otros más o menos. Luego del lanzamiento del proyecto, perdimos a Linda Rodriguez [Some well, others more or less. After the launch of the project, we lost Linda Rodriguez]. She never told us she was terminally ill and dedicated her last days on earth working for the sake of these separated families of our immigrants. Her example will always accompany us and inspire us. COVID-19 has affected some of us directly, and all of us indirectly. *Pero seguimos, y felices cuando podemos* [But we continue, happy when we can be].

What is the project/work you are presenting?

Torn Apart/Separados, accessible online at: **xpmethod.columbia.edu/ torn-apart/volume/1/**

What is the future?

The team for *Torn Apart/ Separados* came together specifically for this project. Now we have moved on to other projects and other teams. I think the next, and perhaps last chapter in the life of the project will be cinematic. Director Pamela Yates is making a documentary about immigrant agency and responses to anti-immigrant policies and practices. In the documentary, the project plays an important role in driving parts of the narrative. A team at New York University seems to be also picking up the baton where we left off, and you may hear from them in the future.

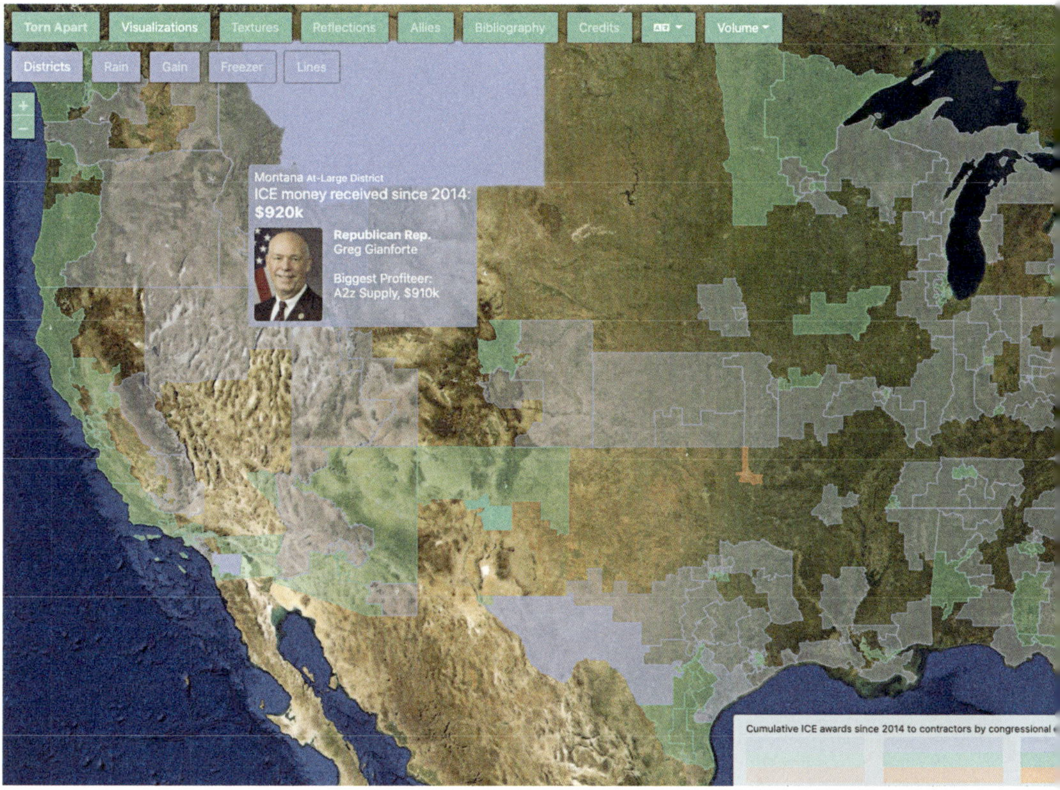

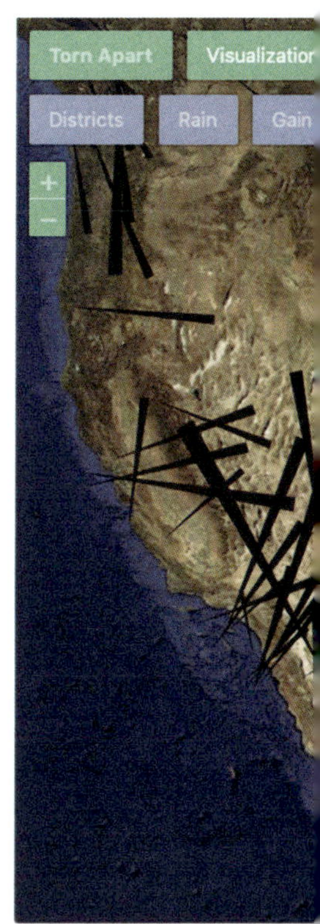

Torn Apart/Separados, Volume 2. Homepage. September 2018. Website. Courtesy the TA/S team

Torn Apart/Separados, Volumen 2. Página inicial. Septiembre de 2018. Sitio web. Cortesía del equipo TA/S

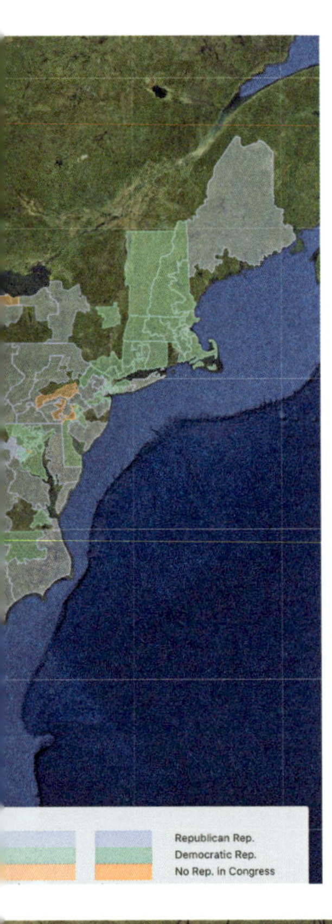

Republican Rep.
Democratic Rep.
No Rep. in Congress

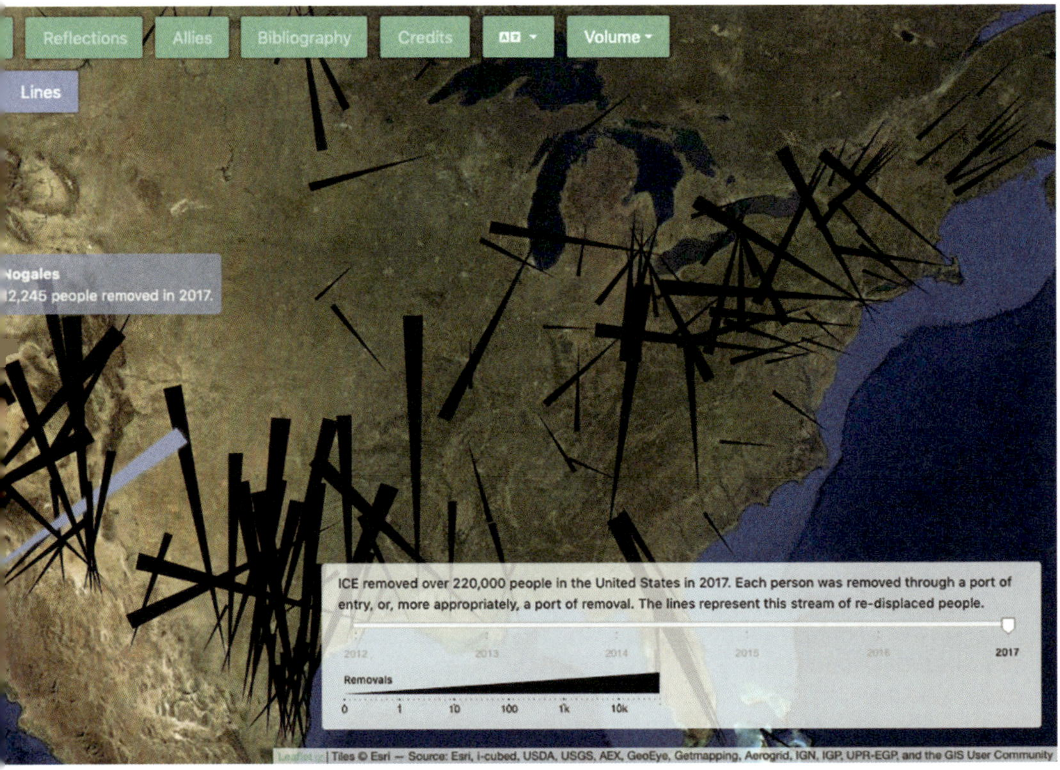

Reflections
Allies
Bibliography
Credits
Volume
Lines
Nogales
12,245 people removed in 2017.
ICE removed over 220,000 people in the United States in 2017. Each person was removed through a port of entry, or, more appropriately, a port of removal. The lines represent this stream of re-displaced people.
2012
2013
2014
2015
2016
2017
Removals
0   1   10   100   1k   10k
Leaflet | Tiles © Esri — Source: Esri, i-cubed, USDA, USGS, AEX, GeoEye, Getmapping, Aerogrid, IGN, IGP, UPR-EGP, and the GIS User Community

n. 1976, El Paso, Texas; vive y trabaja en Filadelphia, Pensilvania

¿Cómo estás?

Estoy fantástica; Joe Biden ganó las elecciones. Como idealista, tengo la esperanza de que su mandato ponga un fin a la crisis impuesta sobre los inmigrantes de América Central y del Sur. El diálogo contra la latinidad generado durante la presidencia de Trump fue inaceptable; las acciones de Trump fueron mucho peores. Biden me parece una persona humana. Será un soplo de aire fresco cuando Trump deje de tuitear insultos contra la latinidad. Además, la existencia de Kamala Harris es hermosa para las mujeres de color en todas partes.

¿Cuál es el proyecto/obra que estás presentando?

Estoy presentando una pieza de mi proyecto *Black Lives Matter 2020* (Las Vidas Negras Importan 2020). La serie fue tomada en el apogeo de las protestas de BLM desde una perspectiva de Filadelfia. Como latinoamericana, estoy abierta a reconocer la importancia de los movimientos de la comunidad afroamericana. Si no hubiera sido por ellos, ninguna de las minorías de este país tendría las libertades que se nos asignan hoy. Recuerdo haber escuchado historias de mi abuela sobre sus viajes al sur. Cuando era más joven, había carteles que decían "No se admiten perros. No negros. No mexicanos." Esto no fue hace mucho tiempo. Creo que es importante que las distintas minorías se defiendan unas a otras. Si no nos mantenemos unidos, ¿quién lo hará por nosotros? Hay una frase en México que más o menos dice lo siguiente: Cuando más personas golpeen la cacerola (y el ruido comience a sonar), el cambio sucederá rápidamente. Los diversos rostros representados en esta serie demuestran la importancia de protegerse los unos a los otros.

¿Cómo es el futuro?

El futuro es una búsqueda incesante por la igualdad.

ADA TRILLO

b. 1976, El Paso, Texas;
lives and works in Philadelphia, Pennsylvania

¿Cómo estás?

I'm fantastic—Joe Biden won the election. As an idealist, I have hope his term will bring an end to the turmoil imposed on Central and South American immigrants. The dialogue against *Latinidad* generated during the Trump presidency was unacceptable; Trump's actions were far worse. Biden strikes me as a humane person. It will be a breath of fresh air when Trump stops tweeting insults against *Latinidad*. Also, Kamala Harris's existence is beautiful for women of color everywhere.

What is the project/work you are presenting?

I am presenting a piece from my *Black Lives Matter 2020* project. The series was taken at the height of the BLM protests with a Philadelphian perspective. As a Latina American, I am open to acknowledging the importance of the movements of the African American community. Had it not been for them, all minorities within this country would not have the same freedoms that we are allotted today. I recall hearing stories from my grandmother about her travels down South. When she was younger, there were signs that read, "No Dogs. No Blacks. No Mexicans." This wasn't too long ago. I believe it is important for different minorities to advocate for each other. If we don't stick together, who will stand up for us? There is a phrase in Mexico that loosely translates to: "When more people hit the pan (and the noise begins to sound), the change will happen quickly." The diverse faces represented in this series demonstrate the importance of protecting one another.

What is the future?

The future is an unrelenting pursuit of equality.

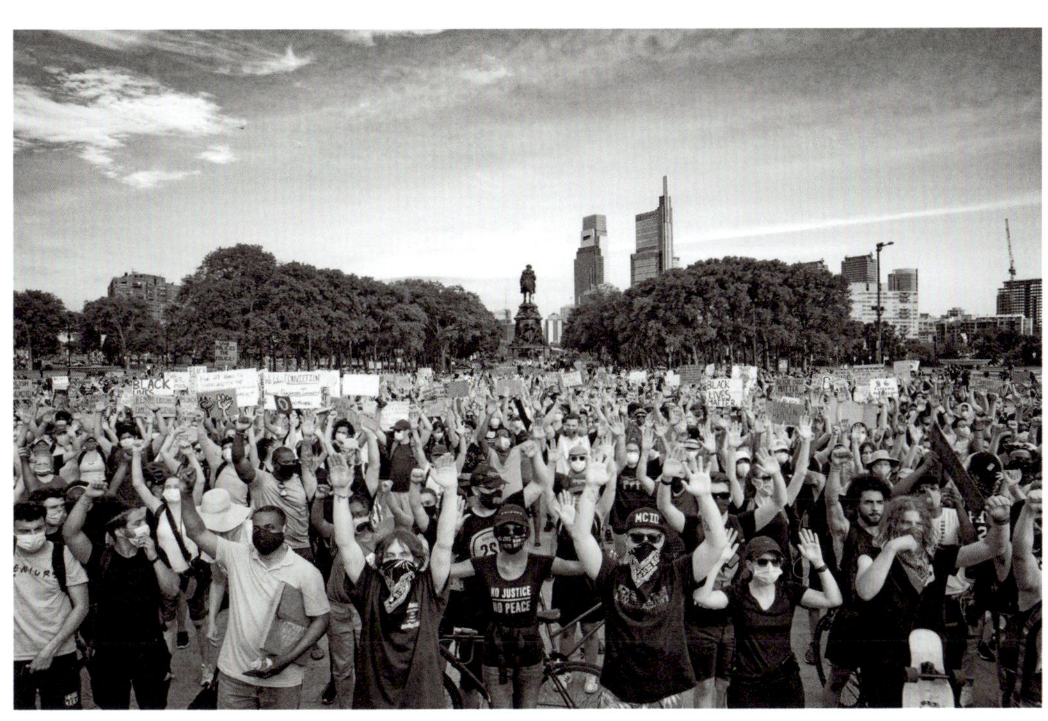

Peaceful Protest 1 and *2* from the
Black Lives Matter series, 2020.
Digital photography, variable
materials and dimensions. Courtesy
the Artist

Protesta pacífica 1 y *2* de la serie
Black Lives Matter, 2020. Fotografía
digital, materiales y dimensiones
variables. Cortesía de la artista

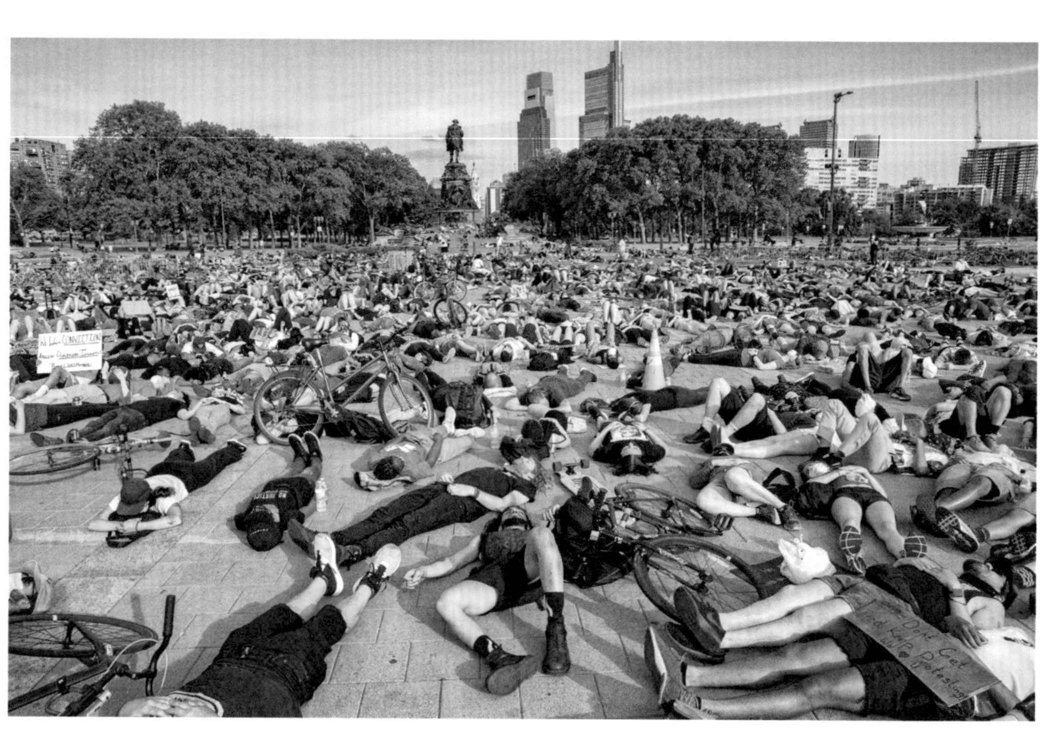

n. 1977, San Antonio, Texas;
vive y trabaja en Houston, Texas

¿Cómo estás?

Todavía sigo de pie.

¿Cuál es el proyecto/obra que estás presentando?

Estoy presentando extractos de la serie, *The Strangest Fruit* (La fruta más extraña). Esta serie examina el tema histórico de los linchamientos de mexicanos y mexicoamericanos en el suroeste de Estados Unidos, a través de una lente contemporánea. Como los cuerpos marrones en el pasado de Estados Unidos, cuanto más luchan por liberarse, más apretado les estrangulará la soga.

¿Cómo es el futuro?

El futuro es ahora.

VINCENT VALDEZ

b. 1977, San Antonio, Texas; lives and works in Houston, Texas

¿Cómo estás?

I am still standing.

What is the project/work you are presenting?

I am presenting excerpts from the series *The Strangest Fruit*. This series examines the historic subject of lynchings of Mexicans and Mexican Americans in the American Southwest, through a contemporary lens. Like the brown bodies in America's past, the more that they struggle to break free, the tighter the noose will choke.

What is the future?

The future is now.

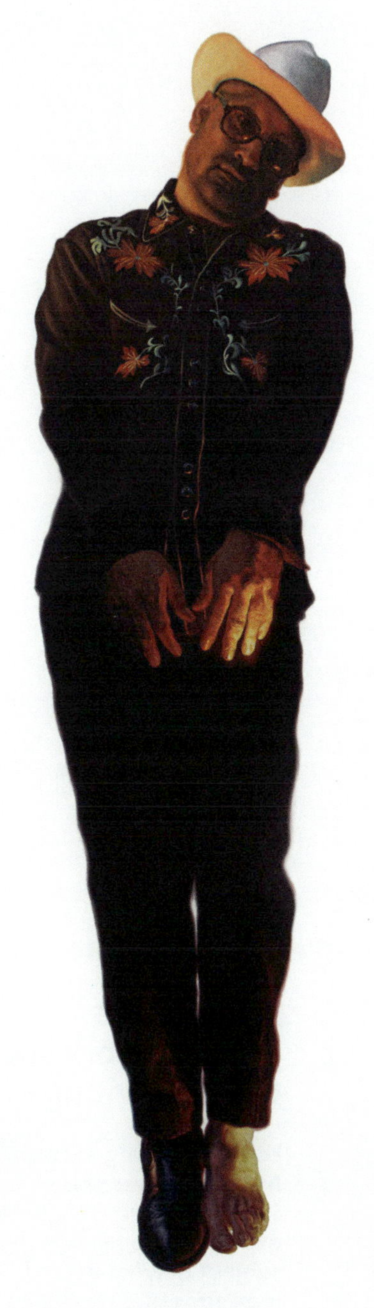

The Strangest Fruit, 2013. Oil on
canvas, 228 × 55 in. each.
Courtesy the Artist

La fruta más extraña, 2013. Óleo
sobre lienzo, 579 × 139 cm., cada uno.
Cortesía del artista

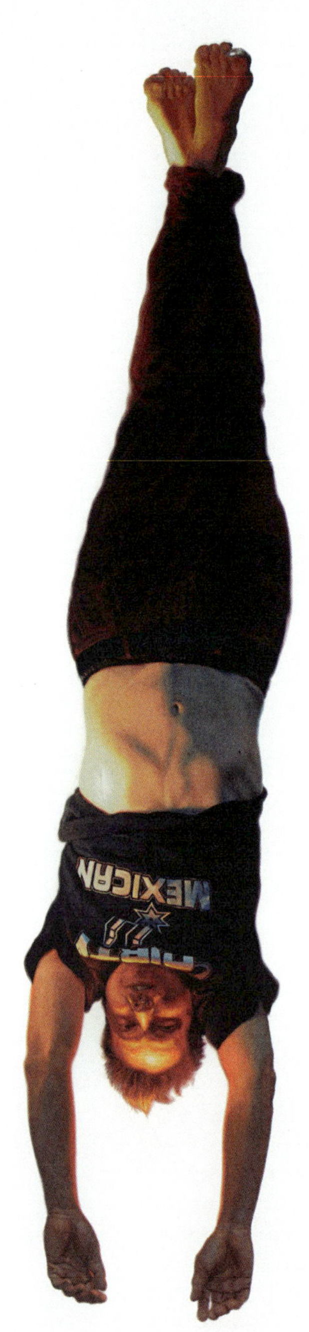

n. 1995, Mao, Valverde, República Dominicana; vive y trabaja en Nueva York, Nueva York

¿Cómo estás?

Bendecido. Todo bien, considerando estos tiempos. Mi familia está sana. Yo estoy trabajando duro y terminando mis estudios.

¿Cuál es el proyecto/obra que estás presentando?

Estoy presentando tres obras que se basan en mis experiencias en la República Dominicana. Las obras *Noches en el pueblo de Dios* y *Buen provecho* forman parte de un proyecto continuo en el que trabajo a partir de viejas fotos familiares en el campo en Mao, Valverde. La otra obra, *The Other Side of Tourism* (El otro lado del turismo), se basa en mis propias experiencias siendo a la vez un nativo y un visitante de la isla.

¿Cómo es el futuro?

Nosotros lo somos.

RAELIS VASQUEZ

b. 1995, Mao, Valverde, Dominican Republic; lives and works in New York, New York

¿Cómo estás?

Blessed. All is well, considering these times. My family is healthy. I'm working hard and finishing my studies.

What is the project/work you are presenting?

I am presenting three works that are based on my experiences in la República Dominicana. The works, *Noches en el pueblo de Dios* (Nights in the City of God) and *Buen provecho* (Enjoy), are a part of an ongoing project I am working on based on old family photos in *el campo* (the countryside) in Mao, Valverde. The other work, *The Other Side of Tourism*, is based on my own experiences being both a native and visitor of the island.

What is the future?

We are.

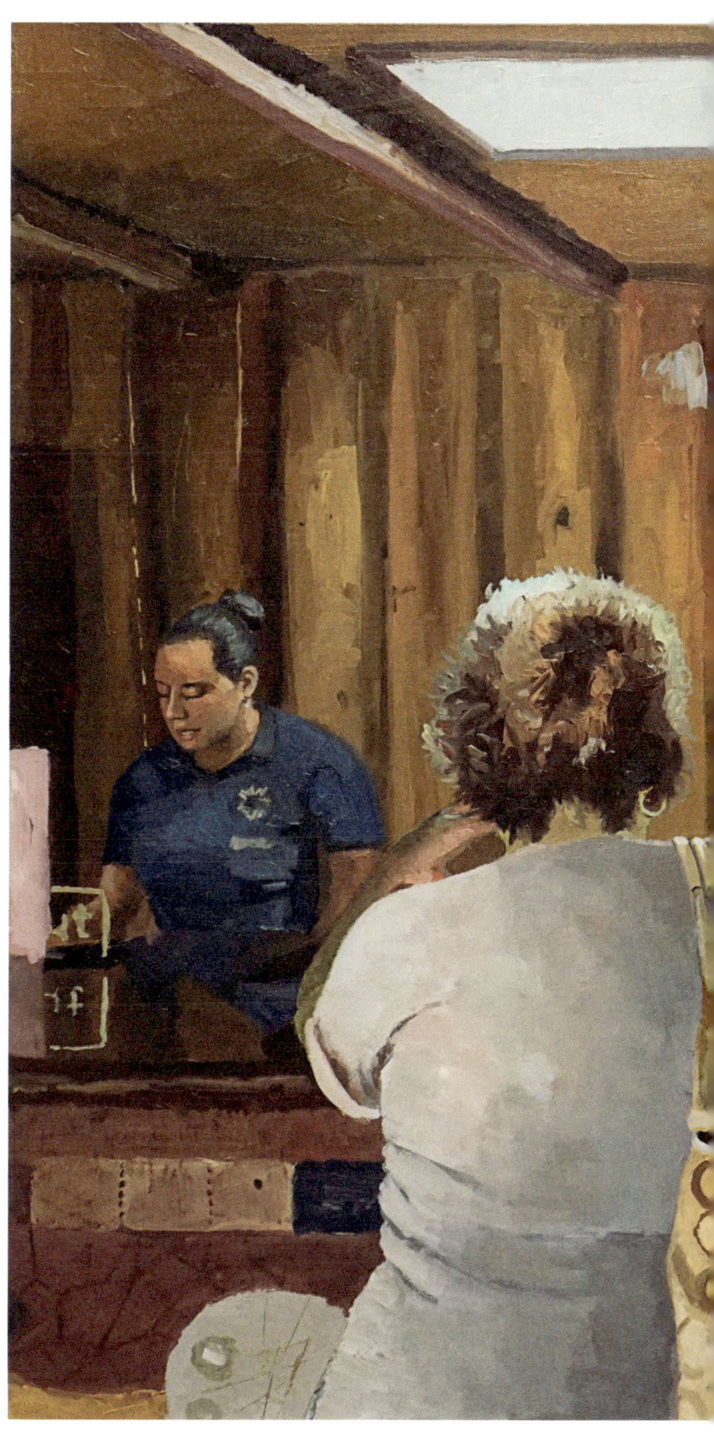

The Other Side of Tourism, 2020.
Oil and acrylic on canvas. 36 × 48 in.
Courtesy the Artist

El otro lado del turismo, 2020. Óleo
y acrílico sobre lienzo. 91 × 123 cm.
Cortesía del artista

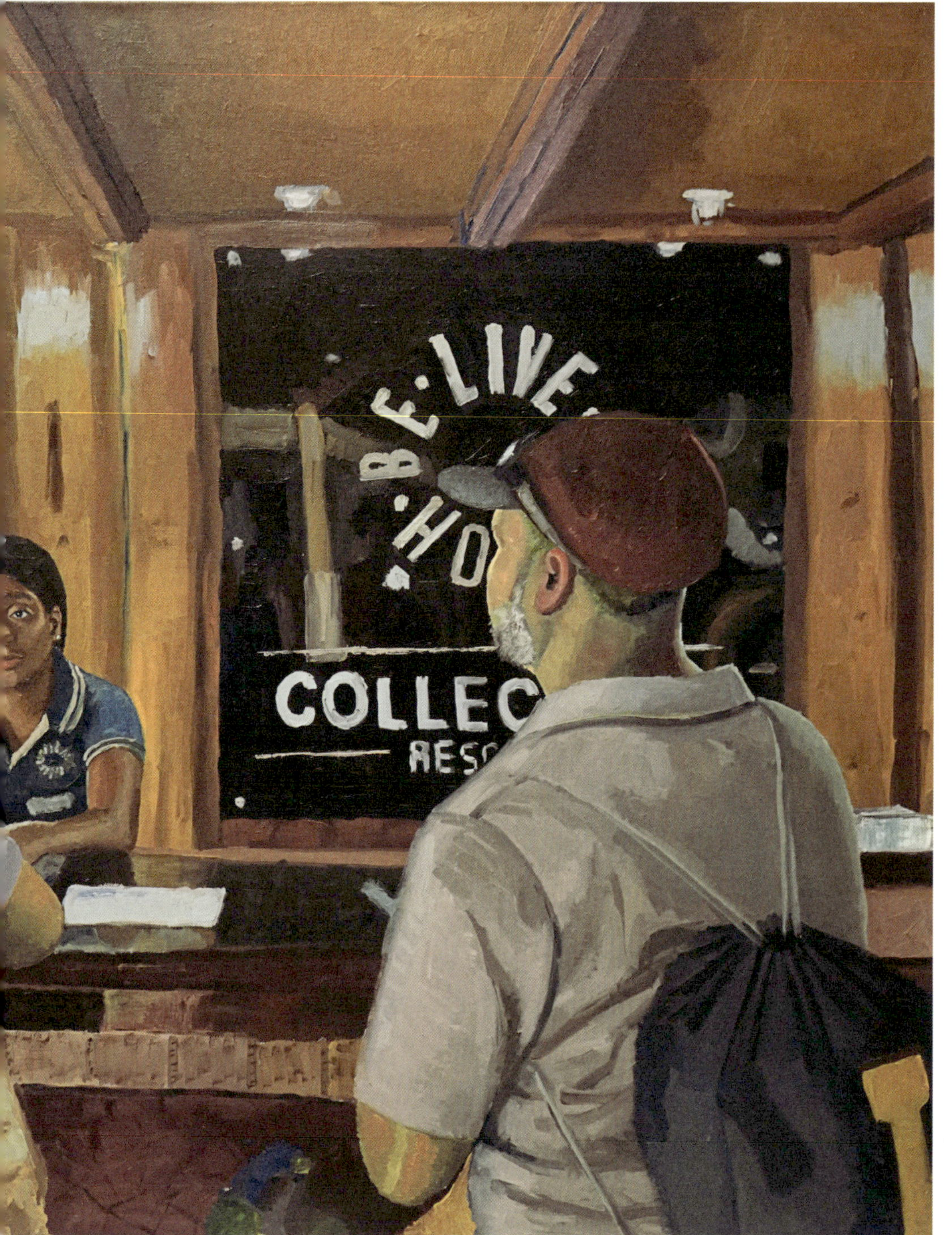

BE·LIVE
·HO
COLLEC
RESO

Proyectos online

Online projects

Lizania Cruz
Poncili Creación
xime izquierdo ugaz
Collective Magpie
Michael Menchaca

Obituaries

THE AMERICAN DREAM

1931-2020

WHEN & HOW THE AMERICAN DREAM DIED FOR YOU?

SHARE YOUR STORY >

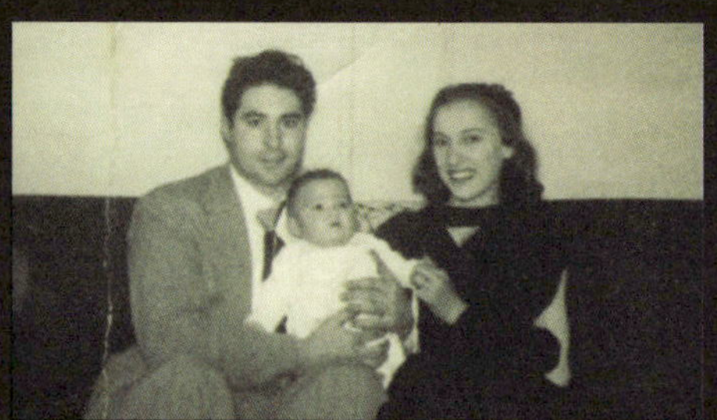

ROSEMARY REICHARD, AMERICAN, ITALIAN DESCENT (2000)

My WWII Vet dad succeeded in moving his family of 8, from Brooklyn to the NJ suburbs in 1954, where my life was privileged. We have argued about politics since I can remember, as he's conservative, I'm liberal. We did agree on trust in the Supreme Court's ability to do the right thing, until 2000. My American Dream was lost when they gave Bush the presidency. Over time, court decisions on voting, guns, politics, made me realize I can never again count on SCOTUS to be neutral. My heart breaks.

KAT CADE, AMERICAN (1992)

The American Dream doesn't exist for anyone who isn't white and male. It died when I realized I'd always have to work three jobs to make ends meet. It dies every time some MAN introduces legislation to strip bodily autonomy away from everyone who isn't a MAN. It died when I realized that as a woman I will never be considered a person by the majority of men. It dies with the planet, which has been brutalized in the name of capital. The American Dream is a fantasy.

OUMY DIAW, SENEGALESE/AMERICAN (2008)

It died when I realized too late that the kind of hostilities I experienced in my professional environment was because of my skin color and gender. I wasn't born or raised in USA. So American racism was unknown to me. There are codes, American racism has specific codes and culture. From discrimination, to humiliations, stereotyping in emails, blackmail using your immigration status to "tame you". It is fellow Americans that opened my eyes. In 2016, Donald Trump killed the American Dream again...

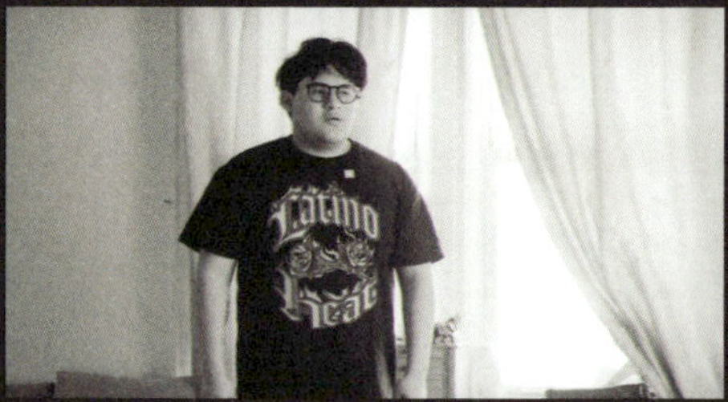

JOHAN ORELLANA, ECUATORIANX (2016)

In 2016, a year after migrating to the US, I was asked by my english teacher to give her my social security number so she could sign me up for college classes at a local community college. I didn't have one, I didn't know what a SSN was at the time. I went home and I started asking my parents and other relatives, that had lived in the country for a longer period, about it but they avoided the questions. My school principal and parents laid out my options; the military or marrying a US citizen.

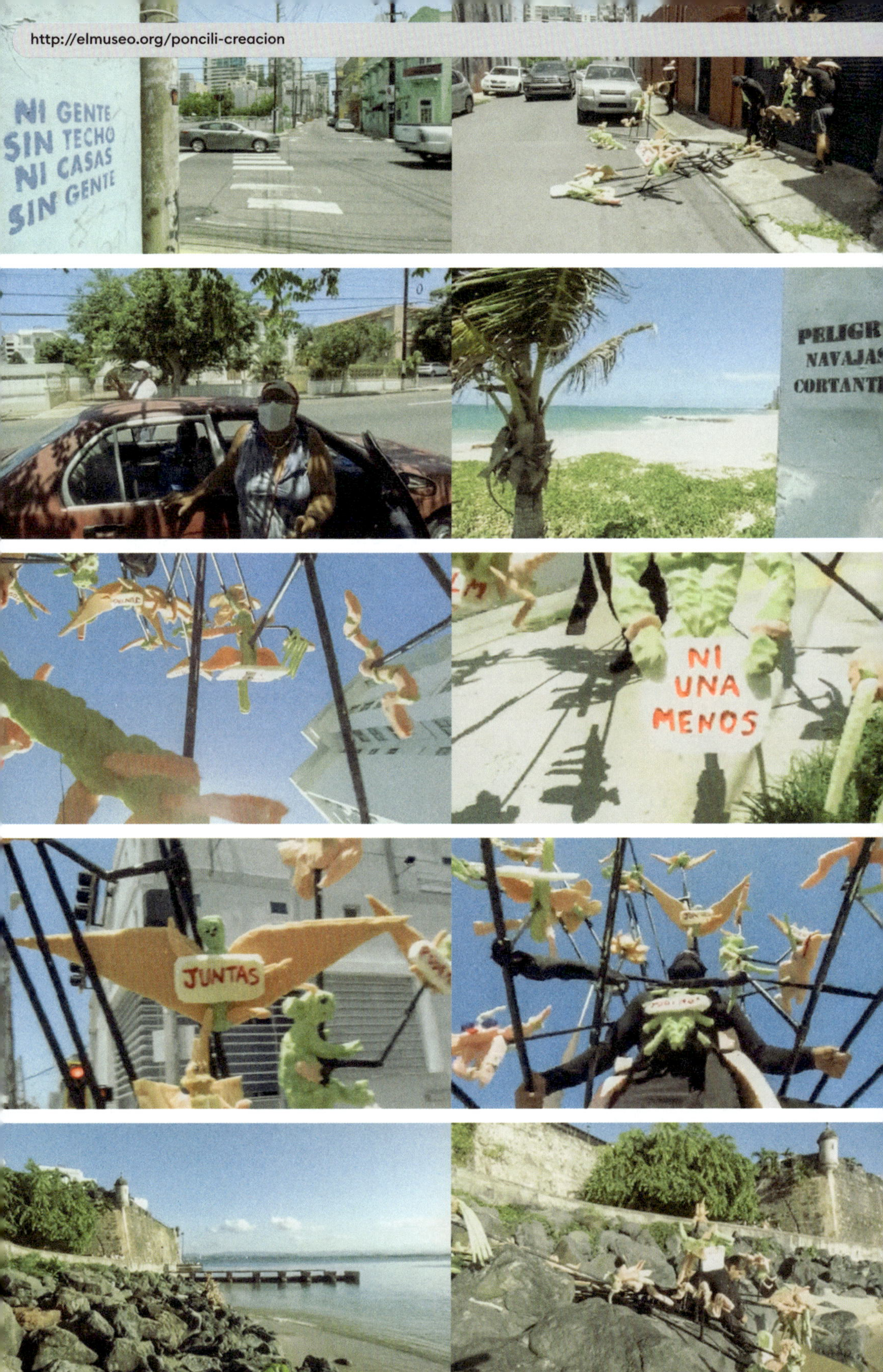

http://elmuseo.org/poncili-creacion
NI GENTE
SIN TECHO
NI CASAS
SIN GENTE
PELIGR
NAVAJAS
CORTANT
NI
UNA
MENOS
JUNTAS

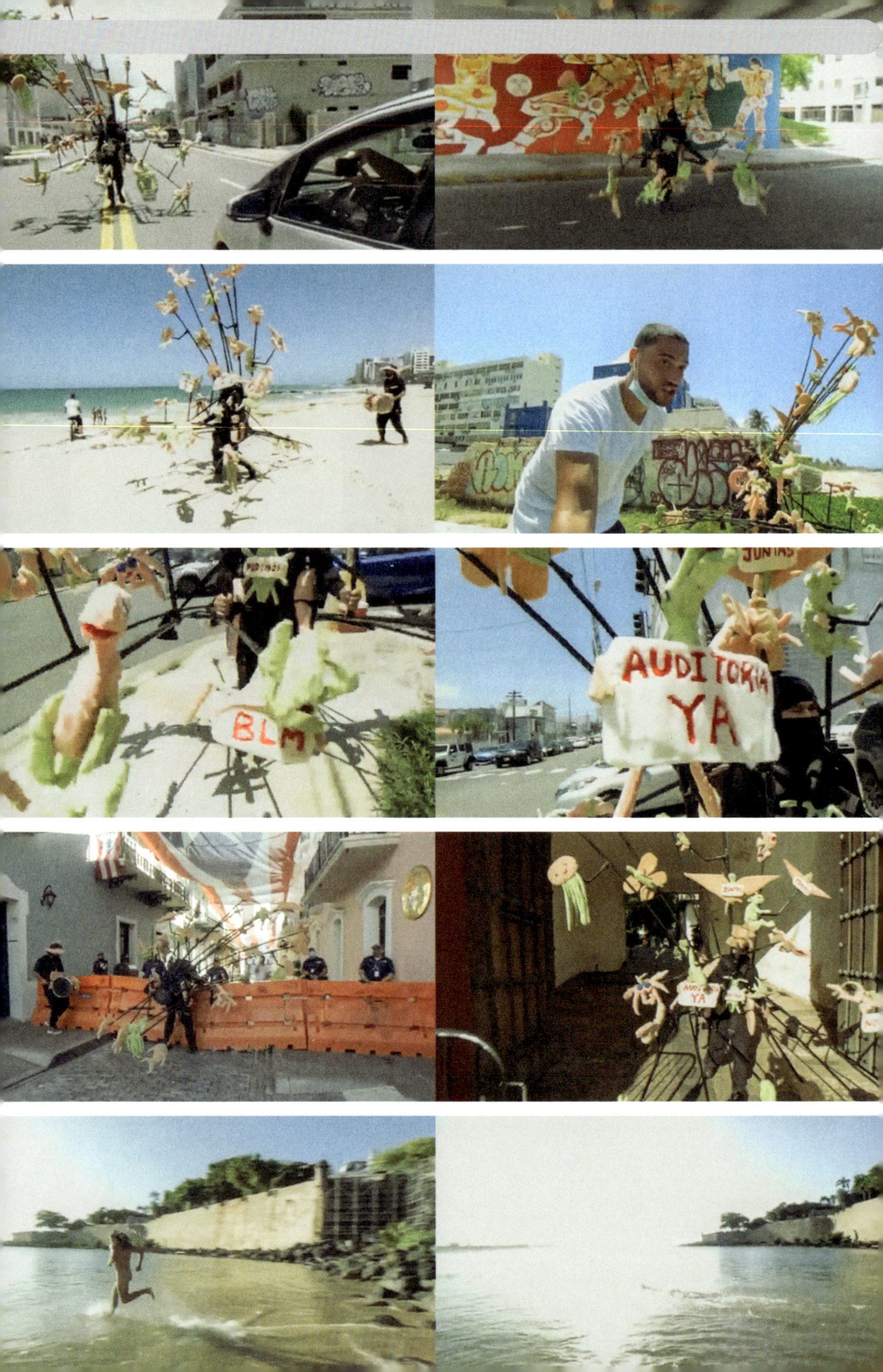
BLM
AUDITORIA
YA
JUNTAS

xime izquierdo ugaz

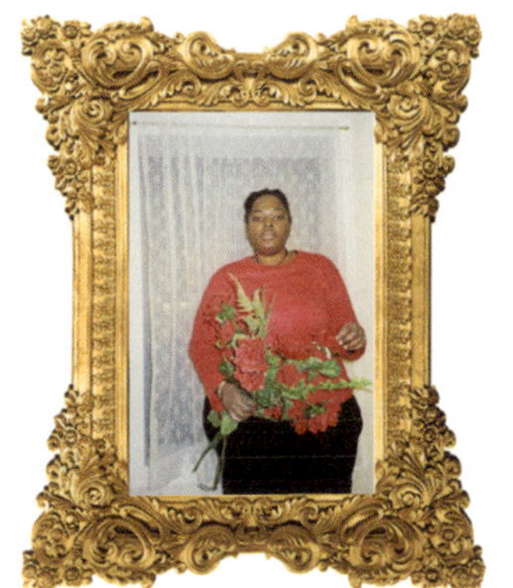

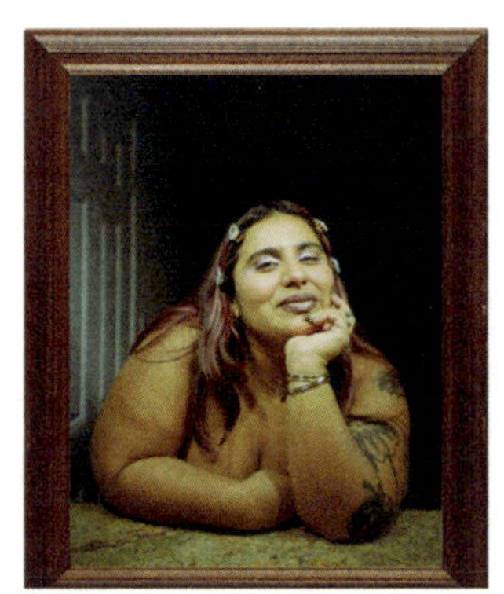

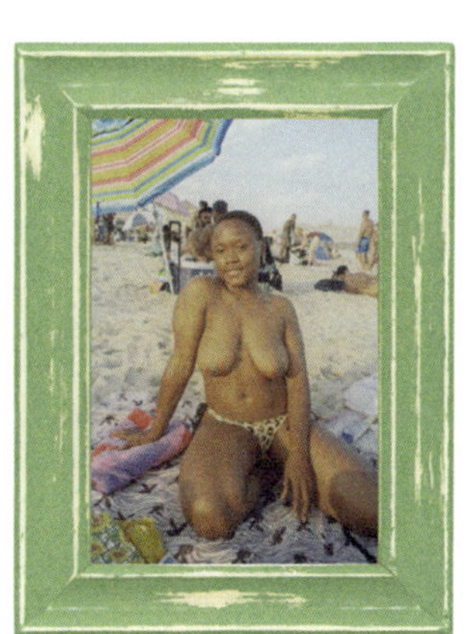

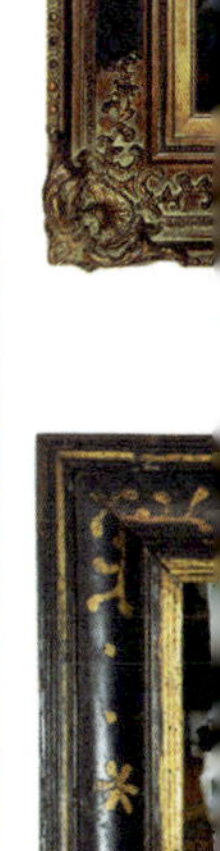

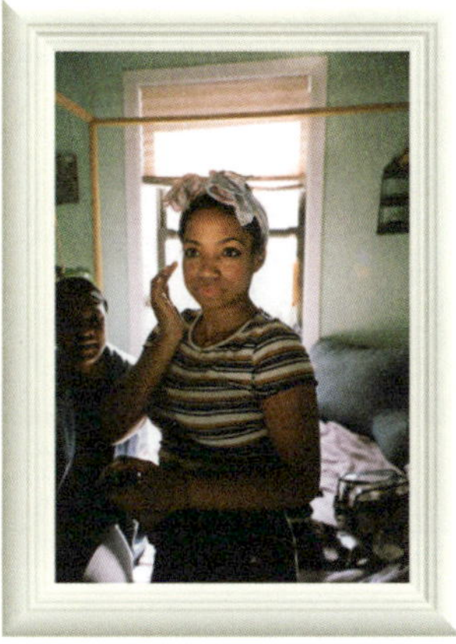

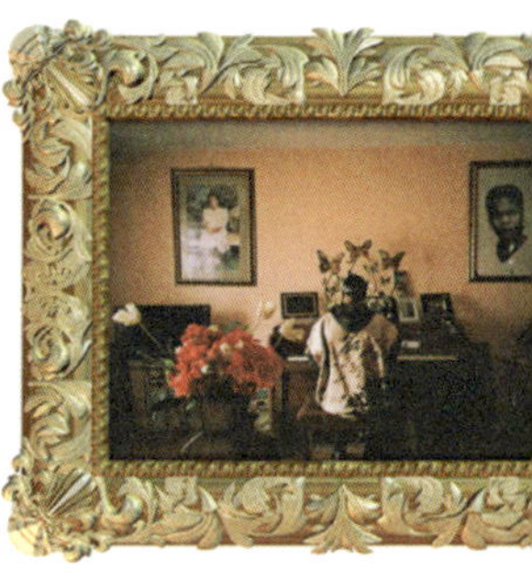

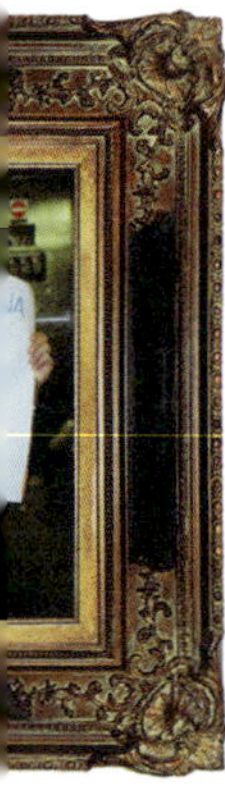
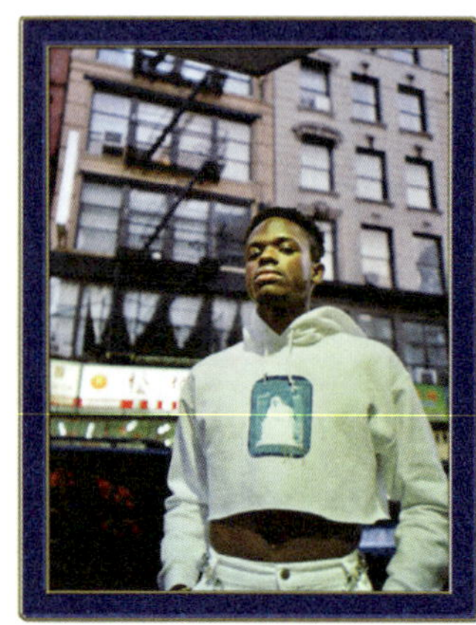
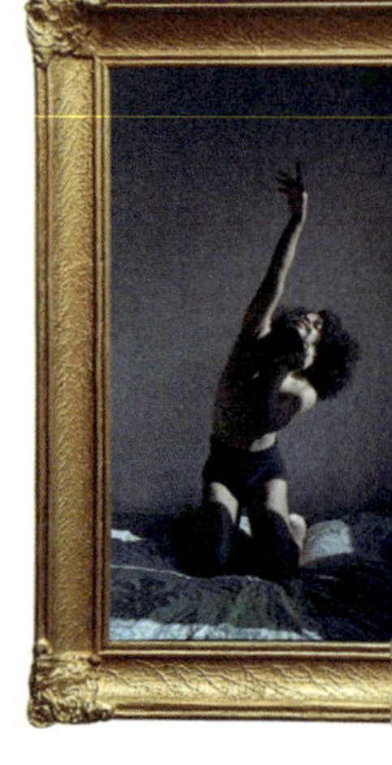
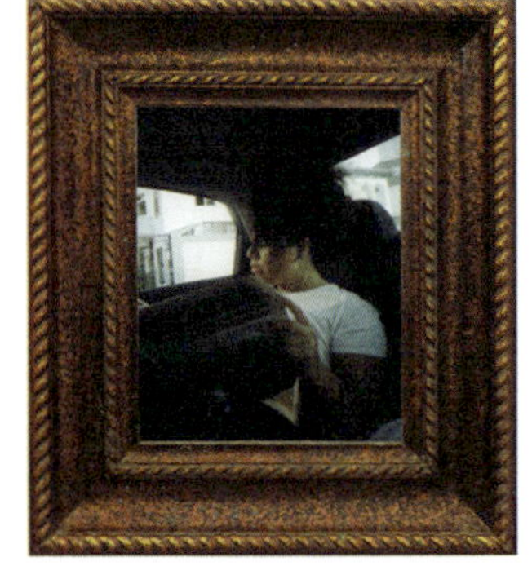
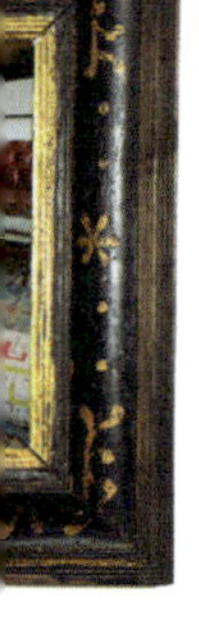
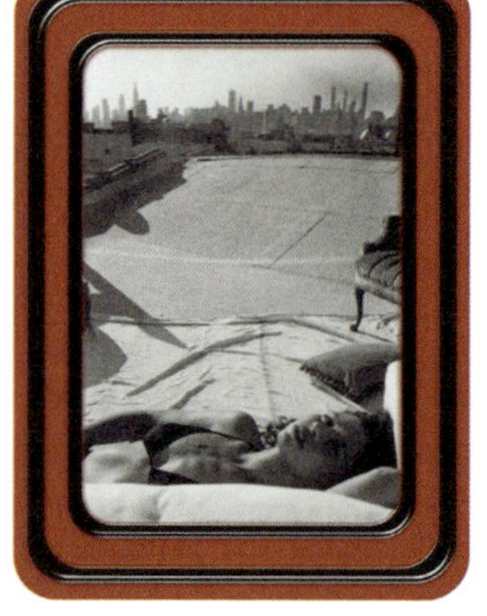
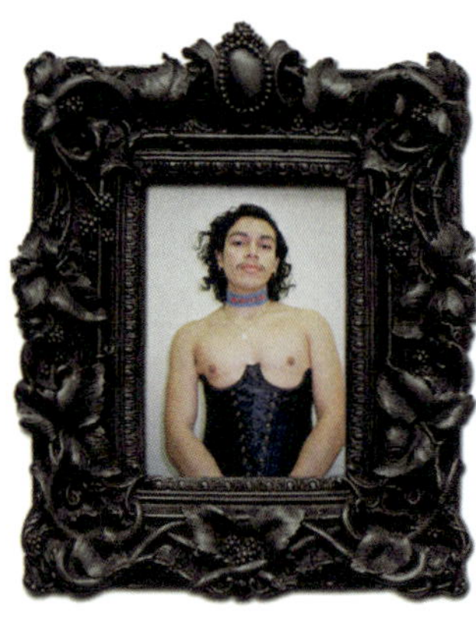
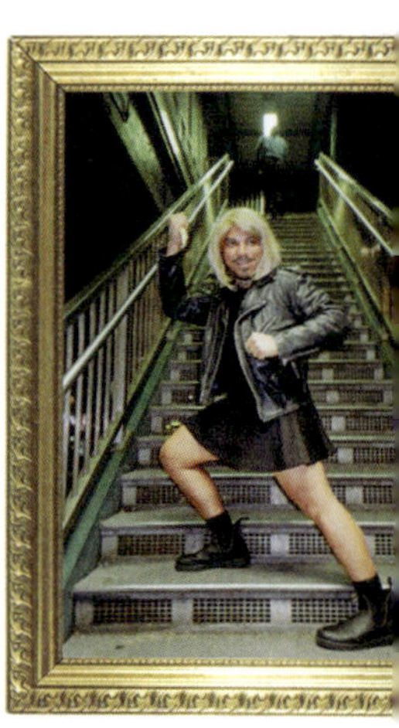

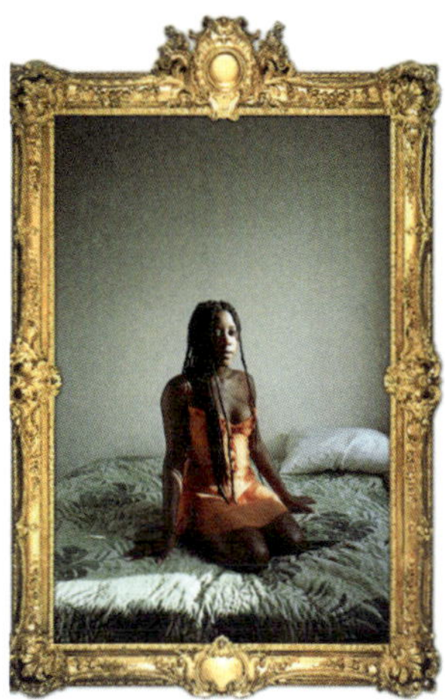
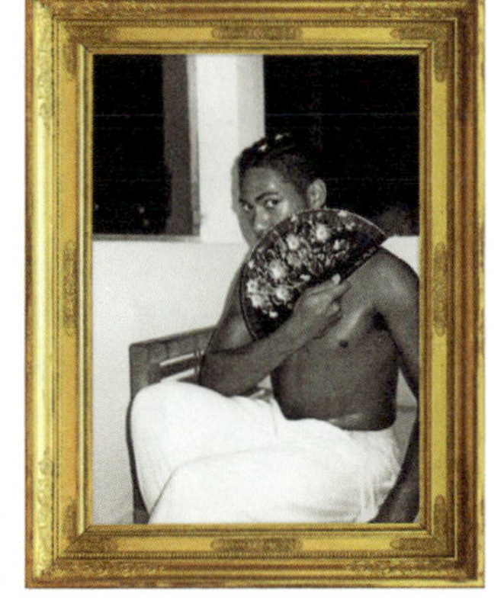
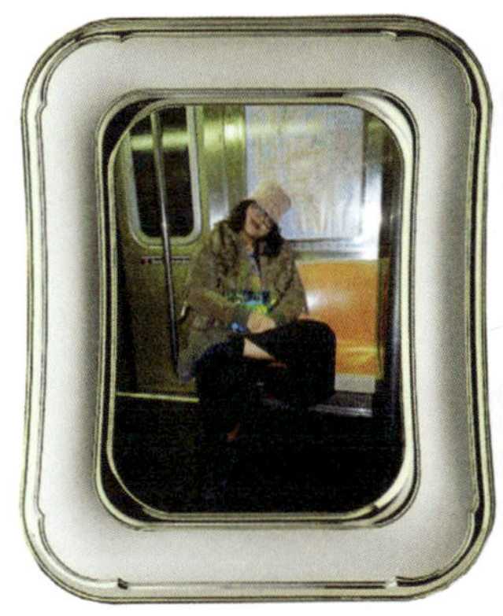
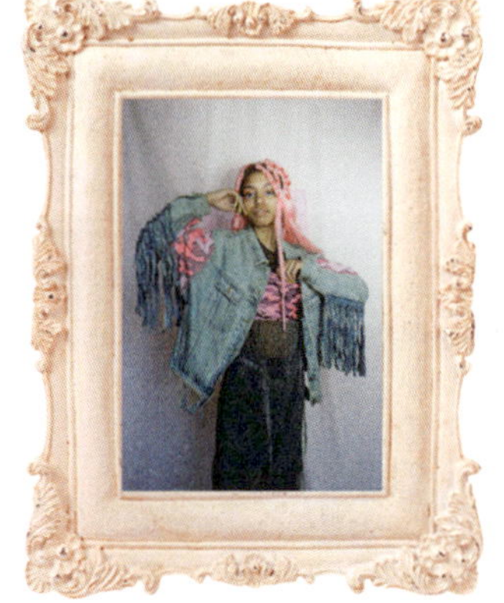
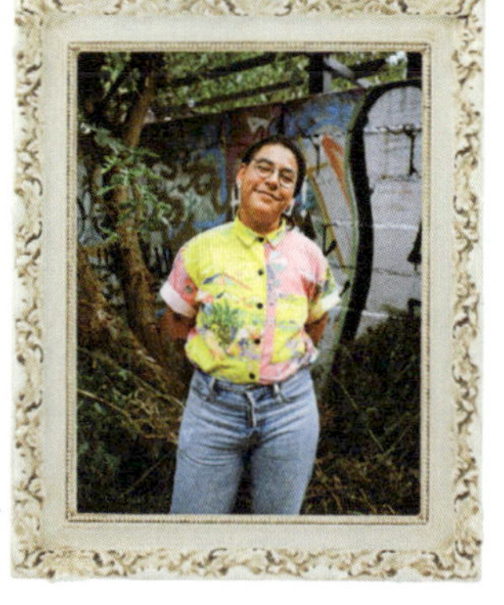
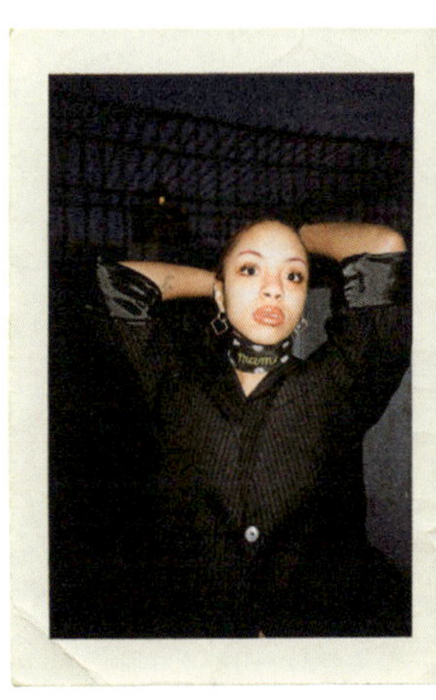
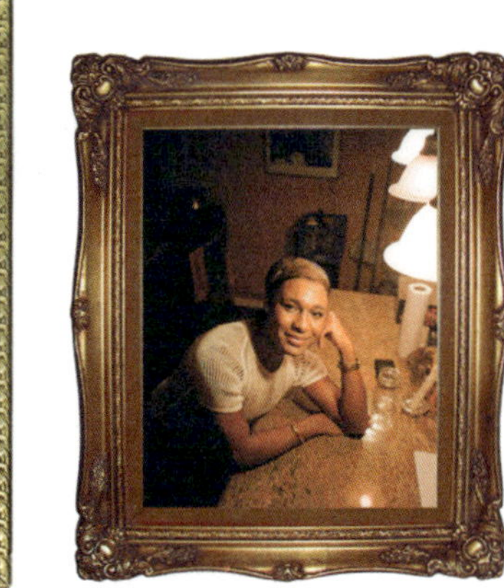
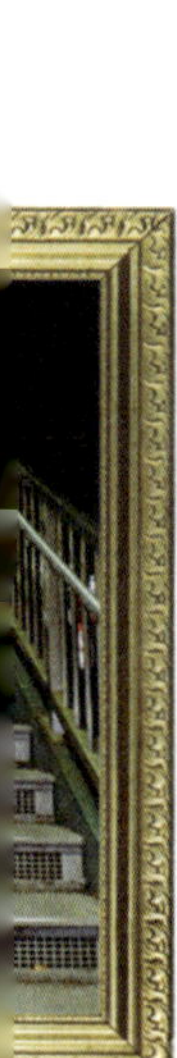

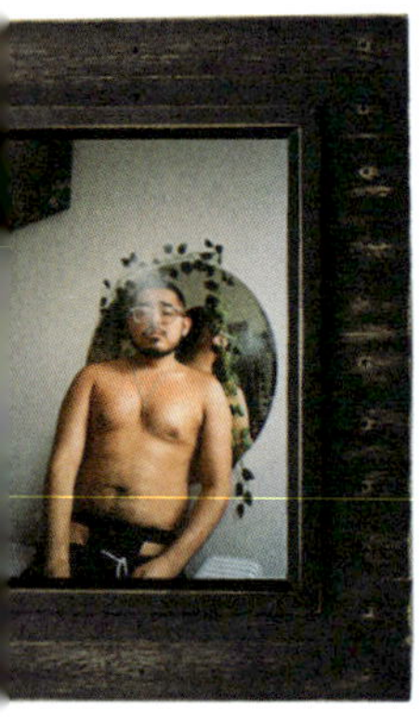

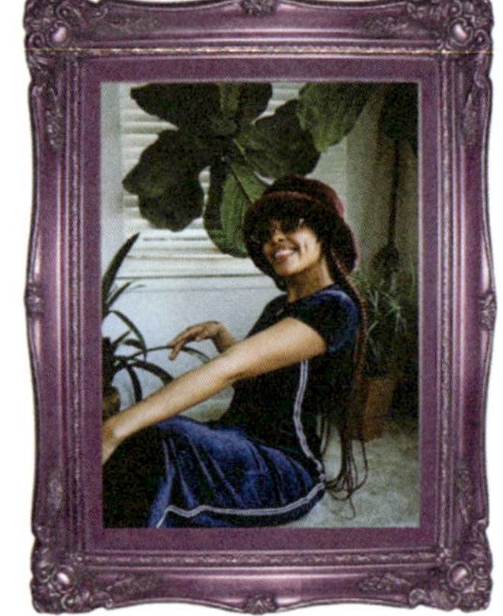

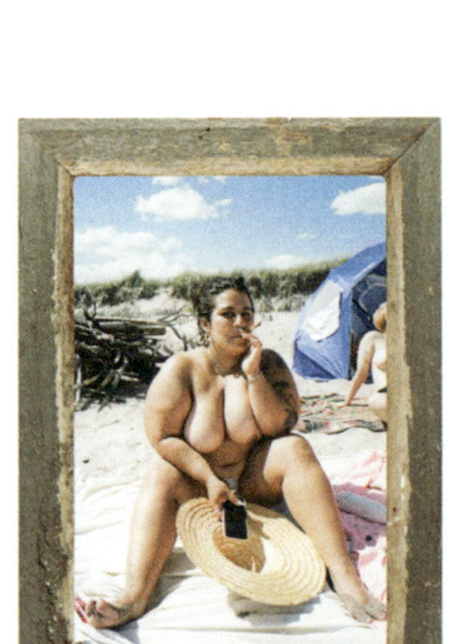

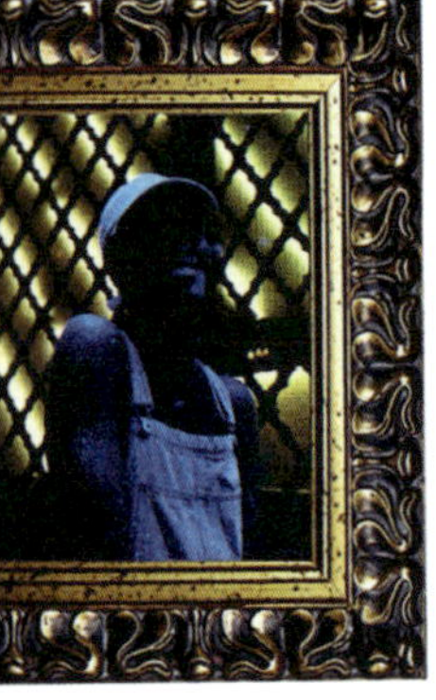

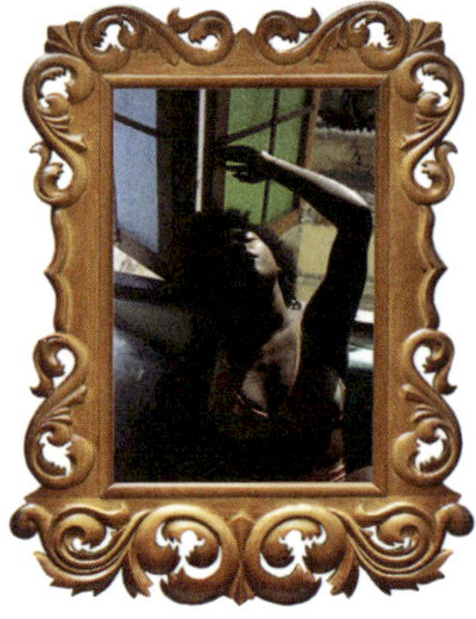

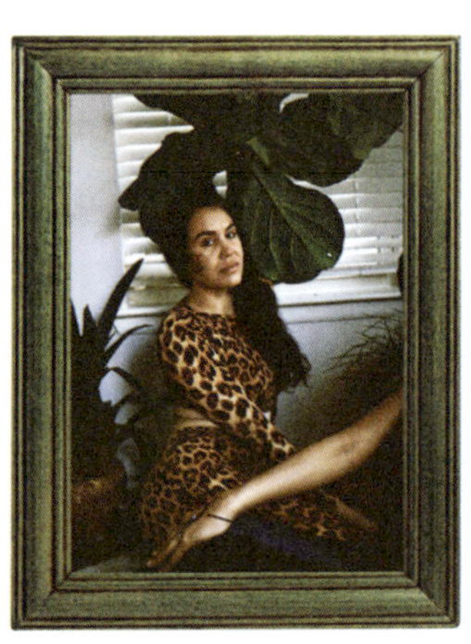

POETIC EXPLORATION OF RACE SURVEY

Select Language

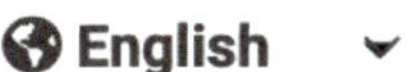
🌐 **English** ⌄

On the next two pages please select **ALL CATEGORIES** that you **FEEL** apply to your experience as a person AND try to describe **WHEN/WHERE** you **FEEL** this way.

The 38 Race/Ethnicity categories in this survey are:

- Latino/a/x
- Hispanic
- Spanish
- Puerto Rican
- Nuyorican
- Mexican
- Chicano/a/x
- Dominican
- Cuban
- Mestizo/a/x

- Afro-Latino/a/x
- another Latinx category
- White
- Black
- African American
- Nigerian
- another African category
- West Indian
- Haitian
- Jamaican

- another Caribbean category
- Taino
- Indigenous
- Garifuna
- Asian Indian
- Chinese
- Filipino
- Japanese
- Korean
- Vietnamese

- another Asian category
- Ecuadorian
- Colombian
- Panamanian
- Salvadoran
- another South or Central American category
- Middle Eastern
- of another category:

• There are NO correct or incorrect answers
• All responses are equally relevant
*** ALL INFORMATION COLLECTED WILL REMAIN ANONYMOUS ***

BACK   NEXT

Scroll down below and complete questions
1 - 38

1 — **2** — **3** — **4** — **5**

Section 1   Section 2   Section 3   Section 4   Section 5

I FEEL Latino/a/x

♡ Not at all   ♡ Just a little   ♡ Somewhat   ♡ Moderately   ♥ Quite a lot   ♡ All the time

When and where do you feel this way?

____

I FEEL Hispanic

♡ Not at all   ♥ Just a little   ♡ Somewhat   ♡ Moderately   ♡ Quite a lot   ♡ All the time

When and where do you feel this way?

____

I FEEL Spanish

♥ Not at all   ♡ Just a little   ♡ Somewhat   ♡ Moderately   ♡ Quite a lot   ♡ All the time

When and where do you feel this way?

____

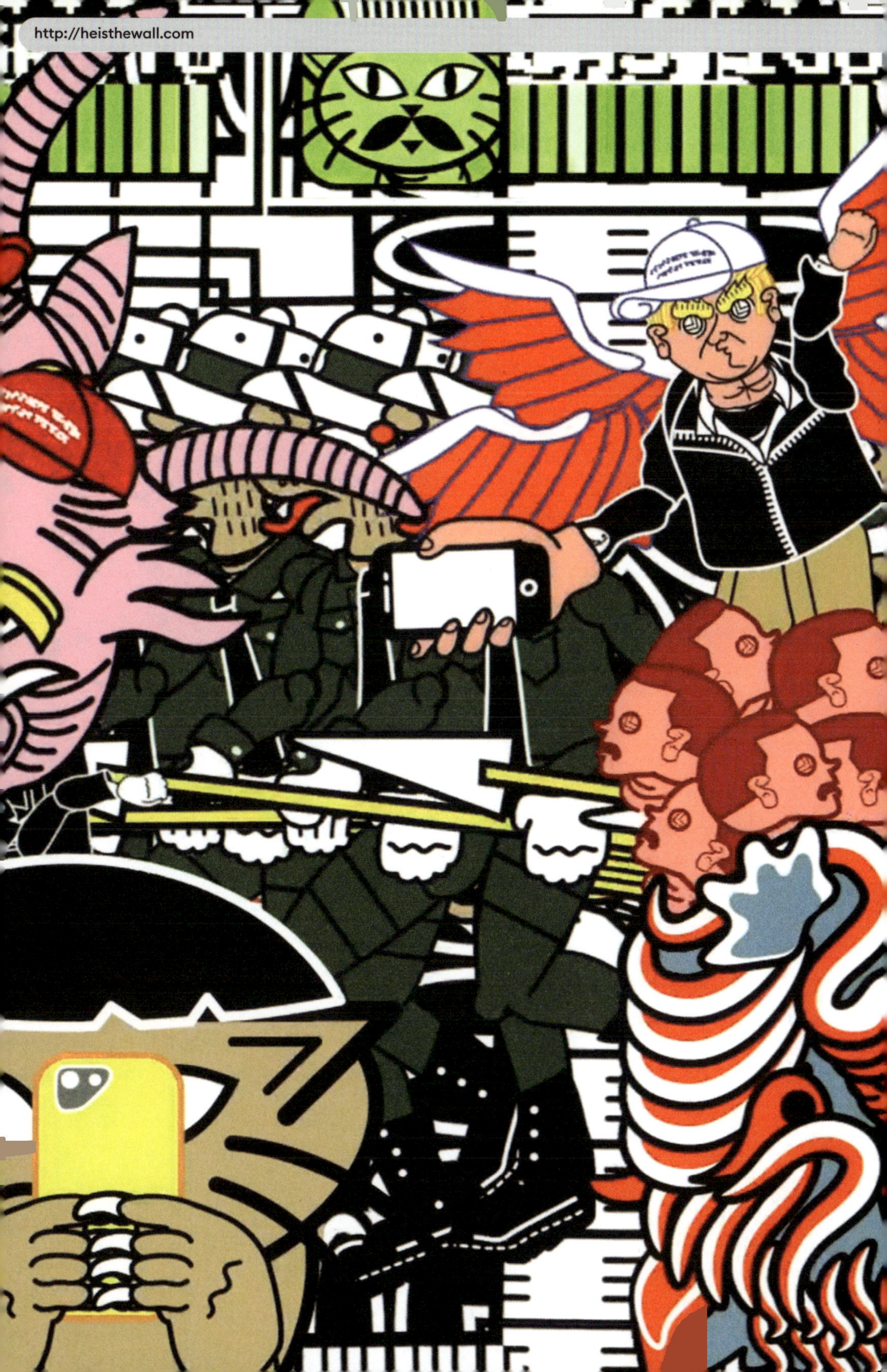

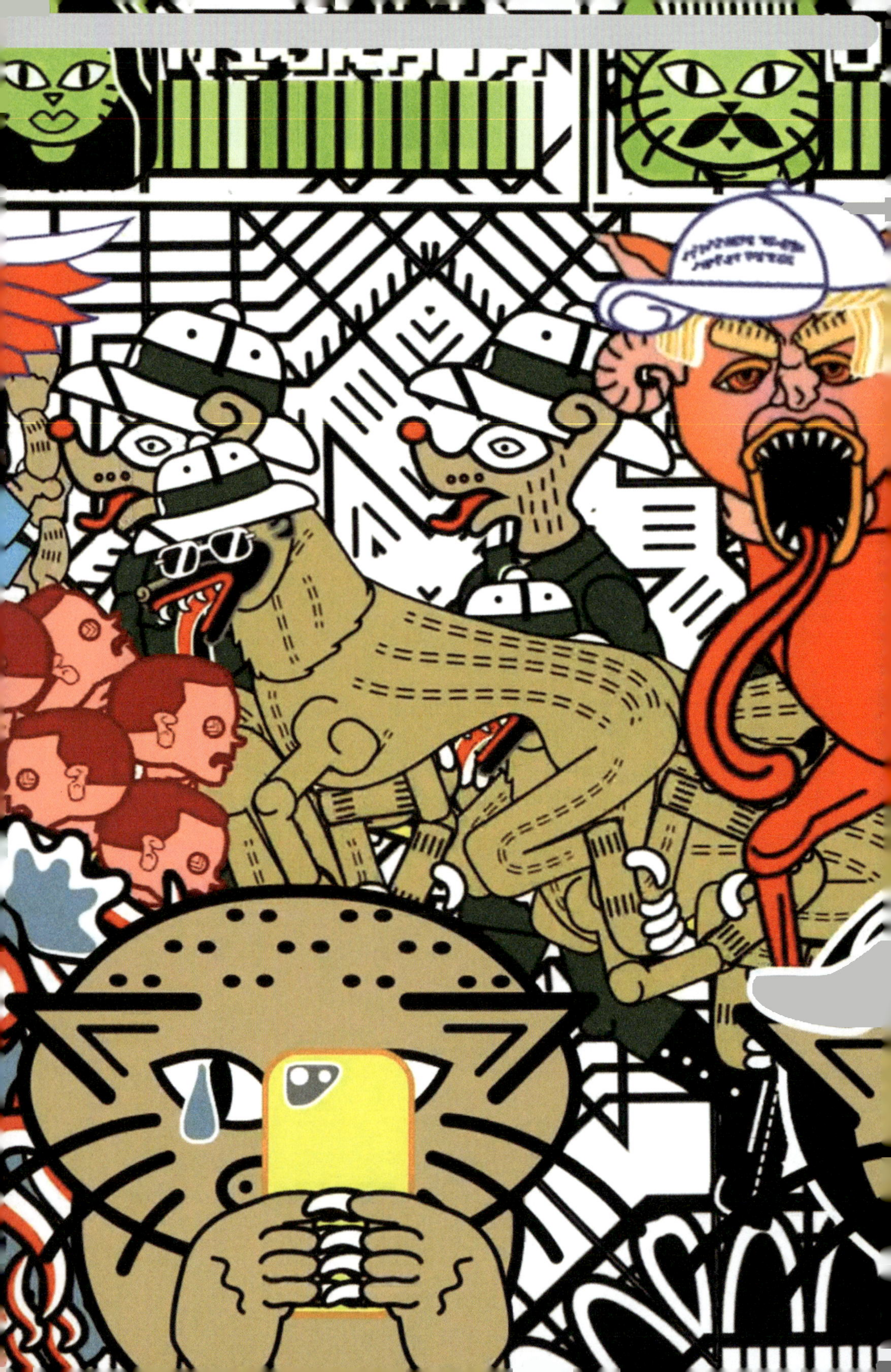

Lecturas Reader

Excerpts from Email Conversation about *The Selected Files*

DEBORAH CULLEN AND CAROLINA PONCE DE LEÓN, 1999

———

Deborah Cullen (Assistant Curator, El Museo del Barrio) and Carolina Ponce de León (former Curator, El Museo del Barrio; currently Executive Director, Galería de la Raza, San Francisco) co-curated *The S-Files*. The following are excerpts from their email conversations about the show.

JANUARY 25, 1999

DC: I was wondering what we could say about this project, *The S-Files*. As I finalize all our selections or the artists' work, and meet with them to discuss their projects, I have been thinking about what it means to be doing such a group show, without an overarching thematic idea. There is an urban-ness, a certain sense of place in much of the work, but the work is also very diverse in media and content. In this first year of the project, our limiting criteria were that the artists: 1) had sent their file across our desks in the past year or two, and we saw something very interesting in their work, 2) were of Latin American or Caribbean descent, and 3) were currently living in New York. These things were the starting points for the creation of our selection pool…

CPL: *The S-Files* was something I conceived when I first came to El Museo as Curator, to be an integral part of other exhibition series—along with *Contemporánea*, *Tandem*, and *Focos*[1]—to address the different needs of cultural representation inherent to a culturally specific institution such as El Museo. The *S-Files* was meant to expand El Museo's programs to a larger community of artists, particularly emerging artists, which isn't always possible with tighter curatorial projects.

DC: But it's not to say there is anything specifically "Latino" within the aesthetics or concerns of their work. We're not pretending to do an extensive survey or to be exhaustively inclusive of all new, good "Latino" art (whatever that means).

CPL: Obviously, to make this the big group "Latino" show has its contradictions. On one hand you want to represent a larger number of artists, but then, at the same time, since they are all "Latino," you find yourself creating the expectation that there is something Latino-specific in their work. So we're faced with the impossibility of defining what the "Latino-ness" is, because it doesn't exist in any "true" way. It's only one of many layers of each artist's experience. Is to be Latino an "ethnic" perception of the world that's immersed in cultural heritage, or is it a political positioning vis-à-vis cultural politics? Though there are perhaps shared cultural and political experiences of bicultural identity, immigration, transculturation, assimilation, etc., these aren't necessarily the only filters to interpret these artists' work, nor are they the sole motivations behind each artist's intentions.

FEBRUARY 6, 1999

DC: You know that from my years of work with Robert Blackburn's Printmaking Workshop and Print Collection, prior to coming to El Museo, that I am committed to working only with art and artists that have been traditionally underrepresented, whose separate and co-existing histories challenge the mainstream. But I think it is healthy for El Museo to open up this dialogue on itself: this dialogue that we are having about the whole idea of *The S-Files*. I am not proposing that we can answer such a question, but I thought we could continue to talk about doing a "Latino" group show. Some of the artists in *The S-Files* expressed their conflicting feelings about these issues as well. While some felt that El Museo was the right and appropriate venue to show their work—or were simply pleased to be in an exhibit, period—others had mixed feelings about such a "Latino" group show, or even about showing at El Museo at all because of its ethnic specificity. It's very interesting, I have had discussions with several of the artists about the readings they get of their work stemming from knowledge of their heritage. For example, a few of the artists work with technology. Now, you can look at these objects [and] get references to a whole history of art at the intersection of industry, connections to machinery, people working with physics or social alienation or "the superstructure." These connections run from Tatlin to Tinguely to Peter Halley to Iñigo Manglano-Ovalle; people like William Gibson—my thoughts here run all over the place. However, you learn that this artist is

from Puerto Rico, or that artist is from Chile, and give a reading that, if left alone, impoverishes the work: a reading about the ingenuity of the mechanics in Latin American countries and their ability to fix, to transform, the debris of Industry through necessity. Now, I am not totally rejecting such a reading, on one level, but then you have to remember that you can find this in Egypt and Russia and India and former East Germany and Greece and Turkey and Africa and right here too, in the U.S., in this very city. You have to realize the universality, our dreams and fears of automatization, the "global village," a kind of interconnectedness through technology, etc. So I guess all that I am saying is that all readings should be considered and layered; if you are going to employ biography to read into an artwork, you should do so carefully, and never as the sole methodology. I am just worrying about forming a group show based on the connecting factor that they are all simply Latino or Latin American living in New York: it's perfectly valid, and yet, is it the same idea as doing a show of "women's art"?

FEBRUARY 16, 1999

CPL: *The S-Files* seeks to present a multi-focal, cross-cultural, perspective, by featuring New York-based artists born in the U.S., Latin America, and the Caribbean. And what you get is a wide range of artistic concerns. Many artists and curators are suspicious of the "Latin American" agenda and hesitate to participate in events categorized by that label. Some fear the term leads to cultural ghettoization, while others see it as a means for cultural legitimization. This is part of the contradictions and limitations which culturally specific art organizations face. It faces the challenge of redefining its institutional role: setting paradigms to understand cultural processes vs. defining cultural identity as though it is a fixed essentialist entity. El Museo's location is a metaphor of this: while located on Fifth Avenue, on one end of Museum Mile (the other end is the Metropolitan Museum of Art), it is also part of El Barrio, the Latino neighborhood of East Harlem. It is on the edge of the "larger art world," while at the same time it is directly rooted in an evolving process of cultural transformation.

DC: I have been wondering about something: now you are the Executive Director of Galería de la Raza, In San Francisco. You spent two years as Curator of El Museo, when you left The

Biblioteca Luis Angel Arango in Bogotá. How is it different, to move from being a curator in a Latin American country, to being a Latin American curator at a Latin American institution in the U.S.?

CPL: I have been particularly interested in developing projects that challenge fixed notions of cultural identity. While living in Colombia, this involved confronting stereotyped expectations of "Latin American" art and culture...

DC: ... And this leads back to the issue of the acceptance and celebration of a certain kind of Latin American art, but an uncertainty of what to do with Chicano and Nuyorican art that doesn't fit the mold: for example, if it isn't overtly political...

FEBRUARY 27, 1999

CPL: ... So once you see the virtual continent of "Latin/o America" from the U.S., the issues of cultural negotiation become very complex. The cultural relations between the U.S. and Latin America, versus the U.S. and the communities of immigration, reveal telling discrepancies. One example is the contrast between the U.S. support of neoliberal economies in Latin America versus its economy of poverty with U.S. Latinos. Another is the romanticization, exoticization, and commodification of Latin American art and culture, versus the demonization of the inevitable cultural change provoked by the growing population of 35 million Latinos in the U.S. The abolishment of bilingual education in 23 states is but one illustration of this. However, on the other hand, even when you wander into "global" territories, you find yourself on slippery grounds. The supposedly "global art events" take place with a hip spin of pseudo-democratic cultural internationalism. In many ways, one could raise the criticism that the São Paulo, Istanbul, Johannesburg, Havana, and Sydney biennials have consolidated a trendy first-class global art club in which "cultural difference" has become mainstream.

DC: And these biennials are now as mandatory as the Venice Biennial once was, and now that biennial (and documenta) seems totally establishment. But I wonder why the Cairo and Dakar biennials, for example, are not yet part of the required circuit? Some disenfranchisements, it seems, remain firmly in place.

CPL: Definitely, the trendy biennials have brought together cultural institutions, curators, collectors, and dealers who travel from one site to the other, believing they are creating a virtual territory beyond the central art system, but the same network is uniting these outside centers. Some are hip, some are not, and the blessing comes from being acknowledged by you know who…. This leads me to wonder if the postmodern displacement of the center ever happened, or if the center just got bigger…

Originally published in the exhibition catalogue, *The Selected Files* (New York: El Museo del Barrio, 1999), 3–4.

1   These various series were developed by Ponce de León as commissioned, site-specific installations by contemporary artists (*Contemporánea*); exhibitions pairing two artists (*Tandem*, unrealized); and exhibitions dedicated to mature, under-recognized artists (*Focos*).

Extractos de conversaciones por correo electrónico sobre *The Selected Files*

DEBORAH CULLEN Y CAROLINA PONCE DE LEÓN, 1999

———

Deborah Cullen (curadora asistente de El Museo del Barrio) y Carolina Ponce de León (ex curadora de El Museo del Barrio y actual directora ejecutiva de la Galería de la Raza, San Francisco, California) son las curadoras de la muestra *The S-Files*. A continuación, algunos extractos de sus conversaciones por correo electrónico sobre la exposición.

25 DE ENERO DE 1999

DC: Me preguntaba qué podríamos decir acerca de este proyecto, *The S-Files*. A medida que termino nuestra selección de obra y me reúno con los artistas para concretar sus proyectos, me pongo a pensar lo que significa hacer una exposición colectiva sin una temática dominante. Existe una cierta sensibilidad de índole urbana, un cierto sentido del lugar en gran parte de la obra, pero la obra también es muy diversa en técnica y contenido. En este primer año de la muestra, nuestro criterio de selección era que los artistas: 1) nos hubieran enviado sus archivos en el último año o dos y que hubiéramos visto algo interesante, 2) fueran de descendencia latinoamericana o caribeña, y 3) vivieran actualmente en Nueva York. Estas ideas formaron los puntos de partida para crear nuestra fuente de selección...

CPL: *The S-Files* fue algo que concebí cuando llegué como curadora a El Museo del Barrio, para que formara parte integral de otras series de exposiciones—junto con *Contemporánea, Tandem,* y *Focos*[1]—e iniciara un diálogo sobre las diferentes necesidades de representación cultural intrínsica a una institución con un mandato específico cultural, como lo es El Museo del Barrio. *The S-Files* se concibió para extender la programación del museo, hacia una comunidad más amplia de artistas, particularmente a artistas emergentes, que algunas veces no resulta posible con proyectos de curaduría más específicos.

DC: Pero no se puede decir que haya algo específicamente "latino" en las estéticas o temáticas de sus obras. No pretendemos realizar un estudio exhaustivo o incluir en su totalidad todo el nuevo buen arte "latino" (lo que sea que eso signifique).

CPL: Obviamente, hacer esta gran exposición colectiva "latina" tiene sus contradicciones. De una manera quieres representar a un gran numero de artistas, pero a la vez al ser todos "latinos", creas una expectativa de que algo "latino" existe en sus obras. Así que nos enfrentamos con la imposibilidad de definir lo que realmente es la "latinidad", porque no existe en un sentido estricto. Solamente es una de las muchas capas de experiencia de cada uno de los artistas. ¿Ser "latino" es acaso una percepción étnica del mundo inmersa en una herencia cultural, o es una postura política *vis à vis* la política cultural? Aunque muchos de los artistas comparten experiencias culturales y políticas de una identidad bicultural, de inmigración, transculturación, asimilación, etc., estos no son necesariamente los únicos términos con los cuales interpretar su obra, ni son lo que motiva sus intenciones.

6 DE FEBRERO DE 1999

DC: Ya sabes que desde mis años de trabajo en el taller de obra gráfica y en la colección de grabados de Robert Blackburn, antes de venir a El Museo, me comprometí a trabajar solamente con arte y artistas que por tradición han tenido poca representación, cuyas historias individuales y simultaneas desafían la corriente común. Pero pensé que podría ser beneficioso que El Museo abriera este diálogo sobre sí mismo. No digo que podamos responder a esa pregunta, pero al menos podemos hablar sobre hacer una exposición colectiva "latina". Algunos de los artistas en *The S-Files* también expresaron estas inquietudes. Mientras que unos creían que El Museo era el lugar apropiado para presentar su obra, o simplemente estaban contentos de participar en una muestra, y punto—otros no estaban muy convencidos de una exposición grupal tan "latina", o incluso de exponer en El Museo por su mandato cultural específico. Es muy interesante, he tenido conversaciones con otros artistas acerca de los comentarios que oyen sobre su trabajo a partir del conocimiento de su linaje. Por ejemplo, algunos de los artistas trabajan con tecnología. Hoy en día puedes ver estos objetos y obtener referencias de toda una historia del arte en intersección

con la industria, conexiones con maquinaria, gente trabajando con la física o la alienación social o la "superestructura". Estas conexiones van desde Tatlin a Tinguely, a Peter Halley y a Iñigo Manglano-Ovalle, a gente como William Gibson—se me ocurren todo tipo de cosas. Sin embargo, al enterarte que este artista es de Puerto Rico o que aquel es de Chile, generas una interpretación que, sin referencias, empobrece la obra; una interpretación sobre la ingenuidad del mecanismo de los países Latinoamérica y su capacidad de arreglar, de transformar la basura industrial por necesidad. Ahora bien, no rechazo del todo tal interpretación, pero luego reconozco que este tipo de ingenuidad también la encuentras en Egipto, Rusia, India, la antigua Alemania Oriental, Grecia, Turquía, África e incluso aquí, en Estados Unidos, en esta misma ciudad. Debes darte cuenta del aspecto universal, de nuestros sueños y nuestros miedos a la automatización, de la "ciudad global", de todo tipo de interconexiones a través de la tecnología. Supongo que lo que quiero decir es que todas las interpretaciones deben de considerarse y entenderse como capas; si te vas a basar en la biografía de un artista para leer su obra, debes de hacerlo con mucho cuidado y jamás como metodología única. Me preocupa hacer una muestra basada en el factor común de que todos los artistas son "latinos" o latinoamericanos viviendo en Nueva York, que a pesar de ser perfectamente válido, ¿nos sometemos a la misma idea de hacer una exposición de arte "hecho por mujeres"?

16 DE FEBRERO DE 1999

CPL: *The S-Files* busca presentar una perspectiva que incluye múltiples culturas y enfoques, con artistas que viven en Nueva York pero nacidos en Estados Unidos, Latinoamérica y el Caribe. El resultado ha sido una gran variedad de ideas artísticas. Muchos artistas y curadores latinoamericanos no confían en la "agenda latinoamericana" y dudan de participar en eventos que lleven esa etiqueta. Algunos temen que el termino produzca un aislamiento cultural, mientras que otros lo ven como una manera de legitimar la cultura. Instituciones con mandatos culturales específicos se enfrentan, en parte, a estas contradicciones y límites. Se enfrentan al reto de redefinir su rol institucional: establecen paradigmas para comprender procesos culturales en lugar de definir la identidad cultural como si fuera una entidad esencialista fija. La ubicación de El Museo es una metáfora de esto: se ubica en la

Quinta Avenida, al final de "la milla de los museos" (al otro lado está el Metropolitan Museum of Art), también es parte de El Barrio, el vecindario latino de East Harlem. Está en la periferia del "gran mundo de arte" y al mismo tiempo está directamente enraizado en un proceso de transformación cultural.

DC: He estado pensando algo: ahora eres directora ejecutiva de la Galería de la Raza en San Francisco. Y pasaste dos años como curadora de El Museo, después de dejar la Biblioteca Luis Ángel Arango en Bogotá. ¿De qué manera es diferente ser curadora en un país latinoamericano a ser una curadora latinoamericana en una institución "latinoamericana" en Estados Unidos?

CPL: Me ha interesado particularmente desarrollar proyectos que confronten las nociones fijas de identidad cultural. Cuando vivía en Colombia esto significaba confrontar expectativas estereotipadas del arte y la cultura "latinoamericana"...

DC: ... Y esto nos lleva de vuelta al tema de la aceptación y a la celebración de cierto tipo de arte latinoamericano, pero hay cierta incertidumbre sobre qué hacer con el arte chicano y nuyorican que no encaja en el molde: por ejemplo, si no es abiertamente político...

27 DE FEBRERO DE 1999

CPL: ... Entonces cuando observas el continente "virtual" de "Latin/o America" desde Estados Unidos, el tema de la negociación cultural se vuelve complejo. Las relaciones culturales entre Estados Unidos y Latinoamérica, en comparación con las de Estados Unidos y las comunidades inmigrantes, revelan discrepancias llamativas. Un ejemplo es el contraste entre el apoyo de Estados Unidos a las economías neoliberales de Latinoamérica y su propia economía de la pobreza que perjudica a los latinos en Estados Unidos. Otra es la romantización, exotización y mercantilización de la cultura latinoamericana, en contraste a la satanización del inevitable cambio cultural provocado por la población creciente de 35 millones de latinos en Estados Unidos. La educación bilingüe se ha erradicado en veintitrés estados y esto es tan sólo un ejemplo de lo que acabo de mencionar. No obstante, incluso cuando te adentras a territorios "globales", te encuentras en terrenos resbaladizos. Incluso

los supuestos "eventos de arte mundiales" se han desarrollado con un aire de internacionalismo cultural pseudo-democrático. En muchos sentidos, uno podría criticar que las bienales de São Paulo, Estambul, Johannesburgo, la Habana y Sídney han consolidado un club de arte mundial de primera clase, donde la "diferencia cultural" se ha convertido en la norma.

DC: ... Estas bienales ahora son tan obligatorias como antes lo era la bienal de Venecia, y ahora ésta (junto a documenta) parecen de lo más institucional. Sin embargo, me pregunto ¿por qué las bienales del Cairo y Dakar, por ejemplo, todavía no son parte del circuito requerido? Al parecer, algunos prejuicios continúan firmes.

CPL: Por supuesto, las bienales han reunido instituciones culturales, curadores, coleccionistas y vendedores que viajan de un sitio a otro, creyendo que están creando un territorio virtual mas allá del sistema central del arte, pero esa misma red está reuniendo estos centros externos. Algunas son muy de moda, otras no, y lo que legitimiza es ser reconocido por "ya sabes quién". Esto me lleva a pensar si el desplazamiento posmoderno del centro sucedió en algún punto, o si el centro sólo se hizo más grande...

Publicado originalmente en el catálogo de la exposición: *The Selected Files*, Nueva York, NY: El Museo del Barrio, 1999, pp. 3–4.

1   Estas distintas series fueron desarrolladas bajo comisión por Ponce de León. *Contemporánea* abordaba instalaciones en sitios específicos por artistas contemporáneos, *Tandem* (no realizada) eran exposiciones en pareja de dos artistas, y *Focos* presentaba exposiciones de artistas maduros y poco reconocidos.

Latin@ Art at the Intersection

ADRIANA ZAVALA, 2015

MY JOURNEY TO U.S. LATIN@ ART

My immersion into Latino studies and Latin@[1] art has been both transformative and overwhelming. In 2007 I taught my first course on Latin@ art and visual culture at Tufts University, where I am associate professor in the Department of Art and Art History. I was hired in 2001 to teach courses on colonial through contemporary Latin American art with an emphasis on modern Mexico, my primary research area. I began integrating Latin@ art in my courses at the request of my students. I currently teach one course dedicated entirely to Latin@ art but have only done so since 2007, and I have directed our Latino studies minor, an interdisciplinary program, since 2010. At Tufts, I find I must qualify Latin@ with "U.S." routinely because if I don't, many students and colleagues alike assume the term to be a synonym for or inclusive of Latin America. All of us in our Latino studies program often find ourselves explaining that the term refers to the experience of people of Latin American descent in the United States, and that the interdiscipline is intersectional with American studies and Latin American studies.

In the first two iterations of my course in 2007 and 2008, I called it "The Latin@ Body in Visual Culture." The focus and conceptual underpinnings were representations of Latin@ bodies in U.S. visual culture and popular media (film, television, and music), along with counterrepresentations and decoloniality in Latin@ visual art and culture. The material was contextualized historically and in terms of contemporary U.S. politicized discourse about Latin@s (immigration reform, demographic shifts, the "Latinization" of the United States, class, race, queerness, etc.). Since 2012 I have taught the course twice and have settled on the title "The Latin@ Presence in Art and Visual Culture." The theoretical underpinnings remain the same, but the course now focuses more closely on visual art, studied as aesthetic and cultural expression but also in relation to the social forces that shape it and are shaped by it. Why the shift? For at least four reasons: First, I am an art historian. Second, I found an extensive body of literature on Latin@ culture but much less on visual art. Third, my students were more versed in Latin@ culture, since they encounter it nearly every day (in media, music, food, and

so on); but depending on where they are from, most have relatively little knowledge of Latin@ visual art, and they are eager to learn. Finally, my course is cross-listed in art history, but it was designed primarily with our American and Latino studies programs in mind, and at the encouragement of my colleagues in those programs. While my colleagues in art history are supportive, Latin@ art was simply not on their radar the way it was for my colleagues in American and Latino studies.

Preparing my course syllabus and teaching the course presented a steep learning curve, especially the first three times. As I have since confirmed, most of us, at least in my generation and earlier ones, who do this work have had few direct mentors and have studied Latin@ art principally in a self-directed way. My Latin@ art course is the one I have spent the most time on in my thirteen years at Tufts, building an image inventory and immersing myself in the histories and cultures of various Latin@ artists, groups, and movements. I have strived along the way to impart to my students a historical grounding and understanding of the experiences of hardship, discrimination, and inequality that Latin@s have experienced in the United States, but also, and above all, an appreciation of their resilience, joy, sophistication, and creative brilliance.

Teaching this course also requires sensitivity to its impact on the Latin@ students in the classroom. The class provides them access to knowledge of their communities' histories, often for the first time, while simultaneously making them and their communities subject to the gaze of the non-Latin@ students in the course. It can be both empowering and a painful experience for them. Meanwhile, the non-Latin@ students, especially the white students, are confronted with critiques of the ongoing structural inequalities in the United States, as well as with the history of U.S. imperialism in the Western hemisphere as a factor in the steady growth of the Latin@ population in the United States. While the course is challenging for my students and for me, it is also one of my favorites. Along the way, I have learned so much from my esteemed colleagues at Tufts and beyond, who are committed to teaching about and sharing the Latin@ experience across disciplines.

The last thing I want to say about my course is that the demographic composition of the enrollment has been quite interesting. At Tufts, the undergraduate population of Latin@ students is approximately 6 percent, but this may include international students.[2] My course usually enrolls about twenty-five students, and on average the class has been approximately half Latin@

students and students of color and half-white. This affirms my belief that Latino studies as an interdisciplinary field is both a mirror and a window. It is a crucial site of affirmation and learning for students of Latin@ descent (a mirror); but just as important, given demographic shifts in the country, it is a means for non-Latin@s to understand the historical, cultural, and political complexity of the Latin@ experience (a window).[3]

Excerpt originally published in Adriana Zavala, "Latin@ Art at the Intersection," *Aztlán: A Journal of Chicano Studies* 40 no. 1 (2015): 125–40; 126–28. © 2015 by the Regents of the University of California. Reprinted with the permission of the UCLA Chicano Studies Research Center Press.

1   Note from the author on the "politics of language":

This essay was written in 2014. At the time, I opted to employ the @ from a feminist standpoint to disrupt the androcentrism of the Spanish language. At the time, the use of the "*x*" in Latinx was just emerging amongst LGBTQ+ activists to signify identities and politics of nonconformity to the gender binary and to the violence done in the name of heteronormative patriarchy. While language is alive and change may come, I embrace the *x* to honor a justice-oriented, intersectional vision and decolonial future. To me, the *x* also insists that we mark and resist our absences as structured for the benefit of white supremacy. It says: "I am here. I will be counted and heard," both in reference to our collective Latinx community's exclusion/erasure, but also to resist the silencing that occurs *within* our community, particularly around gender violence, anti-Black racism, and violence against Indigenous peoples. Moreover, the *x* insists that we have queer structures of knowledge in order to strive to know ourselves and our world, always "in relation" and "otherwise."

2   Tufts University. Tufts University Fact Book 2013–2014. Office of Institutional Research & Evaluation, 86. http://provost.tufts.edu/institutionalresearch/files/Fact-Book-2013-14.pdf.

3   For this insight, I am indebted to my colleague Deborah Pacini Hernandez, professor of anthropology and founding director of Latino studies at Tufts University.

Arte latin@ en la intersección

ADRIANA ZAVALA, 2015

MI VIAJE AL ARTE LATIN@ DE ESTADOS UNIDOS

Mi inmersión en estudios latinos y en arte latin@[1] ha sido una experiencia transformadora y abrumadora. En 2007, impartí mi primer curso sobre arte y cultura visual latin@ en Tufts University, donde soy profesora asociada del Departamento de Arte e Historia del Arte. Fui contratada en 2001 para impartir cursos sobre arte latinoamericano desde el periodo colonial hasta el contemporáneo con énfasis en el México moderno, mi principal área de investigación. Comencé a integrar el arte latin@ en mis cursos a petición de mis estudiantes. Actualmente imparto un curso dedicado enteramente al arte latin@, pero sólo lo he hecho desde 2007, y desde 2010 dirijo nuestro programa interdisciplinario de Estudios Latinos de especialización secundaria (*minor*). En Tufts, he descubierto que debo constantemente matizar el término latin@ con "EE. UU." porque si no lo hago muchos estudiantes y colegas por igual asumen que el término es un sinónimo de, o que incluye Latinoamérica. Todos los que estamos en nuestro programa de Estudios Latinos a menudo nos encontramos explicando que el término se refiere a la experiencia de las personas de ascendencia latinoamericana en Estados Unidos, y que lo interdisciplinario es interseccional con los estudios americanos y latinoamericanos.

En las dos primeras iteraciones de mi curso en 2007 y 2008, lo nombré "El cuerpo latin@ en la cultura visual". El enfoque y los fundamentos conceptuales estaban basados en las representaciones de los cuerpos latin@s en la cultura visual y los medios populares en Estados Unidos (cine, televisión y música), junto con las contra-representaciones y la decolonialidad en el arte y la cultura visual latin@. El material fue contextualizado históricamente y en términos del politizado discurso contemporáneo de Estados Unidos sobre los latin@s (reforma de la inmigración, cambios demográficos, la "latinización" de Estados Unidos, clase, raza, *queerness*, etc.). Desde 2012 he impartido el curso dos veces estableciendo el título "La presencia latin@ en el arte y la cultura visual". Los fundamentos teóricos siguen siendo los mismos, aunque el curso se centra ahora más en artes visuales, estudiadas como expresión estética y cultural, pero también en relación a las

fuerzas sociales que le dan forma y que son moldeadas por las propias artes visuales. ¿Por qué el cambio? Por al menos cuatro razones: En primer lugar, soy historiadora del arte. En segundo, encontré un extenso cuerpo de literatura sobre cultura latin@, pero muy poca sobre el arte visual. En tercer lugar, mis alumnos estaban más versados en la cultura latin@, ya que se encuentran con ella casi a diario (en los medios de comunicación, la música, la comida y más); pero, dependiendo de su procedencia, la mayoría tiene un conocimiento relativamente escaso del arte visual latin@ y están ansiosos por aprender. Por último, mi curso está incluido en la lista de Historia del Arte, pero fue diseñado principalmente con nuestros programas de Estudios Americanos y Latinos en mente y gracias al apoyo de mis colegas de dichos programas. A pesar de que mis colegas de Historia del Arte me apoyan, el arte latin@ simplemente no estaba en su radar del mismo modo que lo estaba para mis colegas de Estudios Americanos y Latinos.

Preparar mi programa de estudios y enseñar el curso presentó una curva de aprendizaje empinada, especialmente las tres primeras veces. Como he confirmado desde entonces, la mayoría de nosotros, al menos en mi generación y en las anteriores, que hacemos este trabajo hemos tenido pocos mentores directos y hemos estudiado el arte latin@ principalmente de forma autodidacta. Mi curso de arte latin@ es al que más tiempo le he invertido en mis trece años en Tufts, construyendo un inventario de imágenes y sumergiéndome en las historias y culturas de varios artistas, grupos y movimientos latin@s. Me he esforzado por impartir a mis estudiantes una base histórica y una comprensión de las experiencias de penuria, discriminación y desigualdad que los latin@s han experimentado en Estados Unidos, pero también y, sobre todo, una apreciación de su resistencia, alegría, sofisticación y brillantez creativa.

La enseñanza de este curso también requiere de sensibilidad debido a su impacto sobre los estudiantes latin@s en el salón de clases. El curso les proporciona acceso al conocimiento de las historias de sus comunidades, a menudo por primera vez, y simultáneamente los somete a ellos y a sus comunidades a la mirada de los estudiantes no latin@s del curso. Para ellos puede ser una experiencia empoderadora y dolorosa al mismo tiempo. Mientras tanto, los estudiantes no latin@s, especialmente los estudiantes blancos, se enfrentan a las críticas de las desigualdades estructurales actuales en Estados Unidos, así como a la historia del imperialismo estadounidense en el hemisferio occidental como factor de

crecimiento constante de la población latin@ en Estados Unidos. Si bien el curso es un reto para mis estudiantes y para mí, también es uno de mis favoritos. A lo largo del camino, he aprendido mucho de mis estimados colegas en Tufts y de otros que también están comprometidos con la enseñanza y el intercambio de la experiencia latin@ en todas las disciplinas.

Lo último que quiero decir sobre mi curso es que la composición demográfica de la matrícula ha sido bastante interesante. En Tufts, la cantidad de estudiantes latin@s inscritos en programas de licenciatura es de aproximadamente el 6%, pero puede incluir a estudiantes internacionales[2]. Mi clase suele tener unos veinticinco estudiantes, en donde aproximadamente la mitad son latin@s y de color y la otra mitad blancos. Esto confirma mi creencia de que los Estudios Latinos como un campo interdisciplinario son a la vez un espejo y una ventana. Es un sitio crucial de afirmación y aprendizaje para los estudiantes de ascendencia latin@ (un espejo); pero igual de importante y dados los cambios demográficos en el país, es un medio para que los no latin@s comprendan la complejidad histórica, cultural y política de la experiencia latin@ (una ventana)[3].

Fragmento de Zavala, Adriana, "Arte Latin@ en la intersección", publicado por primera vez en en *Aztlán: A Journal of Chicano Studies* 40:1, primavera 2015, pp. 125–140; pp. 126–128.

1 Nota de la autora sobre la "política del lenguaje": Este ensayo fue escrito en 2014. En ese momento opté por emplear la @ desde un punto de vista feminista para desbaratar el androcentrismo de la lengua española. En aquel entonces, el uso de la *x* en Latinx estaba apenas emergiendo entre los activistas LGBTQ+ para significar identidades y políticas de inconformidad con el binarismo de género y con la violencia hecha en nombre del patriarcado heteronormativo. Si bien el lenguaje está vivo y el cambio llega en cualquier momento, acepto la *x* para honrar una visión interseccional y orientada a la justicia y a un futuro descolonial. Para mí, la *x* también insiste en recalcar y resistir nuestras ausencias sistemáticas en beneficio de la supremacía blanca. La *x* dice: "Estoy aquí. Seré contado y escuchado", tanto en referencia a la exclusión/borrado de nuestra comunidad latina colectiva, como para resistir el silenciamiento que ocurre dentro de nuestra comunidad, particularmente en torno a la violencia de género, el racismo anti-negro y la violencia contra los pueblos indígenas. Además, la *x* insiste en que tengamos estructuras de conocimiento *queer* con el fin de esforzarnos por conocernos a nosotros mismos y a nuestro mundo, siempre "en relación a" y "de otra manera".

2 Tufts University. Tufts University Fact Book 2013–2014. Office of Institutional Research & Evaluation, p. 86. http://provost.tufts.edu/institutionalresearch/files/Fact-Book-2013-14.pdf.

3 Por esta visión estoy en deuda con mi colega Deborah Pacini Hernández, profesora de Antropología y directora fundadora de los Estudios Latinos en Tufts University.

Coming Out as Indian: On Being an Indigenous Latina in the U.S.

LOURDES ALBERTO, 2017

PRIMER ACTO: PRIVATE AND PUBLIC INDIGENEITY, OR, MY OWN COMING-OUT STORY

In the fourth grade, my teacher posted a map of the Americas for the week's lessons on Native Americans. I was drawn to the map, having held a lifelong fascination with cartography for its simultaneous ability to disrupt my own orientation of space with its colonial bird's-eye view and also echo what I knew about my place in the world. What made this map so unique to my young self, and quite literally took my breath away, was that it did away with the official names of states and countries. In place of the familiar shapes and lines that demarcated geopolitical borders were great swaths of Indigenous people. In every region of the Americas were small pictorial representations of Indigenous people, in their traditional dress and identified by their non-European, tribal/Indigenous names, all sharing a geography and a temporality—there were no disappearing Indians here. As a young Indigenous girl whose family originated from Yalalag, Oaxaca (a Zapotec pueblo in southern Mexico),[1] I stood in utter amazement of this alternative imagining of the Americas.

I quickly ran my finger up and down the map, winding my way to Mexico and then down to Oaxaca to see who was there. I constantly sought out public representations of my "Indianness," a hunger that was insatiable. Shock and astonishment reverberated through my body when I found the little Yalalteca figure, my people, filling up the entire space of Oaxaca. My cheeks flushed and my heartbeat quickened as I stood in my fourth-grade classroom, I was seeing—for the first time ever—my Indigenous identity in public. In that moment of public acknowledgment, the existence of my indigeneity very quickly materialized, in my mind, for others and myself. I was "outed" by some magical cartographer who had stumbled on my secret identity and revealed it to the world. How did he know what we wore or where we lived in the world? Like the

magical wardrobe that opened up to Narnia, this map was the bridge between the private Indigenous identity I shared with my Zapotec community and family and my public life: my elementary classmates and school curriculum.

[…]

I was emboldened upon seeing the Yalalteca on the map and decided, then, to declare my indigeneity to my fellow classmates and teacher. We were asked to present on one of the various topics covered during the "Native American" lectures, so I told my teacher that I wanted to do a presentation on my own family. I interpreted "Native" to mean Indigenous, original to the Americas, and because the map had suspended the geopolitical boundaries that divided U.S. Natives and Latin America, I saw no conflict in positioning my own Latino indigeneity at the center of a curriculum that would not discuss indigeneity beyond a generalized, pan-Indian, nebulous concept. I did not think of myself as U.S. Native American, but I did know myself to be Zapotec, preferring to use the term "Indian" and not "India" (the Spanish word for "Indian" that captures a different trajectory of colonization by the Spanish empire) to describe my background precisely because I lived in the U.S.

Thus, there was no contradiction for me in celebrating my Mexican Indigenous culture when studying, and ostensibly erasing, the proposed goal of the curriculum to learn about U.S. Native Americans. It was a moment of what Jodi Byrd describes as "cacophony" to mean the "discordant and competing representations of diasporic arrivals and native lived experiences that vie for hegemony within discursive, cultural, and political processes of representation and identity that form the basis,… the states of injury… and biopolitics."[2] My teacher, Mrs. Atzen, being the good, liberal White woman who constantly reminded us that instead of traveling through Europe with friends after college, she chose to come teach in the "inner city" at our struggling Catholic school, was intrigued, and so she said, "OK."

In excavating these, at times painful, memories, I hope to better grapple with the performative and rhetorical strategies employed by Indigenous students—both immigrant and U.S.-born Latinas/os— to assert their Indigenous identities in classroom and educational settings as a method for theorizing Indigenous subjectivity in diaspora. In particular, I am thinking through what I have called for so many years "coming out as Indian": that is, the moment a

Latina/o Indian decides to publicly position themselves as Indigenous (Maya, Mixteco, Zapotec), first and foremost, in relation to their classmates—a declaration that runs counter to the nation-based ethnic identity formation in the U.S. and a declaration that often requires framing, explanations, and ardent defense of their Indianness. I have often used the concept of "coming out," mostly as a placeholder to also think through these moments as strategies employed to construct Indigenous subjectivity and articulate difference within Latinidad.

Excerpt from Lourdes Alberto, "Coming Out as Indian: On Being an Indigenous Latina in the U.S.", originally published in *Latino Studies* 15 (2018): 247–53; 247–51.

1   I use the term pueblo to mean both the specific town in which Indigenous Latinos originate—in my family's case, Yalalag, Oaxaca, in the Sierra Juarez of southern Mexico—and the broader meaning of pueblo as "a people." This is an important distinction, since each township has a specific history in relation to autonomy struggles, land and water rights, trade, and national political activity. Pueblo also means a sense of peoplehood for these specific towns, belonging, kinship, emotional and psychic commitments, a sense of "Yalalteconess" rooted in but not exclusive to the land—a process that has become an animating feature of indigeneity in diaspora.

2   J. A. Byrd, *The Transit of Empire: Indigenous Critiques of Colonialism* (Minneapolis: University of Minnesota Press, 2011), 18.

Salir del clóset como india: ser una indígena latina en EE. UU.

LOURDES ALBERTO, 2017

PRIMER ACTO: INDIGENEIDAD PRIVADA Y PÚBLICA, O LA HISTORIA DE MI SALIDA DEL CLÓSET

En el cuarto grado, mi maestra colgó un mapa de las Américas para las clases de la semana sobre los nativos americanos. Me sentí atraída por el mapa. Toda mi vida había tenido una fascinación con la cartografía por su capacidad simultánea de perturbar mi propia orientación del espacio con su vista colonial aérea y a la vez reafirmar lo que sabía sobre mi lugar en el mundo. Lo que hizo que este mapa fuera tan único para mi joven ser y literalmente me sacara el aliento, fue que eliminó los nombres oficiales de los estados y países. En lugar de las formas y líneas familiares que demarcaban las fronteras geopolíticas, había grandes franjas que denotaban la población indígena. En todas las regiones de las Américas había pequeñas representaciones pictóricas de los pueblos indígenas en sus trajes tradicionales e identificados por sus nombres tribales/indígenas (no europeos), todos compartiendo una geografía y una temporalidad—no había indios desaparecidos en el mapa. Siendo yo una niña indígena cuya familia era originaria de Yalalag, Oaxaca (un pueblo[1] zapoteco en el sur de México), me quedé totalmente asombrada por este imaginario alternativo de las Américas.

Rápidamente pasé mi dedo por el mapa, serpenteando hacia México y luego siguiendo más abajo a Oaxaca para ver quién estaba allí. Constantemente buscaba representaciones públicas de mi "indianidad", pues tenía una sed insaciable. Un asombro y conmoción resonaron en mi cuerpo cuando encontré que la pequeña figura yalalteca, mi gente llenaba todo el espacio de Oaxaca. Mis mejillas se sonrojaron y mi corazón se aceleró mientras permanecía de pie en mi clase de cuarto grado. Estaba viendo—por primera vez en la vida—el reconocimiento en público de mi identidad indígena. En ese momento la existencia de mi indigeneidad se materializó muy rápidamente en mi mente, para los demás y para mí misma. Fui "expuesta" por un cartógrafo mágico

que había tropezado con mi identidad secreta y la reveló al mundo. ¿Cómo supo él cómo nos vestíamos o dónde vivíamos en el mundo? Como el ropero mágico que servía de entrada a Narnia, este mapa era el puente entre la identidad indígena privada que compartía con mi comunidad y familia zapoteca y mi vida pública: mis compañeros de clase de primaria y el plan de estudios escolar.

[...]

Me armé de valor al ver la yalalteca en el mapa y decidí, entonces, declarar mi indigeneidad a mis compañeros de clase y a mi maestra. Se nos pidió que presentáramos unos de los varios temas tratados en las clases de los "nativos americanos", así que le dije a la maestra que quería hacer una presentación sobre mi propia familia. Interpreté "nativo" como significado de indígena, originario de las Américas, y debido a que el mapa había suspendido las fronteras geopolíticas que dividían a los nativos de EE. UU. y Latinoamérica, no vi ningún conflicto en posicionar mi propia indigenidad latina en el centro de un programa de estudios que no discutiría la indigeneidad más allá de un concepto nebulosamente generalizado y pan-indio. No me consideraba a mí misma como una nativa americana pero sí sabía que era zapoteca, por lo que prefiero usar el término *"Indian"* y no "india" (la palabra en español que representa una trayectoria diferente de colonización del imperio español) para describir mi procedencia precisamente porque vivía en EE. UU.

Por lo tanto, no había ninguna contradicción para mí en la celebración de mi cultura indígena mexicana, aunque al hacerlo aparentemente se borraría el objetivo propuesto por el plan de estudios de aprender sobre los nativos americanos de Estados Unidos. Fue un momento que Jodi Byrd describe como "cacofonía" para significar "representaciones discordantes y en competencia de las llegadas a la diáspora y las experiencias vividas por los nativos que se rivalizan por la hegemonía dentro de los procesos discursivos, culturales y políticos de representación e identidad que forman la base,… los estados de lesión… y la biopolítica"[2]. Como buena mujer liberal blanca, que constantemente nos recordaba que en lugar de viajar por Europa con sus amigos después de la universidad, eligió venir al "centro de la ciudad" a enseñar en nuestra escuela católica, mi maestra, la Sra. Atzen, estaba intrigada y por lo tanto dijo: "OK".

Al excavar en estos recuerdos, a veces dolorosos, espero poder lidiar mejor con las estrategias performativas y retóricas

empleadas por los estudiantes indígenas—tanto inmigrantes como latinas/os nacidos en Estados Unidos—para afirmar sus identidades indígenas en las aulas y en los contextos educativos como método para teorizar la subjetividad indígena en la diáspora. En particular, estoy pensando en lo que he llamado durante tantos años "salir del clóset, como india". Es decir, el momento en que un latina/o indio decide posicionarse públicamente como indígena (maya, mixteco, zapoteco), ante todo, en relación con sus compañeros de clase—una declaración que va en contra de la formación de la identidad étnica basada en Estados Unidos como nación, y que a menudo requiere contextualizaciones, explicaciones y una defensa ardiente de su indianidad. Varias veces he utilizado el concepto de "salir del closét", sobre todo como un marcador de posición para también pensar en estos momentos como estrategias empleadas con el propósito de construir la subjetividad indígena y articular la diferencia dentro de la latinidad.

Fragmento de Lourdes Alberto, "Coming Out as Indian: On Being an Indigenous Latina in the U.S.", publicado por primera vez en *Latino Studies*, no. 15 (2018), pp. 247–53; pp. 247–51.

1   Utilizo el término "pueblo" para hablar tanto del lugar específico en el que se originan los indígenas latinos (en el caso de mi familia, Yalalag, Oaxaca, en la Sierra Juárez del sur de México), como del significado más amplio de pueblo como "las personas". Esta es una distinción importante, ya que cada poblado tiene una historia específica en relación con las luchas por la autonomía, los derechos sobre la tierra y el agua, el comercio y la actividad política nacional. "Pueblo" también implica un sentido de pertenencia específico, parentesco, compromisos emocionales y psíquicos, un sentido de "lo yalalteco" enraizado en la tierra pero no exclusivo de ella— un proceso que se ha convertido en un rasgo animador de la indigeneidad en la diáspora.

2   J. A. Byrd. *The Transit of Empire: Indigenous Critiques of Colonialism* (Mineápolis, MN: University of Minnesota Press, 2011), p. 18.

F.U.B.U.

ESTEBAN JEFFERSON, 2017

Afro-Latinx people in America occupy a space similar to that of the Mulatto, both of which are things that I am. The vast majority of Latinos come from a mixed-ethnicity background, usually involving European, African, and Indigenous American ancestry. I think there is a vague underlying awareness of this in the United States, yet we also often colloquially treat Latino as a race. Personally, I'm often "confused for" Latino "instead of" Mulatto, as if racial and cultural backgrounds are identical concepts (i.e., that it isn't possible to be *both* Latino *and* Mulatto):

> DRAKE: *You know, if I ever feel anything, or if I ever feel like an outsider, it's usually because I'm not American, to be honest with you. That's when I feel like people are, like, you know, against me, or they feel like I'm not part of, like, the … and I guess maybe it has something to do with the fact that I do have quite an eclectic makeup, you know: I am mixed, I am Jewish, you know. But, yeah I feel like, um … you know, at the end of the day, I'll tell you, when it comes to, uh, when it comes to everything else, I'm black. I am referred to as a black artist. Like last night, at that awards show, I am, I'm a black artist.*
>
> DJ SEMTEX: *You're talking about the Grammys?*
>
> DRAKE: *Yeah. Like, I am, you know, I'm apparently a rapper, you know. Even though Hotline Bling is not a rap song, the only category they can manage to fit me in is in a rap category, because … maybe because I've rapped in the past, or because I'm black, I can't figure out why.*

People like Cardi B and the Kid Mero aren't the only light-skinned celebrities prominently vocalizing their blackness in 2017; arguably the biggest commercial musician of our time is as well. I don't think it's unimportant that there is a widely circulated set of memes prefaced around the theory that Drake is secretly Dominican; the increasing visibility surrounding the blackness of Mulattos, Dominicans and other related groups is being explored by many different corners of the cultural zeitgeist right now.

In November 2016, one-third of Latinos voted for Donald Trump. In comparison, only 8 percent of the "Black" vote went to Trump. How many of these Latino voters were Afrolatinx? How many

cross-identified as "Black" and "Hispanic" on exit polls? How many were Caucasians who identify as Hispanic? How many fell into neither "Black" nor "White" categories? What were the numbers, by group, of Cubans, Mexicans, Dominicans, and Puerto Ricans voting for him? If Latinx people understand the term "Latino" as a flawed category, why do we stay loyal to it? If it is used primarily against *us*, as a way to ideologically split populations of minorities, then maybe we need to move away from self-identifying with the term, or should at least continue to *loosen* the term until it means nothing. Since its inception as a sovereign nation, American oppression has occurred on the axis of *black* and *white*. These terms, like *Latinx*, are constructions, not facts. What would the political consequences be of an America where Dominicans, Mexicans, and Puerto Ricans and other self-identified *Latinx* groups all considered themselves black, rather than "other"? Throughout *The New Jim Crow*, Michelle Alexander posits that race has consistently been used by the rich, white elites of America as a tool to create a wedge between Black Americans and working-class White Americans, with the ultimate goal of splitting these groups up to limit their organized political power. Along Alexander's line of thought, it would likely make it harder for conservative Republicans to advance their agendas.

Of course, we should all be able to create our identities, as individuals, as we see fit, and the goal of flexible terms (i.e., the change from *Latino/a* to *Latinx*) is to make that possible for more people in the future than it has been in the past. In this context, I think that the work contemporary pop culture figures like Cardi B and the Kid Mero are doing, in small but consistent doses, is important. In the same way that Jennifer Lopez expanded the American image of Latinas in the 1990s, these people are subtly reframing the term *Black* to apply to groups that culturally we have usually relegated exclusively to the category of *Latino* in the past. In doing so, they are *loosening* the terms *Hispanic* and *Latino/a/x*, and making it harder for the average American to picture specific complexions or sets of physical features when they hear those terms. In the near future, hopefully, we'll live in a country where a police APB looking for a "Hispanic male" will be utterly useless.

Excerpt originally published in an essay of the same name from the artist's website, www.estebanjefferson.com/ Esteban-Jefferson-FUBU.pdf.

F.U.B.U.

ESTEBAN JEFFERSON, 2017

———

Las personas afrolatinxs en Estados Unidos ocupan un espacio similar al del "mulato"; yo soy ambas cosas. La gran mayoría de los latinos provienen de un origen étnico mixto, generalmente con ancestros europeos, africanos e indígenas americanos. Creo que hay una vaga conciencia subyacente de esto en Estados Unidos, pero también con frecuencia tratamos coloquialmente a los latinos como una raza. Personalmente, a menudo me "confunden" con el latino "en lugar de" con el mulato, como si los antecedentes raciales y culturales fueran conceptos idénticos (es decir, que no es posible ser *a la vez* latino *y* mulato):

> DRAKE: *Sabes, siendo honesto, si alguna vez siento algo, o si alguna vez me siento como un extraño, es usualmente porque no soy estadounidense. Ahí es cuando siento que la gente está, como, ya sabes, contra mí, o sienten que no soy parte de, como los..., y supongo que tal vez tiene algo que ver con el hecho de que tengo una composición bastante ecléctica, sabes: soy mixto, soy judío, sabes. Pero, sí, me siento como, ahm... ya sabes, al final del día, te diré, cuando se trata de, uh, cuando se trata de todo lo demás, soy negro. Se refieren a mí como un artista negro. Como anoche, en la entrega de premios, yo soy, soy un artista negro.*

> DJ SEMTEX: *¿Estás hablando de los Grammys?*

> DRAKE: *Sí. Como, soy, ya sabes, aparentemente soy un rapero, sabes. Aunque "Hotline Bling" no es una canción de rap, la única categoría en la que pueden hacerme encajar es en una categoría de rap, porque... quizás porque he rapeado en el pasado, o porque soy negro, no puedo entender por qué.*

Gente como Cardi B y The Kid Mero no son las únicas celebridades de piel clara vocalizando su negritud en 2017; probablemente el mayor músico comercial de nuestro tiempo también lo está haciendo. No creo que sea de poca importancia que exista un conjunto de memes difundiendo la teoría de que Drake es secretamente dominicano; la creciente visibilidad alrededor de la negritud de los "mulatos", los dominicanos y otros grupos relacionados, está siendo explorada en muchos rincones diferentes del *zeitgeist* (espíritu de época) cultural en estos momentos.

En noviembre de 2016, un tercio de los latinos votaron por Donald Trump. En comparación, sólo el 8% del voto "negro" fue para Trump. ¿Cuántos de estos votantes latinos eran afrolatinxs? ¿Cuántos se identificaron como "negros" e "hispanos" en las encuestas de salida? ¿Cuántos eran caucásicos que se identificaron como hispanos? ¿Cuántos no cayeron ni en la categoría de "negros" ni en la de "blancos"? ¿Cuáles fueron las cifras, por grupo, de cubanos, mexicanos, dominicanos y puertorriqueños que votaron por él?

Si las personas latinxs entienden el término "latino" como una categoría defectuosa, ¿por qué nos mantenemos fieles a éste? Si se usa principalmente contra *nosotros* como una forma de dividir ideológicamente a las poblaciones de las minorías, entonces tal vez necesitamos alejarnos de la auto-identificación con el término, o al menos deberíamos seguir modificándolo hasta que no signifique nada. Desde sus inicios como nación soberana, la opresión estadounidense ha tenido como eje lo *blanco* y lo *negro*. Estos términos, al igual que *latinx*, son construcciones, no hechos. ¿Cuáles serían las consecuencias políticas de un Estados Unidos donde los dominicanos, mexicanos y puertorriqueños y otros grupos auto-identificados como *latinxs* se consideraran negros, en lugar de "otro"? A lo largo de *The New Jim Crow*, Michelle Alexander postula que la raza ha sido utilizada consistentemente por las élites blancas y ricas de Estados Unidos como una herramienta para crear un obstáculo entre los americanos negros y los americanos blancos de clase trabajadora, con el objetivo final de dividir estos grupos para limitar su poder político organizado. Según la línea de pensamiento de Alexander, probablemente esto haría más difícil para los republicanos conservadores avanzar en sus agendas.

Por supuesto, todos deberíamos ser capaces de crear nuestras identidades, como individuos, como nos parezca, y el objetivo de los términos flexibles (es decir, el cambio de *latino/a* a *latinx*) es hacer eso posible para más gente en el futuro de lo que ha sido en el pasado. En este contexto, creo que el trabajo que figuras de la cultura pop contemporánea como Cardi B y The Kid Mero están haciendo, en pequeñas pero consistentes dosis, es importante. De la misma manera que Jennifer López expandió la imagen norteamericana de las latinas en los años noventa, estas personas están reformulando sutilmente el término *negro* para aplicarlo a los grupos que culturalmente hemos relegado en el pasado exclusivamente a la categoría de *latinos*. Al hacerlo, están complejizando los términos *hispano* y *latino/a/x* y haciendo más difícil para el estadounidense promedio imaginarse complexiones específicas o

conjuntos de rasgos físicos cuando escuchan esos términos. En un futuro cercano, con suerte, viviremos en un país en el que una orden de busca y captura de la policía tras un "varón hispano" será completamente inútil.

Fragmento de un ensayo bajo el mismo título, publicado por primera vez en el sitio web del artista, www.estebanjefferson.com/Esteban-Jefferson-FUBU.pdf.

Epilogue: The Latinx Factor

ED MORALES, 2018

What happens, then, when, in neoliberal multiculturalism, black, Latinx, Asian, and queer bodies are absorbed into American exceptionalist machine logic or even the dreaded advent of artificial intelligence as a force that shapes society and human existence? When marginalized groups become "included" through a change of perception of their bodies, allowing them to pass from stigma to privilege, the change is merely one that changes the brand on their bodies. I say this acknowledging that there is a level of relief through admittance of the body or gradual acceptance of the phenotype or appearance. After all, the colonial wound has wreaked so much suffering on this body that the temporary benefits are considerable.

But will all marginalized bodies be able to pass through this new re-segregation? When I suggest that Latinx and other marginalized groups join the collective blackout of solidarity with the deepest instance of oppression, or venerate the bodies of women as the violated source of life, I am recognizing the importance of the somatic essence of history's injustice. But what Latinx, and by extension, all of those who possess what Chicana feminist Chela Sandoval calls "differential consciousness" have to offer is something deeper and equally essential to social change. It's a change at the level of thinking.

This change is analogous to what Cornell West calls prophetic love and the indispensability of regard and deep caring for the other that resists the binary logic of inside and outside. What I'm suggesting is something that has survived the long process of *mestizaje*, that doesn't require poring through ancient codices, trying to resuscitate authentic, so-called pre-Western thought. Latinx and other subjugated groups have developed a consciousness resulting from a tortured, unstable yet hopeful mix of identities, for several centuries.

It can be something as simple as "In Lak'ech," a Mayan proverb unearthed by the Chicano playwright Luis Valdez in the 1990s that has been adopted in Chicano ethnic studies curricula, like the one banned by Arizona officials in public schools in 2012.

[...]

"You are my other me," says Valdez's text, quoting proverbial Indigenous knowledge. "If I love and respect you, I love and respect myself. If I harm you, I harm myself." In this reflection, Valdez is drawing on what he perceives is the Mayan consciousness able to conceive of more than one position within itself. The idea of multipositional consciousness is, again, not confined to a particular racial or ethnic group—one fairly obscure reference to it was made by Earl Lewis in an essay called "Connecting Memory, Self, and the Power of Place in African American Urban History," in which he described a sense of self constructed through a "notion of multipositionality that allows us to add, subtract, multiply, and divide parts of identities at the same time. Such a perspective allows us to examine how race is shaped by other aspects of the self and in turn, how race shapes those aspects."

Multipositionality in consciousness is also clearly related to [W.E.B.] Du Bois's double consciousness, and again stems from the idea of an individual well versed in a dominant narrative-universal whiteness—as well as that of one's particular experience, which is marginalized. The late Juan Flores argued that Afro-Latinx, for example, had a triple consciousness because of the added layer of their Latin x identity. Yet rather than engage in strict limits about how many strands might exist, this line of reasoning can open itself up to the broad intersections of color, race, religion, queerness, gender identification, and the unstable lines between race, gender, and sexual preference and identity.

The growing awareness of affect, or the importance of emotional responses to colonial wounds, disappearances, subjugations, and shaming, theorized in one case by Jose Muñoz's liminal evocation of "feeling down, feeling brown," is among several new ways of conceiving a "differential" consciousness that acknowledges the practical activity of Gramscian wars of position. It is a self-love and a revolutionary, shared love with a maternal cloak that envelops all living beings. These levels of awareness allow different ideas, memories, and emotions to exist on parallel planes, the rhizomatic structures of trees in a vineyard sharing common roots.

Yet the seduction of allowing one's self or selves to venture into this world of ambiguity seems to stray from the political intent of constructing identity and embracing race. The nation, despite its patriarchal roots, is a source of protection for marginalized people, and is one of the principal forms of social organization that is under attack by the fragmentary consciousness of globalization. When under the spell of imaginary Puerto Rican nationhood, which is

not even verifiable in objective terms, I find a profound sense of community that ascends to a spiritual level that fulfills the promise of collective memory of all people.

Latinx was coined so as not to privilege gender, and is perhaps the first time an ethno-racial group has chosen to rename itself for such a reason. This is inextricably tied to the nature of the Spanish language, which designates all nouns as either male or female—arbitrary distinctions that were perhaps suggested by the church or handed down or even debated over centuries. Its accepted use is emblematic of the nature of Latinx identity construction, which is—theoretically at least—constantly open to redefinition as different constituencies stake their claim in the broader mass of subjects.

The Latin X factor—the product of a race made up of all races, genders, sensibilities, proclivities—is something that remains partially untapped and has the ability to draw from multiple human traditions and work between them. Doing so in the creation of song, poetry, dance, and casual conversation creates analogies that valorize multiple subjects. The multilingual mind must draw analogies to process multiple meanings just as a multipositional consciousness works full-time to resolve the ambiguities of race. Perhaps [Adrian] Piper was too harsh when she claimed that whiteness is defined by an inability to imagine the other's behavior, but to the extent that there is any degree of truth in that statement, what Latinx can claim is the ability to imagine multiple others within one awareness, allowing otherness to fade as it becomes part of an internal conversation.

These combinations, tangled and extending back to Spain, North and sub-Saharan Africa, migrations northward to a new plane of meaning, and the fusing of languages and religion, include substantial chunks of human matter drawn from materia prima, the earth, and a myriad of undiscovered truths. The Latin X factor shares a space with a universe of justice seekers. It's where mourning for the dead students of Ayotzinapa intersects with Black Lives Matter. It is a continuing, eternal process of translation, in which the next analogy is fruit for a new conversation, a new beginning.

Excerpt originally published in Ed Morales, *Latinx: The New Force in American Politics and Culture* (Brooklyn: Verso, 2019), 303–307.

Epílogo: el factor latinx

ED MORALES, 2018

¿Qué sucede, entonces, cuando los cuerpos afroamericanos, latinxs, asiáticos y *queer* son absorbidos en el multiculturalismo neoliberal por la lógica mecanicista del excepcionalismo estadounidense o, incluso, por el temido advenimiento de la inteligencia artificial como fuerza que da forma a la sociedad y a la existencia humana? Cuando los grupos marginados son "incluidos" debido a un cambio de percepción de sus cuerpos y se les permite pasar del estigma al privilegio, este cambio es sólo una leve alteración de la marca en sus cuerpos. Digo esto reconociendo que hay un nivel de alivio en la admisión del cuerpo o la aceptación gradual del fenotipo o la apariencia. Después de todo, la herida colonial ha causado tanto sufrimiento en este cuerpo que los beneficios temporales son considerables.

Pero, ¿podrán todos los cuerpos marginados pasar por esta nueva re-segregación? Cuando sugiero que latinx y otros grupos marginados se unan al "negro colectivo" por solidaridad con la instancia más profunda de la opresión, o veneren los cuerpos de las mujeres como una fuente de vida que ha sido violada, estoy reconociendo la importancia de la esencia somática de la injusticia de la historia. Pero lo que latinx y, por extensión, todos los que poseen aquello que la feminista chicana Chela Sandoval llama "conciencia diferencial" tienen para ofrecer, es algo más profundo e igualmente esencial para el cambio social. Es un cambio a nivel de pensamiento.

Este cambio es análogo a lo que Cornell West llama amor profético y la indispensabilidad del cuidado y la consideración profunda del otro que se resiste a la lógica binaria del adentro y el afuera. Lo que estoy sugiriendo es algo que ha sobrevivido al largo proceso de mestizaje, que no requiere analizar detalladamente los códices antiguos para tratar de resucitar el así llamado, "auténtico pensamiento pre-occidental". Latinx y otros grupos subyugados han desarrollado una conciencia resultante de una mezcla de identidades torturadas, inestables pero esperanzadoras, durante varios siglos.

Puede ser algo tan simple como "In Lak'ech", un proverbio maya desenterrado por el dramaturgo chicano Luis Valdez en los años 1990 que ha sido adoptado a los programas de estudios étnicos

chicanos, como el que prohibieron los funcionarios de Arizona en las escuelas públicas en el 2012.

[…]

"Tú eres mi otro yo", dice el texto de Valdez, al citar el proverbial conocimiento indígena. "Si te amo y te respeto, me amo y me respeto a mí mismo. Si te hago daño, me hago daño a mí mismo." En esta reflexión, Valdez se basa en lo que percibe como la conciencia maya capaz de concebir más de una posición dentro de sí misma. Una vez más, la idea de la conciencia multiposicional no se limita a un grupo racial o étnico en particular. Una referencia bastante oscura a esta idea fue hecha por Earl Lewis en un ensayo llamado "Conectando la memoria, el yo y el poder del lugar en la historia urbana afroamericana". Ahí Lewis describió un sentido del yo construido a través de una "noción de multiposicionalidad que nos permite sumar, restar, multiplicar y dividir al mismo tiempo las partes de las identidades. Tal perspectiva hace posible examinar cómo la raza está moldeada por otros aspectos del yo y, a su vez, cómo la raza moldea esos aspectos".

La multiposicionalidad en la conciencia también está claramente relacionada con la doble conciencia de [W. E. B.] Du Bois y de nuevo se desprende de la idea de un individuo bien versado en una narrativa dominante (blanquitud universal), así como de la experiencia particular de uno, que está marginada. El difunto Juan Flores argumentó que los afrolatinxs, por ejemplo, tenían una triple conciencia debido a la capa añadida de su identidad latinx. Sin embargo, en lugar de establecer límites estrictos sobre cuántas hebras pueden existir, esta línea de razonamiento puede abrirse a las amplias intersecciones de color, raza, religión, identidad *queer*, identificación de género y las líneas inestables entre raza, género y preferencia e identidad sexual.

La creciente conciencia del afecto, o la importancia de las respuestas emocionales a las heridas, desapariciones, subyugaciones y vergüenzas coloniales (teorizada en un caso por José Muñoz como la evocación liminal de "sentirse abatido, sentirse moreno") es una de las varias nuevas formas de concebir una conciencia "diferencial" que reconoce la actividad práctica de las guerras gramscianas de posición. Es un amor propio y un amor revolucionario compartido en un manto maternal que envuelve a todos los seres vivos. Estos niveles de conciencia permiten que diferentes ideas, recuerdos y emociones existan en planos

paralelos, como las estructuras rizomáticas de los árboles en un viñedo que comparten raíces comunes.

Sin embargo, lo seductor de permitirse a uno mismo, o a los demás, aventurarse en este mundo de ambigüedad parece alejarse de la intención política de construir la identidad y asumir la raza. La nación, a pesar de sus raíces patriarcales, es una fuente de protección para los marginados, y una de las principales formas de organización social que está siendo atacada por la conciencia fragmentaria de la globalización. Bajo el hechizo de la imaginaria nación puertorriqueña, que ni siquiera es verificable en términos objetivos, encuentro un profundo sentido de comunidad que asciende a un nivel espiritual y que cumple la promesa de la memoria colectiva de todas las personas.

Latinx fue acuñado para no privilegiar el género, y es quizás la primera vez que un grupo etno-racial ha elegido renombrarse a sí mismo por tal razón. Esto está inextricablemente ligado a la naturaleza del idioma español, que designa todos los sustantivos como masculinos o femeninos, distinciones arbitrarias que tal vez fueron sugeridas por la iglesia o transmitidas o incluso debatidas durante siglos. Su uso aceptado es emblemático de la naturaleza de la construcción de la identidad latinx que teóricamente, al menos, está constantemente abierta a la redefinición en la medida que los diferentes grupos que componen esta identidad reclaman sus particularidades ante la masa más amplia de sujetos.

El factor Latin X—producto de una raza compuesta por todas las razas, géneros, sensibilidades y proclividades—es algo que permanece parcialmente sin explotar y que tiene la capacidad de extraer sentido de múltiples tradiciones humanas y trabajar entre ellas. Al hacerlo en la creación de la canción, la poesía, la danza y la conversación casual, se crean analogías que valorizan múltiples temas. La mente multilingüe debe trazar analogías para procesar múltiples significados, así como una conciencia multiposicional trabaja a tiempo completo para resolver las ambigüedades de la raza. Tal vez [Adrian] Piper fue demasiado dura cuando afirmó que la blanquitud se define por la incapacidad de imaginar el comportamiento del otro. Pero, en la medida en que hay algún grado de verdad en esa afirmación, lo que latinx puede afirmar es la capacidad de imaginar múltiples otros dentro de una conciencia, al permitir que la alteridad se desvanezca mientras se convierte en parte de una conversación interna.

Estas combinaciones enmarañadas que se extienden de vuelta a España, África del norte y subsahariana (migraciones hacia el

norte a un nuevo plano de significado), y la fusión de idiomas y religión incluyen pedazos sustanciales de materia humana extraídos de las materias primas, la tierra y también una miríada de verdades no descubiertas. El factor Latin X—comparte un espacio con un universo de buscadores de justicia. Es donde el luto por los estudiantes muertos de Ayotzinapa se cruza con el movimiento Black Lives Matter (Las Vidas Negras Importan). Es un proceso de traducción continuo y eterno en el que la siguiente analogía es fruto de una nueva conversación, un nuevo comienzo.

Fragmento de Morales, Ed. *Latinx: the New Force in American Politics and Culture*. Londres: Verso, 2019. Pp. 303–307.

Mushrooms and Mischief: On Questions of Blackness

DIXA RAMÍREZ D'OLEO, 2019

---

je ne me charge pas du rapport
j'aime mieux regarder le printemps.
–Aimé Césaire, "Le verbe marronner"

These mushrooms are not the product of my labour, and because
I have not toiled and worried over them, they jump into my hands
with all the pleasures of the unasked for and the unexpected.
— Anna Tsing, "Unruly Edges"

OF CLEAN WOMBS

I am told that, seconds upon entering this world, I heard the words, "Tiene el vientre limpio"— "She has a clean womb"—an old way of saying that a dark-skinned black woman has birthed a lighter skinned child.

I heard my birth story often as a child in Santo Domingo. From my crib in the clinic, I stared at my mother's enchanted face with precision and amusement, a strange thing for a newborn. After months of her writing me poems while I grew inside of her, we were finally meeting as two separate entities. Nestled always into the story was that phrase: "Tiene el vientre limpio." I had ripped my mother apart on my way into the world, and among the first words both of us heard after this momentous separation was a phrase that punctuated our having been cleaved. I had shown the world that my mother's womb was "clean." The communal performance of cleaving continued when we ventured outside our neighborhood. "I was also sad when strangers assumed that I was your nanny and not your mother," my mother recounted, after giving me permission to share this story. Within our community, though, everyone in the neighborhood of Herrera knew I belonged to the D'Oleo family; the other half of my family, lighter-skinned, poorer, and less educated, were ensconced in another poor neighborhood in the city.

What seems to be a private family story is not private at all. It is the story of many black, and other nonwhite, women who have

children who look "whiter" than they do. This tale also contains the reversal of the expected narrative, for my darker-skinned family members had been doctors, lawyers, voracious readers, and social strivers for at least a century, first in the southern border town of El Cercado and then in the capital city, while my lighter-skinned family members came from a line of autodidact rural musicians and agricultural laborers, with origins in the mountains of Jarabacoa. All hovering between working class and the lower ends of the middle class, one side had the cultural capital of lighter skin while the other had the hard-earned cultural capital of formal education. Both families had warned my mother and father of the social decline that would result from their marriage.

These details return me to the questions that continue to structure much of my research and teaching: What is blackness? And, concomitantly, what are whiteness and indigeneity? Where do these categories reside when, at birth, a child has begun to be calibrated to exact proportions in relation to the skin color and hair texture of relatives? Am I to ignore the fact that the social differences between my two differently shaded sides muddied the waters of the entire enterprise? Does blackness reside in the gaze of others? Does that then mean that the Dominican nurses who taunted my mother with comments made to put us both in our respective places, so to speak, created who I became as a racialized subject (that is, in their eyes, racialized as "clean," that is, as less or not black)? Or am I meant to reject that hail that cleaved me from my mother and embrace a collective idea of blackness? The "right" answer to this last question, within the context of dominant conversations about blackness in the United States, is yes.

What are the usual responses to foreign Afro-descended subjects, or mixed-raced subjects born in the United States, when these subjects insist on self-descriptors that differ from those that operate in the United States? The retort is, "Would a cop hesitate to shoot you just because your mother is Thai?", as people joked about Tiger Woods, or "Would a cop hesitate to shoot you just because you grew up in Martinique and insist on saying you're Martinican instead of African American?" If this is the case, then blackness seems to be defined by the authority figure, especially at a moment of potential violence.

The cop would not hesitate.

But having the military power to end our lives is not the same as having the power of being the word of "God." When did those of us

interested in defying white supremacy collectively decide that the white supremacist hail—from the cop, the nurse, the teacher, the president—had the ontological power to define us?

Excerpt originally published in Dixa Ramirez D'Oleo, "Mushrooms and Mischief: On Questions of Blackness," in *Small Axe* 23, no. 2 (2019): 152–63; 152–54. © 2019 by Small Axe, Inc. All rights reserved. Republished by permission of the copyright holder, and the present publisher, Duke University Press. www.dukeupress.edu.

AUTHOR'S NOTE: I wrote this essay in the early months of 2019 in reply to reader responses to my book *Colonial Phantoms: Belonging and Refusal in the Dominican Americas, from the Nineteenth Century to the Present* (New York University Press, 2018). This excerpt of the essay is addressed to Black (including Afro-Latinx, Afro-Caribbean, and African American) readers and should be approached with this in mind. Though written for the journal *Small Axe*'s special section dedicated to my book, the essay joins the long and complex conversation about what defines blackness vis-à-vis whiteness (including white *Latinidad* and white Latin America) and indigeneity.

1   These are not new questions. Far from it. Within the pages of this journal, Michelle Stephens had similar queries in her "What Is This Black in Black Diaspora," *Small Axe* no. 29 (July 2009): 26–38.

Setas y travesuras:
en cuestiones de negritud

DIXA RAMÍREZ D'OLEO

je ne me charge pas du rapport
j'aime mieux regarder le printemps.
— Aimé Césaire, "Le verbe marronner"

Estas setas no son el producto de mi trabajo y como no he
trabajado ni me he preocupado por ellas, saltan a mis manos
con todos los placeres de lo no solicitado y lo inesperado.
— Anna Tsing, "Bordes rebeldes"

DE VIENTRES LIMPIOS

Me dicen que segundos después de haber entrado a este mundo, escuché las palabras: "Tiene el vientre limpio", una antigua forma de decir que una mujer negra de piel oscura ha dado a luz a una criatura de piel más clara.

A menudo escuché la historia de mi nacimiento cuando era niña en Santo Domingo. Desde mi cuna en la clínica, miraba fijamente la cara encantada de mi madre con precisión y diversión, algo extraño para un bebé recién nacido. Después de meses de que me escribiera poemas mientras crecía dentro de ella, finalmente nos encontramos como dos entidades separadas. Anidada en la historia siempre estaba presente la frase: "Tiene el vientre limpio". Había destrozado a mi madre en mi camino al mundo y, entre las primeras palabras después de esta separación trascendental, ambas escuchamos una frase que enfatizaba cómo fuimos divididas. Le había mostrado al mundo que el vientre de mi madre estaba "limpio". La representación comunitaria de la división continuó cuando nos aventuramos fuera de nuestro vecindario. "También me entristecí cuando los extraños asumieron que yo era tu niñera y no tu madre", relató mi madre después de darme permiso para compartir esta historia. Sin embargo, dentro de nuestra comunidad, todos en el barrio de Herrera sabían que yo pertenecía a la familia D'Oleo; la otra mitad de mi familia, de piel más clara, más pobre y menos educada, estaba asentada en otro barrio pobre de la ciudad.

Lo que parece ser una historia familiar privada no es nada privada. Es la historia de muchas mujeres negras y otras no blancas que tienen hijos que parecen más "blancos" que ellas. Este cuento también invierte la narración esperada, pues los miembros de mi familia de piel más oscura habían sido personas que ascendian socialmente, médicos, abogados, y lectores voraces durante al menos un siglo, primero en la ciudad fronteriza sureña de El Cercado y luego en la capital, mientras que los miembros de mi familia de piel más clara provenían de una línea de músicos rurales y trabajadores agrícolas autodidactas con orígenes en las montañas de Jarabacoa. Todos ellos se hallaban entre la clase obrera y los extremos inferiores de la clase media, un lado tenía el capital cultural de la piel clara, mientras que el otro tenía el capital cultural duramente ganado de la educación formal. Ambas familias habían advertido a mi madre y a mi padre del descenso en la escala social que resultaría de su matrimonio.

Estos detalles me hacen retomar las preguntas que siguen estructurando gran parte de mi investigación y enseñanza: ¿Qué es la negritud? Y, concomitantemente, ¿qué es la blanquitud y lo indígena? ¿Dónde residen estas categorías cuando, al nacer, una niña comienza a ser calibrada en proporciones exactas en relación con el color de la piel y la textura del cabello de sus parientes? ¿Debo ignorar el hecho de que las diferencias sociales entre mis dos lados de colores distintos enturbiaron las aguas de toda la empresa? ¿Lo ser negro se basa en la mirada de los demás? ¿Significa entonces que las enfermeras dominicanas que se burlaron de mi madre con comentarios hechos para ponernos a ambas en nuestros respectivos lugares, por así decirlo, crearon al sujeto racializado en quien me convertí, (ante sus ojos, racializado como alguien "limpio", es decir, menos o no negro)? ¿O debo rechazar la interpolación racial que me separó de mi madre y asumir una idea colectiva de la negritud? Dentro del contexto de las conversaciones dominantes sobre la negritud en Estados Unidos, la "respuesta correcta" a esta última pregunta es sí[1].

¿Cuáles son las respuestas habituales a sujetos extranjeros de ascendencia africana cuando estos insisten en auto-definiciones que difieren de las que operan en Estados Unidos? La respuesta es: "¿Dudaría un policía en dispararte sólo porque tu madre es tailandesa?", como la gente bromeaba sobre Tiger Woods, o "¿Dudaría un policía en dispararte sólo porque creciste en Martinica e insistes en decir que eres martinicano en vez de afroamericano?" Si este es el caso, entonces la negritud parece ser definida

por la figura de autoridad, especialmente en un momento de potencial violencia.

El policía no dudaría en disparar.

Pero tener el poder militar para acabar con nuestras vidas no es lo mismo que tener el poder de ser la palabra de "Dios". ¿Cuándo los interesados en desafiar la supremacía blanca colectivamente decidimos que el diluvio de supremacistas blancos (desde el policía, al enfermero, al profesor, al presidente), tenía el poder ontológico para definirnos?

Fragmento de Dixa Ramírez d'Oleo, "Mushrooms and Mischief: On Questions of Blackness", publicado por primera vez en *Small Axe* Vol. 23, No. 2, (julio, 2019). Pp. 152–163; pp. 152–154.

NOTA DE LA AUTORA: Escribí este ensayo en los primeros meses de 2019 en respuesta a los comentarios de los lectores a mi libro *Colonial Phantoms: Belonging and Refusal in the Dominican Americas, from the Nineteenth Century to the Present* [Fantasmas coloniales: pertenencia y rechazo en las Américas dominicanas, desde el siglo XIX hasta la actualidad] (NYU Press, 2018). Este extracto del ensayo está dirigido a lectores negros (incluidos lectores afrolatinos, afrocaribeños y afroamericanos) y debe abordarse teniendo esto en cuenta. Aunque escrito para la sección especial que Small Axe dedicó a mi libro, el ensayo se une a la larga y compleja conversación sobre lo que define la negritud frente a la blanquitud (incluida la latinidad blanca y la Latinoamérica blanca) y la indigeneidad.

1   En las páginas de esta revista, éstas son preguntas que están lejos de ser nuevas. Michelle Stephens tenía preguntas similares en su artículo "What Is This Black in Black Diaspora?" [¿Qué es este negro en la diáspora negra?] *Small Axe* 29 (julio de 2009): pp. 26–38.

Shared Struggles

ROSE SALSEDA, 2019

Good morning, everyone. My name is Rose Salseda, and I'm an assistant professor of art and art history at Stanford University. Six months ago, when I was asked to participate in this panel, I didn't hesitate to say "yes." Most of the work I've done, especially in the last several years, has been focused on advocacy for and service to the field of Latinx art. Indeed, with my cofounding of the U.S. Latinx Art Forum in 2015, the push to make the College Art Association a more equitable place for the field, and my talks, initiatives, and data collections on students and specialists, I've done an enormous amount of labor—most of which was completed while I was a student writing my dissertation.

Since beginning my professorship in September, I've been lucky to finally have the time to not only contend with the incredible stress I was under while completing my PhD program, but to also reflect on what made me become a researcher, and what got me through academia and to the so-called "Ivy League of the West Coast." These factors included the intergenerational struggle and hustle of my working-class brown family; our experiences with violence and discrimination, and our dogged determination to not only survive—but to thrive. I would be remiss if I did not acknowledge the pathway forged by veteran and senior artists, curators, and scholars—some of whom are sitting in this room; and, especially, the mentorship and generosity of other women and people of color who encouraged and trained me to create space when it didn't exist and to hold open such possibilities for others.

Yet, always on the forefront of my mind are two people who are not artists, academics, or art professionals. The first is my oldest brother. When I moved to the Bay Area this summer from Southern California, my brother made the same trek up the coast. I was moving from one academic institution to another. He was being moved from Chuckawalla Valley State Prison to San Quentin. When you really think about it, what are the United States' truly "Hispanic-Serving Institutions"? They are *not* universities. They are the prison industrial complex. And, this is true for Black Americans who are incarcerated at even higher rates. I think about my brother a lot because, if it weren't for his encounters with the prison system, which began when he was a teenager, my parents may not have

ever put me in after-school art lessons to keep me off the street—to keep me safe, not only from the ghetto, but from the law. So, this is a painful reality I must contend with: my brother's long experience with incarceration, which led to my early exposure to art, is what helped lead me to this room today.

The second person always in my thoughts is an African American teen who was shot and killed in my Latinx neighborhood in South Central Los Angeles. I was a child, elementary school aged, when I witnessed him die. I was with my mother as she desperately tried to help him, while my neighbors watched the three of us and did nothing. I am haunted by this death and by the racism that caused it. I still remember the sounds of my panting breath while running from my grandma's house with the towels my mother screamed at me to get. And, I still hear my mother's wail after I returned with the towels. They weren't enough. How could they ever be enough? Because, it was racial violence and anti-Blackness that led to this boy's death and the deaths of countless others.

This racism is what blinds Latinxs from seeing the ways in which our histories are inextricably linked to African Americans, from the realization that our experiences of oppression and our fights for justice are interwoven with each other. It's what made my neighbors turn a blind eye to the shedding of this boy's blood on our street and what makes them deny the shared blood that courses through our veins.

So, you might be wondering what any of this has to do with the panel and with the field of Latinx art. What I'm trying to say is that all of this is relevant: the stories of advocacy, activism, persistence, resistance, resilience, the sweat and tears, and the real life-and-death stakes. All of this. These are the Latinx experiences that mark our class, our politics, our culture, and our positions as people of color in the United States. They're also what connects us to other people of color, to other oppressed peoples in this land and in *all* colonized and occupied lands.

AUTHOR'S NOTE: This excerpt is from a talk presented at the "Lightning Round Panel on Latin X American Art" at the Latino Art Now! 2019 Conference in Houston, Texas. Panel organizers, Professors Mary K. Coffey (Dartmouth College) and Roberto Tejada (University of Houston), asked, "Why hasn't Latinx art been a part of the American art canon up until now? What are the barriers to thinking of Latinx art as part of the American art subfield? What are the pros and cons of bringing these two fields together? What are some of the genealogies that have shaped Latinx art history and how might they illuminate blind spots within the American art field?" Professors Coffey and Tejada also encouraged panelists, including Professors Arlene Davila (New York University), Chon Noriega (University of California, Los Angeles), Ella Maria Diaz (Cornell University), and myself, "to explore how Latinx art, as a project, requires us to rethink, re-theorize, and reorient the standard narratives, canon, and historiographies of American art history." In my contribution, I argue for the foundational importance of Latinx lived experience and the cross-racial history of struggle to the field's future.

Luchas compartidas

ROSE SALSEDA, 2019

Buenos días a todos. Me llamo Rose Salseda y soy profesora adjunta de Arte e Historia del Arte en Stanford University. Hace seis meses, cuando me pidieron que participara en este panel no dudé en decir que "sí". La mayor parte del trabajo que he hecho, especialmente en los últimos años, se ha centrado en la defensa y el servicio al campo del arte latinx. De hecho, con mi co-fundación del US Latinx Art Forum (Foro de Arte Latinx de EE. UU.) en 2015, el impulso por hacer de la College Art Association (Asociación de Arte Universitario) un lugar más equitativo para el campo, mis charlas, iniciativas y recopilación de datos sobre estudiantes y especialistas, he hecho una enorme cantidad de trabajo—la mayoría realizado como estudiante mientras que escribía mi disertación.

Desde que empecé mi cátedra en septiembre, he tenido la suerte de finalmente tener el tiempo no sólo para lidiar con el increíble estrés al que estaba sometida mientras completaba mi programa de doctorado, sino también para reflexionar sobre lo que me hizo convertirme en investigadora y lo que me llevó por academia y a la llamada "Ivy League de la Costa Oeste". Estos factores incluían la lucha intergeneracional y el ajetreo de mi familia morena de clase trabajadora; nuestras experiencias con la violencia y la discriminación, y nuestra tenaz determinación no sólo por sobrevivir, sino por prosperar. Sería negligente si no reconociera el camino forjado por artistas *senior* y veteranos, curadores y eruditos—algunos de los cuales están sentados en esta sala—; y, especialmente, la tutela y generosidad de otras mujeres y personas de color que me animaron y entrenaron para crear espacios que no existían y mantener abiertas las posibilidades para otros.

Sin embargo, en mis primeros pensamientos siempre hay dos personas que no son artistas, académicos o profesionales del arte. El primero es mi hermano mayor. Cuando me mudé al Área de la Bahía de San Francisco este verano desde el sur de California, mi hermano hizo el mismo recorrido por la costa. Yo me estaba trasladando de una institución académica a otra. A él lo estaban trasladando de la prisión estatal de Chuckawalla Valley a San Quintín. Si lo piensas bien, ¿cuáles son las verdaderas "instituciones al servicio de los hispanos" de Estados Unidos? No son universidades. Son el complejo industrial de prisiones. Y esto es

cierto para los afroamericanos que son encarcelados en tasas aún más altas. Pienso mucho en mi hermano porque, si no fuera por sus encuentros con el sistema penitenciario, que comenzaron cuando era adolescente, puede que mis padres nunca me hubieran puesto en clases de arte después de la escuela para mantenerme fuera de la calle, para mantenerme a salvo, no sólo del gueto, sino de la ley. Por lo tanto, esta es una realidad dolorosa a la que debo enfrentarme: la larga experiencia de mi hermano en la cárcel que propició mi temprana exposición al arte fue lo que me ayudó a llegar a esta sala hoy.

La segunda persona que siempre está en mis pensamientos es un adolescente afroamericano que fue asesinado a tiros en mi barrio de latinxs, en el centro sur de Los Ángeles. Yo era una niña en la escuela primaria cuando lo vi morir. Estaba con mi madre mientras ella desesperadamente trataba de ayudarlo, mientras mis vecinos nos miraban a los tres y no hacían nada. Vivo atormentada por esta muerte y por el racismo que la causó. Todavía recuerdo el sonido de mi respiración jadeante mientras corría desde la casa de mi abuela con las toallas que mi madre me gritaba que trajera. Todavía escucho el llanto de mi madre después de que regresé con las toallas. No eran suficientes. ¿Cómo podrían ser suficientes? Porque la violencia racial y la anti-negritud fue lo que llevó a la muerte a este chico y a muchos otros.

Este racismo es lo que cega a los latinxs de ver las formas en las que nuestras historias están inextricablemente ligadas a los afroamericanos, y a comprender que nuestras experiencias de opresión y nuestras luchas por la justicia están entrelazadas entre sí. Es lo que hizo que mis vecinos se hicieran de la vista gorda ante el derrame de la sangre de este chico en nuestra calle y lo que les hace negar la sangre compartida que corre por nuestras venas.

Así que se preguntarán qué tiene que ver todo esto con el panel y con el campo del arte latinx. Lo que trato de decir es que todo esto es relevante: las historias de defensa, el activismo, la persistencia, la resistencia, la resiliencia, el sudor y las lágrimas, la vida real y la muerte en juego. Todo esto. Estas son las experiencias de latinxs que marcan nuestra clase, nuestra política, nuestra cultura, y nuestras posiciones como gente de color en Estados Unidos. También es lo que nos conecta con otras personas de color, con otros pueblos oprimidos en esta tierra y en todas las tierras colonizadas y ocupadas.

NOTA DE LA AUTORA: Este fragmento es de una charla dada en el "Lightning Round Panel on Latin X American Art" en la conferencia Latino Art Now! 2019 en Houston, Texas. Los organizadores del panel, los profesores Mary K. Coffey (Dartmouth College) y Roberto Tejada (University of Houston), preguntaron "¿Por qué el arte latinx no ha sido parte del canon de arte norteamericano hasta ahora? ¿Cuáles son las barreras para pensar en el arte latinx como parte del subcampo del arte norteamericano? ¿Cuáles son los pros y los contras de unir estos dos campos? ¿Cuáles son algunas de las genealogías que han dado forma a la historia del arte latinx y cómo podrían iluminar los puntos ciegos dentro del campo del arte norteamericano?". Los profesores Coffey y Tejada también animaron a los panelistas, incluyendo a los profesores Arlene Dávila (NYU), Chon Noriega (UCLA), Ella María Díaz (Cornell University), y yo "a explorar cómo el arte latinx, como proyecto, requiere que repensemos, re-teoricemos y reorientemos las narrativas, los cánones y las historiografías estándar de la historia del arte norteamericano". En mi contribución, centro la importancia fundamental de la experiencia vivida por los latinxs y la historia interracial de la lucha para el futuro del campo.

ALAN PELAEZ LOPEZ, 2020

—

Discovering Blackness

I am nine-years-old
& Mamá María tells me que somos negros
I do not believe her
    we have only been in this country for 4 years &
    one thing I know is that only Americans can be Black
    and only Americans can be White
    y yo,
    ¿como puedo ser negro?
    no hablo Inglés, no tengo papeles, mierda no soy Americano

Mamá María me dice que somos negros
Mamá María tells me that I must learn to love my skin,
    mi piel
    to love my accent,
    mi acento
    to love my culture,
    mi cultura

I do not understand

one year later, bilingual education ends
    (I am shipped to a school 13 miles away)
        (I am labeled Haitian)
        (I am yelled at in French-Creole by an ESL teacher to whom
    I am her only student)
        (*I do not understand*)
            (c'est garçon est tres stupid)
                (she whispers to another teacher)

I do not understand / I do not understand / I do not understand /
I do not understand / I do not understand / I do not understand /
I do not understand / I do not understand / I do not understand /
I do not understand / I do not understand / I do not understand /
I do not understand / I do not

that night, I cry in the bathroom until Mamá María comes home
from cleaning houses
    I tell her I hate my new school
    I hate the way mademoiselle looks at me
    I hate the way kids pull my hair
    I hate being the only immigrant
    el único ilegal

    I can see the water in Mamá María's eyes
    "somos negros" Mamá María tells me,
    "pero no puedes decirle a nadie de dónde somos
    porque nos deportarán, y si nos deportan,
    por ser negros, en México, nos van a matar."

Originally published in Alan Pelaez Lopez, *Intergalactic Travels: poems from a fugitive alien* (Brooklyn: The Operating System, 2020), 29.

mourning (v):
how the ancestors hold

there will be a year
when mourning
overstays her visit

you will try to
erase her journey
unintentionally silence
her knowledge,
wisdom & truth

but honey, if there is
anything we have learned
is that mourning knows
how to win a fight

mourning will overstay (that is a fact)
mourning will live (in your bedroom, food & texts)
mourning will bottom-line (every decision)
mourning will eat (sometimes only once a day)
mourning will shower with you (& your lover)
mourning will love your friends (some more than others)
mourning will leave relationships (that should've ended)
mourning will fuck (sometimes, you will cum)
mourning will laugh (one of her best qualities)
mourning will work (sixty-five hours a week)
mourning will cry (about those she never met)
mourning will grow (quieter, louder, harder)
mourning will yearn (for the homeland & old lovers)
mourning will be a look (one that you wear proudly)

when mourning overstays
you will learn that
she is a medicine
that we were forced to
treat as unworthy
by men-with-no-
knowledge that
came into our pueblos
and fed us myths about
the dangerous spirits
of the "emotional" realm

when mourning overstays
listen to her // she is only asking
that we unlearn the myths
that taught us that pain
anguish // and ache were bad
& that somehow, we have a
right only to happiness

when mourning overstays
the ancestors visit you more often
for mourning calls them in
because she cannot protect you alone

when mourning overstays
it is because you have asked her to

you/we have demanded so much care
from mourning that you/we must also
stop and ask her:
"mourning, how are you doing?"

there will be a year
when mourning overstays
and one day, you will look back
and remember that year as one of your best

Originally published in
Alan Pelaez Lopez, *to love
and mourn in the age of
displacement* (Oakland, CA:
Nomadic Press, 2020).

ALAN PELAEZ LOPEZ, 2020

———

Descubriendo la Negritud

Tengo nueve años de edad
& Mamá María me dice *que somos negres*
yo no le creo
    solo hemos estado en este país desde hace 4 años &
    si algo sé es que sólo les Americanes pueden ser negres
    y que sólo les Americanes pueden ser blances
    y yo,
    ¿cómo puedo ser negre?
    no hablo Inglés, no tengo papeles, mierda no soy Americane

Mamá María *me dice que somos negres*
Mamá María me dice que debo de aprender a amar
    mi piel
    mi acento
    mi cultura

yo no entiendo

un año más tarde, la educación bilingüe concluye
    (me envían a una escuela a 13 millas)
        (me etiquetan haitiane)
        (me grita en un francés criollo una maestra de ESL de quien
soy su único alumne)
        (*yo no entiendo*)
            (c'est *garçon* est tres stupid)
                (le murmura a otra maestra)

yo no lo entiendo / yo no lo entiendo / yo no lo entiendo / yo no lo
entiendo / yo no lo entiendo / yo no lo entiendo / yo no lo entiendo
/ yo no lo entiendo / yo no lo entiendo / yo no lo entiendo / yo no lo
entiendo / yo no lo entiendo / yo no lo entiendo / yo no lo

aquella noche, lloré en el baño hasta que Mamá María regresó al
hogar luego de limpiar unas casas
    le dije que odiaba mi nueva escuela
    que odiaba la manera en que la mademoiselle me miraba
    que odiaba la manera en que les niñxs me jalaban el cabello
    que odiaba ser elle único inmigrante
    elle único ilegal

puedo ver el agua en los ojos de Mamá María
"somos negres" me dice Mamá María,
"pero no puedes decirle a nadie de dónde somos
porque nos deportarán, y si nos deportan,
por ser negros, en México, nos van a matar."

Publicado por primera
vez en Alan Pelaez Lopez.
Intergalactic Travels:
poems from a fugitive alien.
Brooklyn, NY: The Operating
System, 2020.

NOTA DEL TRADUCTOR:
Todas las palabras en itálicas
se escribieron en español en
el poema original

TRADUCIDO POR IÑIGO
MALVIDO

el duelo (v): cómo nos sostienen les ancestres

llegará un año
en el que el duelo
extienda su visita

tú intentarás
borrar su viaje y
involuntariamente silenciar
su conocimiento,
sabiduría & verdad

pero cariño, si hay algo
que ambes hemos aprendido
es que el duelo sabe
cómo ganar una pelea

    el duelo se sobrepasará (eso es un hecho)
    el duelo vivirá (en tu cuarto, comida & textos)
    el duelo dará el resultado final (a cada decisión)
    el duelo comerá (a veces sólo una vez al día)
    el duelo tomará una ducha contigo (& con tu amante)
    el duelo amará a tus amiges (a algunes más que otres)
    el duelo dejará relaciones (que debieron haber terminado)
    el duelo cogerá (algunas veces, llegarás al orgasmo)
    el duelo va a reírse (es una de sus mejores cualidades)
    el duelo trabajará (sesenta y cinco horas a la semana)
    el duelo llorará (por todes aquelles que nunca conoció)
    el duelo crecerá (quieto, ruidoso, duro)
    el duelo anhelará (por su hogar & viejes amantes)
    el duelo será un *look* (uno que puedas llevar con orgullo)

cuando el duelo se extiende
tú entenderás que
el duelo es una medicina
que nosotres fuimos forzades a
tratar como inútil
por hombres-sin-ningún-
conocimiento que
llegaron a nuestros pueblos
y nos alimentaron con mitos sobre
les peligroses espíritus
del reino "emocional"

cuando el duelo permanece
escúcha // sólo está pidiendo que
desaprendamos los mitos
que nos enseñaron que el sufrimiento
la angustia // y el dolor eran malos
& que de alguna manera, tenemos
derecho solamente a la felicidad

        cuando el duelo sobrepasa su visita
        les ancestres te visitan más seguido
        y el duelo es el que les llama
        porque el duelo no te puede proteger por sí solo

        cuando el duelo se extiende
        es porque tú le has pedido que lo haga

        tú/nosotres hemos pedido tanta atención
        del duelo que tú/nosotres debemos también
        detenernos y preguntarle a ella:
        duelo, ¿cómo estás tú?

llegará un año
en el que el duelo extienda su visita
y un día, mirarás hacia atrás
y recordarás ese año como uno de tus mejores

Publicado por primera vez
en Alan Pelaez Lopez. *to
love and mourn in the age of
displacement*. Oakland, CA:
Nomadic Press, 2020.

TRADUCIDO POR
IÑIGO MALVIDO.

Borderlands suite: Names

ARIANA BROWN, 2020

Brown is my name. Brown was my father's name and his before his and his before his and his before his. Before Brown was my name and my father's name it was a white man's name. Brown is his name, not yours. Brown is the name of a slave owner. Brown is a color. Brown is the color of some of my family. Not all. Brown is my name, not yours. Brown is the color I am no matter the season. I am brown but I am not dark skinned. Black is also my color. Black is also my allegiance. I am Black but I am not dark skinned. Brown does not mean dark skinned. Black Power is my allegiance. Black is not my name but it is my condition. Black people exist in every country. Black people exist in every country because of slavery, because of migration. Being Black is different than being brown, though some people are both. Brown does not mean Indigenous. Mexican does not mean brown. I am proud to be Black. Black Power inspired the Brown Berets, who were not all brown. Black Power is fundamental. All Black people are Black regardless of ethnicity. *Mexican is not a race* so there is no such thing as brown power. What *raza*? Mestizaje means Mexico without Black people. Mexican is different from Mexican American. What do you mean? I am being perfectly clear.

Suite fronteriza: Nombres

ARIANA BROWN, 2020

Brown es mi nombre. Brown fue el nombre de mi padre y del suyo antes del suyo y del suyo antes del suyo y del suyo antes del suyo. Antes de que Brown fuera mi nombre y el nombre de mi padre era el nombre de un hombre blanco. Brown es su nombre, no el tuyo. Brown es el nombre de un dueño de esclavos. Brown es un color. Brown es el color de algunos de mi familia. No de todos. Brown es mi nombre, no es el tuyo. Brown es el color que tengo no importa la temporada. Soy café pero no tengo la piel oscura. Negro también es mi color. Negro también es mi militancia. Soy negra pero no tengo la piel oscura. Brown no significa piel oscura. Black Power es mi militancia. Negro no es mi nombre pero es mi condición. Hay personas negras en todos los países. Las personas negras existen en todos los países por motivo de la esclavitud, por motivo de la migración. Ser negro es diferente de ser café, aunque haya gente que sean ambos. Brown no significa ser indígena. Mexicano no significa ser café. Estoy orgullosa de ser negra. Black Power inspiró a los Brown Berets, que de ninguna manera eran todos cafés. Black Power es fundamental. Todos los negros son negros sin importar su etnia. *Mexicano no es una raza* por eso no hay tal cosa como poder café. What raza? Mestizaje significa un México sin gente negra. Mexicano es diferente de mexicano-americano. ¿A qué te refieres? Estoy siendo perfectamente clara.

TRADUCIDO POR
IÑIGO MALVIDO

Stephen Miller Will Have Some Free Time Soon

KARLA CORNEJO VILLAVICENCIO, 2020

First, you must know about the birds. The birds are important. My partner and I, we feed birds in our neighborhood. I have a special fondness for the birds that the garden stores that sell marble bird baths consider pests—crows, blackbirds, ravens, blue jays, grackles, starlings. For a while, the crows behind my house brought me gifts, but I felt weird about it. I wasn't interested in the transaction. I wanted them to trust me. I wanted to be loved.

Then the crows left for months. When they returned, they brought news. A crow appeared, and I needed emergency oral surgery. A crow appeared, and I was longlisted for an award. A crow appeared, and a teenager I love revealed that her boyfriend abused her. And so on.

This past Saturday, my partner saw something in a tree. A group of lime-green parrots, monk parrots, being boisterous. She thought she was crazy. She pointed them out to a few runners, who all thought they were crazy, too. That night, I got a notice from the U.S. Citizenship and Immigration Services. My permanent residency had been granted. It was three days before the election. I held my breath. The card could take months to arrive.

The birds appeared Thursday morning, and I got my green card in the evening mail. I am no longer undocumented.

James Baldwin once said, "What white people have to do is try to find out in their own hearts why it was necessary to have a [Negro] in the first place, because I'm not a [Negro], I'm a man, but if you think I'm a [Negro] it means you need it." I understand the context of this quote in the Black struggle, but it also had meaning for me as an undocumented immigrant. I have noticed that when people try to be nice, they often call immigrants "undocumented laborers." I think it's a funny little thing to be hated for your essence and loved for the dialectical small of your back and the apparent jointlessness of your hands.

Over the past four years, undocumented immigrants have been vilified by the right in boring and classically genocidal ways. Donald Trump used immigrants to drum up support, telling people we were coming in caravans to sell them drugs, take their jobs and

inspire their children to tattoo their faces. Under his administration, Immigration and Customs Enforcement rounded up law-abiding immigrants who'd lived here for years. They lost migrant children. Does that make an impression on you? *Small children have, in effect, been disappeared.* Women in detention facilities say they have been forcibly sterilized.

As I wrote this, and the votes came in, and it looked more and more likely that President Trump would lose, I still plucked my own feathers out, like every domesticated parrot, because I feel lonely in this country. Because there is a belief, even on the left, that because we *chose* to come here, we had agency in our own desecration. That we carried our own crosses to the hill of Golgotha, wrists bound by nothing but promises of a full night's sleep, a cut of meat, freshly sharpened pencils for our children, and so we have smaller claims to justice.

Latinx kids of immigrants always want to do this thing where we bond by talking about our ancestors and about not being from here, and aside from thinking this is a false binary and also not very interesting, I just never got it. We could be everywhere and nowhere at the same time. When I lie down in my bed, having taken a beta blocker for my panic attacks, I feel my heart slow down, I can hear it beat with some effort in my neck, and I feel so ardently in New Haven, so fully a weight on the bed in the home I have built with my partner, a home where the young people in our life who are queer, Black, Indigenous, Latinx, undocumented, or mentally ill know they are loved. I don't think about the First World. I don't think about America. I know where I am and to whom I belong.

But I also feel nowhere. The past four years have turned me into a writer of immigration, into a symbol of the undocumented migrant. And now I am not that. America really liked me as an undocumented immigrant. James Baldwin would say it needed me. I'm not the sort of writer who gets many death threats. I get a lot of mail from men who hoped I'd see salvation implied by their Anglophone surname and women who wanted a blood transfusion from me, for all that cortisol and adrenaline. Who will I be to America now, a green card holder under a Joe Biden presidency? Will I start feeling safe while jaywalking? Will I ever stop feeling terror at the thought of joining a protest? Will I ever smoke a joint?

I am maybe one of five undocumented immigrants who have a big platform, and certainly I am the least emotionally stable among them, and all I wanted this summer, as I mourned the deaths of day laborers and poor Latinos I knew in New York, and

made lists of why I should remain alive, was for one person to see our systematic erasure through camps and cages and a novel virus as part of the greatest civil rights movement of our generation. I fell backward into a field of imagined lilies, chrysanthemums, orchids and other funerary flowers, and tried to write about very small things: how we are people, how some of us love pit bulls and some of us love very burned potatoes, how we are as diverse as the beetle populations on this continent, which some say is ours and some say is not ours and some say I don't care, I'm here.

The election results weren't in yet when I started writing this. But we saw the parrots.

Jonathan Franzen, the novelist and birder, told me it's "a mistake to inflict ourselves on animals anthropomorphically, rather than respecting their otherness and autonomy." He explains: "It implies that we're the measure of all things, which amounts to a further subjugation of them. More generally, I think superstition is a disservice to reality—it inflates the importance of the human observer while relegating reality to the role of bringing meaning to him or her. Are we really so important that animals feel compelled to gather together to create omens for us?"

I am. I think I'm that important. Partly because my bloodline is largely Indigenous and birds have been messengers for us for a long time, and partly because I am very mentally ill. There is a blue jay perched on a branch outside the window by my desk as I write this. He is enthusiastically bashing a peanut to smithereens on the branch, as I used to punch walls. The blue jay is beautiful, maybe saying something, maybe something nothing. But the only thing on my mind is that Stephen Miller will have some free time soon, and I suggest he pick up birding.

Originally published in Karla Villavicencio Cornejo, "Stephen Miller Will Have Some Free Time Soon," *New York Times*, November 7, 2020, https://www.nytimes.com/2020/11/07/opinion/sunday/immigration-trump-biden-election.html. From *The New York Times*

Stephen Miller tendrá tiempo libre pronto

KARLA CORNEJO VILLAVICENCIO, 2020

Primero, debes saber sobre los pájaros. Los pájaros son importantes. Mi pareja y yo alimentamos a las aves en nuestro vecindario. Le tengo un cariño especial a los pájaros de las tiendas de jardínería, en donde se venden bañeras de mármol para aves, consideran plagas—cornejas negras, mirlos, cuervos, arrendajos azules, estorninos. Durante un tiempo, los cuervos detrás de mi casa me traían regalos, pero eso me hacía sentir rara. No me interesaba la transacción. Quería que confiaran en mí. Quería que me quisieran.

Luego los cuervos se fueron durante meses. Cuando volvieron, trajeron noticias. Apareció un cuervo y tuve que someterme a una cirugía oral de emergencia. Apareció un cuervo y me pusieron en la lista de espera de un premio. Apareció un cuervo y una adolescente a quien amo confesó que había sido abusada por su novio. Y así sucesivamente.

El sábado pasado, mi pareja vio algo en un árbol. Un grupo de loros de color verde lima, pericos monjes, armando un escándalo. Ella pensó que estaba loca. Se los señaló a unos corredores, quienes pensaron que ellos también estaban locos. Esa noche, recibí un aviso del Servicio de Ciudadanía e Inmigración de Estados Unidos. Me habían concedido la residencia permanente. Fue tres días antes de las elecciones. Contuve la respiración. La tarjeta podría tardar meses en llegar.

Los pájaros aparecieron el jueves por la mañana y recibí mi *Green Card* en el correo esa tarde. Ya no soy una indocumentada.

James Baldwin dijo una vez: "Lo que los blancos deben de intentar hacer es averiguar en sus propios corazones por qué era necesario tener un [negro] en primer lugar, porque yo no soy un [negro], soy un hombre, pero si crees que soy un [negro] significa que lo necesitas". Entiendo el contexto de esta cita en las luchas raciales de los negros, pero también tenía significado para mí como inmigrante indocumentada. He notado que cuando la gente trata de ser amable, a menudo llaman a los inmigrantes "trabajadores indocumentados". Me parece bastante chistoso que nos odien por nuestra esencia, pero bien que gozan de nuestro servicio de manos y espalda.

En los últimos cuatro años, los inmigrantes indocumentados han sido denigrados por la derecha de forma aburrida y clásicamente genocida. Donald Trump usó a los inmigrantes para conseguir apoyo, diciéndole a la gente que veníamos en caravanas para venderles drogas, quitarles sus trabajos e inspirar a sus hijos a tatuarse la cara. Bajo su administración, Inmigración y Aduanas (ICE) acosó a los inmigrantes respetuosos de la ley que habían vivido aquí durante años. Perdieron a hijos inmigrantes. ¿Eso te impresiona? *Los niños pequeños, en efecto, han desaparecido.* Las mujeres en los centros de detención dicen que fueron esterilizadas a la fuerza.

Mientras escribía esto y se registraban los votos, y cada vez parecía más probable que el presidente Trump perdiera, yo seguía arrancándome las plumas, como todo loro doméstico, porque me siento sola en este país; porque existe la creencia, incluso en la izquierda, de que por el hecho de haber elegido venir aquí, tenemos cierta responsabilidad de nuestra propia profanación; que cargamos nuestras propias cruces a la colina del Gólgota, con las manos atadas por nada más que promesas de una noche completa de sueño, un corte de carne, lápices recién afilados para nuestros hijos y que por eso tenemos derecho a menos reclamos de justicia.

Los hijos latinx de inmigrantes siempre quieren crear lazos de unión hablando de nuestros antepasados y del hecho que no somos de aquí. Aparte de pensar que esto es un binario falso y que ni siquiera es particularmente interesante, nunca lo entendí. Podríamos estar en todas partes y en ninguna al mismo tiempo. Cuando me acuesto en mi cama, después de haber tomado un betabloqueador para mis ataques de pánico, siento que mi corazón se tranquiliza, puedo oírlo latir con cierto esfuerzo en mi cuello y me siento tan ardientemente en New Haven, tan plenamente pesada en la cama del hogar que he construido con mi pareja, un hogar donde los jóvenes de nuestra vida que son *queer*, negros, indígenas, latinxs, indocumentados o enfermos mentales saben que son amados. No pienso en el primer mundo. No pienso en Estados Unidos. Sé dónde estoy y a quién pertenezco.

Pero también me siento en ninguna parte. Los últimos cuatro años me han convertido en una escritora de inmigración, en un símbolo del inmigrante indocumentado. Y ahora ni siquiera soy eso. Estados Unidos me apreciaba mucho como inmigrante indocumentada. James Baldwin diría que me necesitaban. No soy el tipo de escritora que recibe muchas amenazas de muerte. Recibo muchos

correos de hombres que esperan que vea la salvación implícita en su apellido anglófono y de mujeres que quieren una transfusión de mi sangre, por tanto cortisol y adrenalina. ¿Quién seré ahora para Estados Unidos como residente con *Green Card* bajo la presidencia de Joe Biden? ¿Empezaré a sentirme segura al cruzar la calle de manera imprudente? ¿Dejaré de sentir terror ante la idea de participar en una protesta? ¿Alguna vez fumaré un porro?

Soy tal vez una de los cinco inmigrantes indocumentados que tienen una gran plataforma, y ciertamente soy la menos estable emocionalmente entre ellos, y lo único que quería este verano (mientras lloraba por las muertes de los obreros y los latinos pobres que conocí en Nueva York y hacía listas de por qué debía permanecer viva) era que al menos una persona viera nuestro borrado sistemático por medio de campos, jaulas y un novedoso virus como parte del movimiento más importante de derechos civiles de nuestra generación. Me caí de espaldas sobre un campo de lirios, crisantemos, orquídeas y otras flores funerarias imaginarias, y traté de escribir sobre cosas muy pequeñas: aquello que nos hace humanos, por qué algunos de nosotros amamos a los pitbulls y otros las patatas muy quemadas, la manera en que somos tan diversos como las poblaciones de escarabajos de este continente, que algunos dicen que es nuestro y otros que no y el resto que dice "no me importa, estoy aquí".

Los resultados de las elecciones no estaban todavía cuando empecé a escribir esto. Pero vimos los loros.

Jonathan Franzen, el novelista y observador de aves, me dijo que era "un error infligirse a los animales antropomórficamente, en lugar de respetar su alteridad y autonomía". Él explica: "Implicaría que somos la medida del todo, lo que equivale a una mayor subyugación de ellos. Más generalmente, creo que la superstición perjudica la realidad—infla la importancia del observador humano, mientras que relega la realidad a la función de ofrecerle un significado al individuo. ¿Somos realmente tan importantes que los animales se sienten obligados a reunirse para ofrecernos presagios?".

Yo lo soy. Creo que sí soy así de importante. En parte porque mi linaje es en gran medida indígena y las aves han sido mensajeros para nosotros durante mucho tiempo y en parte porque estoy muy enferma de la mente. Hay un arrendajo azul posado en una rama afuera de la ventana frente a mi escritorio mientras escribo esto. Está golpeando con entusiasmo un cacahuate hasta hacerlo pedazos en la rama, como yo solía golpear las paredes.

El arrendajo azul es hermoso, tal vez está diciendo algo, tal vez algo que no es nada. Pero lo único que tengo en la mente es que Stephen Miller tendrá tiempo libre pronto, y le sugiero que se dedique a la observación de aves.